# Potsdamer Konferenz 1945
# Die Neuordnung der Welt

SANDSTEIN

# Potsdamer Konferenz 1945

## DIE NEUORDNUNG DER WELT

Herausgegeben für die
Generaldirektion der Stiftung
Preussische Schlösser und
Gärten Berlin-Brandenburg
von Jürgen Luh
unter Mitarbeit von Truc Vu Minh
und Jessica Korschanowski

# Inhalt

6
Geleitwort

8
Geleitwort

12
Die Potsdamer Konferenz:
Zu diesem Band
Jürgen Luh

20
Zur Verortung der Berliner
Konferenz in Potsdam
Stefan Gehlen

36
Im Schatten von Jalta
und Hiroshima: Potsdam 1945
aus Sicht der USA
Philipp Gassert

64
Die sowjetischen Interessen
auf der Potsdamer Konferenz
Jacob Riemer

84
Großbritannien und die
Potsdamer Konferenz 1945
Victor Mauer

98
Die Potsdamer Konferenz
und die Deutschen
John Zimmermann

114
1945 – der »bittere Sieg«.
Polen und die »Befreiung«
Krzysztof Ruchniewicz

128
Chiffre Heimatlos:
Potsdam 1945
Andreas Kossert

142
Die Potsdamer
Konferenz und die jüdischen
Organisationen
Thomas Brechenmacher

158
Potsdam und Japan,
etwa 1945
Robert Kramm

174
Die Potsdamer Konferenz
und China
Thoralf Klein

192
Die Potsdamer Erklärung
und die Unabhängigkeit Koreas
Jong Hoon Shin

208
Irans Ringen um Souveränität
Jana Forsmann

226
Frankreich und die Potsdamer
Konferenz – ein Land auf
der Suche nach alter Größe
Matthias Simmich

244 Literatur
256 Personenregister
259 Leihgeber und Dank
260 Bildnachweis
262 Impressum

**Geleitwort
Dietmar Woidke**
Ministerpräsident
des Landes
Brandenburg

Liebe Leserinnen und Leser! Die Ausstellung und der Begleitband zum 75. Jahrestag der Potsdamer Konferenz zeigen eines sehr deutlich: Ohne fundierte Kenntnisse der Geschichte können wir die Gegenwart nicht verstehen und die Zukunft nicht gestalten.

Historische Ereignisse und Prozesse sind folgenreich. Sie beeinflussen das Leben der Zeitgenossen und zumeist auch der nachfolgenden Generationen. Umso wichtiger ist es, dass wir mit dem Wissen über die Vergangenheit Verantwortung übernehmen – für das eigene Leben und für unsere demokratische Gesellschaft.

Wenn wir in diesem Jahr an das Ende des Zweiten Weltkriegs in Europa und Asien, an die Zerschlagung des mörderischen Naziregimes und an die Befreiung von Krieg und Faschismus vor 75 Jahren erinnern, dann verbinden wir damit Gedenken, Mahnung, Aufarbeitung und Bildungsarbeit. Wir gedenken der Millionen ermordeter europäischer Juden. Wir würdigen die Verfolgten und Opfer, die ihr Leben in den Vernichtungs- und Zwangslagern der NS-Diktatur verloren, die auf den Schlachtfeldern des Krieges starben, die den Folgen von Terror und Krieg zum Opfer fielen. Wir erinnern uns an jene Menschen, die sich der Mitwirkung an Verbrechen versagten oder aktiv Widerstand leisteten. Wir mahnen, Krieg und Terror nicht zu vergessen oder zu verharmlosen. Wir freuen uns am Frieden und bemühen uns, ihn zu bewahren. Wir mahnen uns selbst, wachsam zu sein und Nationalismus, Extremismus, Antisemitismus und Kriegstreiberei klar entgegenzutreten.

Damit Gedenken und Mahnung kraftvoll und wirksam bleiben, sind Aufarbeitung der Zeitgeschichte und Bildungsarbeit unverzichtbar. Die brandenburgische Erinnerungskultur ist pluralistisch, vielfältig und dezentral ausgerichtet. Museen, Gedenkstätten, Forschungseinrichtungen, ehrenamtliche Initiativen, Schulen, Kommunen leisten Bildungsarbeit und machen »Geschichte vor Ort« erlebbar.

Brandenburg ist, nicht zuletzt wegen seiner Nähe zur früheren »Reichshauptstadt« Berlin, reich an Schauplätzen der Zeitgeschichte: Die Konzentrationslager Ravensbrück und Sachsenhausen, zahlreiche KZ-Außenlager, die Zuchthäuser in Brandenburg an der Havel und Cottbus, die Seelower Höhen oder der Waldfriedhof Halbe sind wichtige Erinnerungsorte an die NS-Diktatur und den Zweiten Weltkrieg.

Anlässlich des 75. Jahrestages der Potsdamer Konferenz wird mit dem Schloss Cecilienhof als Tagungsstätte der »Großen Drei« – Truman, Stalin, Churchill – ein einmaliger und symbolträchtiger Ort ins Zentrum der Betrachtung gerückt. Es ist nicht übertrieben zu sagen: Hier wurde Weltgeschichte geschrieben! Vor dem Hintergrund unserer europäischen Perspektive ist es wichtig, daran zu erinnern, dass die Konferenz in einer Zeit zwischen noch Krieg und schon Frieden stattfand. In Europa schwiegen die Waffen, doch in Ostasien wurde noch gekämpft, um das japanische Vormachtstreben endgültig zu beenden. Schwer zu ertragen ist, dass die Befehle zum Einsatz der Atombombe gegen Hiroshima und Nagasaki aus Potsdam ergingen.

Die Ausstellung und der vorliegende Begleitband verdeutlichen die – zeitlich und räumlich – weitreichenden Auswirkungen der

Beschlüsse von Potsdam. Die Bedeutung der Potsdamer Konferenz für die Alliierten selbst, für Deutschland und Polen wird gezielt ergänzt um die Sichtweisen anderer Beteiligter und Betroffener, die am Konferenztisch von Cecilienhof keine oder wenig Beachtung fanden. Dazu gehören beispielsweise China und Korea, der Iran, viele europäische Staaten. Besonders betroffen macht mich, dass die Zukunft der Holocaust-Überlebenden und Vertriebenen bei den Verhandlungen in Potsdam kaum ins Gewicht fiel.

Die Potsdamer Konferenz hatte für die Menschen in Brandenburg gravierende Folgen. Mit der Neuordnung Deutschlands wurde Brandenburg Teil der Sowjetischen Besatzungszone und der DDR. Erst Jahrzehnte nach den Beschlüssen der Alliierten über die Demokratisierung Deutschlands errangen die Ostdeutschen jene demokratischen Grundrechte, die im Westen Deutschlands seit langem selbstverständlich waren.

Auch die zweite deutsche Diktatur und ihre Überwindung durch die Friedliche Revolution haben Spuren in unserem Land hinterlassen. Viele Brandenburgerinnen und Brandenburger mussten Brüche in ihren Biografien hinnehmen, die ihr Leben und mitunter auch ihre Familien zerrissen haben. Einige brandenburgische Erinnerungsorte haben eine sogenannte mehrfache Vergangenheit; sie sind mit der Geschichte beider deutschen Diktaturen verknüpft. Diese Schauplätze der Zeitgeschichte zeigen ebenso wie die Potsdamer Konferenz: Wer die Entwicklung – weltweit und im eigenen Land – seit dem Ende des Zweiten Weltkriegs verstehen und vermitteln will, braucht immer wieder den Bezug zur »Vorgeschichte« und einen Blick weit über Deutschland und Europa hinaus.

Mit diesem weiten Blick auf die Potsdamer Konferenz und ihre Folgen bereichern Ausstellung und Begleitband den wissenschaftlichen Diskurs über die Nachkriegszeit. Die Besucherinnen und Besucher von Cecilienhof können den tatsächlichen Schauplatz eines bedeutenden historischen Ereignisses im Stil einer Zeitreise erkunden. Der Begleitband bietet die Möglichkeit, Wissen zur Potsdamer Konferenz zu vertiefen und zu erweitern. Mein Dank gilt allen, die den historischen Ort, das weltgeschichtliche Ereignis und seine weitreichenden Folgen für uns erschlossen haben und präsentieren.

In Potsdam wurde im Sommer 1945 die Welt neu geordnet und die Teilung Deutschlands eingeleitet. In Moskau wurde 45 Jahre später der Zwei-plus-Vier-Vertrag unterzeichnet und der Weg frei gemacht für die Wiedervereinigung Deutschlands. Gleichzeitig wurde die Oder-Neiße-Grenze zwischen Deutschland und Polen nach Jahrzehnten der Unsicherheit für unsere polnischen Nachbarn endlich völkerrechtlich festgeschrieben. Stets gingen diesen historischen Zäsuren lange und schwierige Verhandlungen voraus. Sieger und Besiegte, Freunde und Gegner, mitunter Feinde mussten aufeinander zugehen, Vertrauen aufbauen, verhandeln, sich einigen. Das gelang in Potsdam und Moskau.

Miteinander reden ist der einzige Weg, um auf friedlichem Weg Konflikte zu lösen. Darin sehe ich das Vermächtnis der Potsdamer Konferenz.

**Geleitwort**
**Christoph Martin Vogtherr**
Generaldirektor der Stiftung Preußische Schlösser und Gärten Berlin-Brandenburg

Als der deutsche Kaiser Wilhelm II. am 9. November 1917 das neuerrichtete Schloss Cecilienhof im Potsdamer Neuen Garten nach mehrjähriger Bauzeit offiziell einweihte, konnte noch niemand voraussehen, für welches Ereignis von Weltrang dieser letzte Schlossbau der Hohenzollern-Dynastie einmal den Schauplatz bieten sollte. Das Ende des Kaiserreichs war schon nahe: Bereits auf den Tag genau ein Jahr später, am 9. November 1918, wurde in Berlin die Republik ausgerufen, womit das Ende der Monarchie in Deutschland besiegelt war.

Nach den unruhigen Jahren der Weimarer Republik, der Schreckensherrschaft des NS-Regimes und dem millionenfachen Leid des Zweiten Weltkriegs rückte das idyllisch zwischen Heiligem See und Tiefem See gelegene Schloss Cecilienhof in den Blickpunkt der Weltöffentlichkeit, als es im Sommer 1945, unmittelbar nach Kriegsende in Europa, zum Austragungsort der sogenannten »Potsdamer Konferenz« wurde, auf der das macht- und geopolitische Schicksal nicht nur Deutschlands, sondern auch zahlreicher anderer Staaten und Regionen in Europa, im Nahen und Mittleren Osten sowie in Asien, besiegelt wurde. Federführend waren die »Großen Drei«, Churchill (später Attlee), Truman und Stalin in ihrer Funktion als Regierungschefs der Siegermächte Großbritannien, USA und der Sowjetunion. Bereits wenige Monate vorher, im Februar 1945, fand in Jalta auf der Halbinsel Krim ein ähnliches Treffen statt; damals war für die Vereinigten Staaten noch Präsident Roosevelt dabei. Wie in Potsdam ging es auch hier bereits um eine Aufteilung und Neuordnung der Welt nach Kriegsende, und auch in Jalta war mit dem Liwadija-Palast, dem Sommerschloss des letzten Zaren Nikolaus II., eine ehemalige Herrscherresidenz Schauplatz des Geschehens.

Die Potsdamer Konferenz und die damals im gleichnamigen Abkommen getroffenen Entscheidungen liegen 75 Jahre zurück – 75 Jahre, in denen Geschichte zwar weiter geschah und gemacht wurde, die aber trotzdem von den Ereignissen im Sommer 1945 geprägt waren und es bis auf den heutigen Tag sind. Insofern erinnern wir mit unserer Ausstellung an einen bedeutsamen Meilenstein der Geschichte, der in seinen Auswirkungen nicht nur die Geschicke in Deutschland, sondern auch in Europa und letztlich in der Welt lenkte. Dabei möchten wir die Besucherinnen und Besucher einladen, in die Zeitspanne jener wenigen Wochen einzutauchen, als Schloss Cecilienhof im Zentrum des Weltinteresses stand. Die Stiftung Preußische Schlösser und Gärten Berlin-Brandenburg ist in der glücklichen Lage, die Ausstellung am historischen Ort präsentieren zu können, was dem Projekt Möglichkeiten verleiht, die neutrale Ausstellungsräume, beispielsweise in einem Museum, niemals bieten könnten. Mit den Schlossräumen, in denen die Delegationen der drei Staaten arbeiteten und ein- und ausgingen, den umgebenden, von den Staatschefs genutzten Terrassen und Gartenanlagen sowie dem

Konferenzraum ist das Schloss selbst eines der wichtigsten Ausstellungs-Objekte und integraler Bestandteil der Schau. Anhand von Tagebuchauszügen, Leihgaben aus nationalen und internationalen Sammlungen wie dem Hiroshima-Museum, historischem Filmmaterial und anderen Zeitdokumenten werden die Tage der Potsdamer Konferenz wieder lebendig, sowohl aus offizieller Sicht der beteiligten Delegationen als auch aus privater Perspektive der Menschen, die die Auswirkungen der Konferenz unmittelbar zu spüren bekamen, sei es durch Flucht und Vertreibung, sei es durch System- und Herrschaftswechsel. Wir freuen uns sehr, dass Konzept, Vermittlungsformen und ein Teil der Objekte nach Ende der Ausstellung Eingang in die Dauerausstellung finden und den Besucherinnen und Besuchern auch weiterhin das Thema nahebringen werden.

Für uns als Stiftung ist die Ausstellung zudem ein wichtiger Anlass, auf die Bedeutung der in unserer Obhut befindlichen Schlösser und Gärten gerade auch im 20. Jahrhundert, nach dem Ende der Monarchie, zu verweisen. Die ehemals preußischen Anlagen, Bauten und Parks dienten ja nicht nur ihren fürstlichen Auftraggebern und Nutzern als Orte der Repräsentation oder des Rückzugs, sondern waren auch später Schauplätze historischer Ereignisse – Schloss Schönhausen in Berlin ist dafür ein beredtes Beispiel. Als Orte der Macht wurden sie oft weiterhin in Anspruch genommen. »Potsdamer Konferenz 1945 – Die Neuordnung der Welt« macht einmal mehr deutlich, wie sehr das auch für Schloss Cecilienhof gilt.

Mein Dank gilt allen Förderern, Unterstützern und Partnern, die entscheidend zum Gelingen dieses ambitionierten Projekts beigetragen haben und ohne deren Zuwendungen die Realisierung der Ausstellung nicht möglich gewesen wäre, zuvorderst der Beauftragten der Bundesregierung für Kultur und Medien Staatsministerin Monika Grütters, dem Land Brandenburg – Ministerium für Wissenschaft, Forschung und Kultur sowie der Ostdeutschen Sparkassenstiftung gemeinsam mit der Mittelbrandenburgischen Sparkasse. Ebenso bedanke ich mich für die stets gute und vertrauensvolle Kooperation mit den zahlreichen Mitarbeiterinnen und Mitarbeitern in Museen, Wissenschafts- und Forschungseinrichtungen im In- und Ausland sowie den leihgebenden Institutionen und privaten Leihgebern. Mit Unterstützung aller Kolleginnen und Kollegen der Stiftung Preußische Schlösser und Gärten Berlin-Brandenburg hat die »Projektgruppe Potsdamer Konferenz« federführend Ausstellung und Begleitband verantwortet. Für Ihren großen Einsatz, ihre Kreativität und Neugierde danke ich allen Kolleginnen und Kollegen herzlich. Mein Dank gilt außerdem dem Gestaltungsbüro beier + wellach, Berlin, den Firmen, durch deren fachkundige Hilfe und Know-how die Ausstellung realisiert werden konnte, dem Sandstein Verlag und unseren Medien- und Kooperationspartnern.

# Die Potsdamer Konferenz: Zu diesem Band

Jürgen Luh

Potsdam war die letzte der alliierten Kriegskonferenzen, und obwohl sie nach der Kapitulation des Deutschen Reiches stattgefunden hat und über das Schicksal vieler Menschen vor allem in Europa und Asien entscheiden sollte, gelten die Zusammenkünfte der »Großen Drei« in Teheran und in Jalta als bedeutender, sind weitaus bekannter als die Potsdamer Konferenz. Informationen, wie etwa Film- und Zeitungsberichte, Foto- und Radioreportagen über das letzte Treffen der Staatslenker, Truman, Stalin und Churchill, für den später Attlee als britischer Premierminister übernahm, finden sich, sucht man danach, in der Regel nicht einmal unter dem Stichwort »Potsdamer Konferenz« oder »Potsdam Conference«, sondern unter dem Eintrag »Berlin Conference«, Konferenz von Berlin. Denn Berlin, die alte Reichshauptstadt, die von der Roten Armee nach schweren, verlustreichen Kämpfen erobert wurde, war nicht nur bekannter in der Welt als das im Vergleich zur Großstadt eher beschauliche, vor den Toren Berlins gelegene, von Wassern umgebene Potsdam. Sondern Berlin steht auch als Ortsangabe auf dem von den drei Regierungschefs am 2. August 1945 um 0.30 Uhr unterschriebenen, aber auf den 1. August datierten »Protokoll«, das die Konferenz beschloss.

Die Lage Potsdams und des Schlosses Cecilienhof war der Grund dafür, dass die unweit von Berlin gelegene Stadt für das Treffen der drei alliierten Staatschefs ausgewählt wurde. Zwar hatte Potsdam noch in den letzten Kriegstagen, am 14. April 1945, einen Angriff von 488 britischen Bombern erlebt, der in der Altstadt schwere Zerstörungen zur Folge gehabt hatte. Doch waren der Neue Garten und darin Schloss Cecilienhof ohne größere Schäden davongekommen. Im Schloss wie in den Villen im nahen Babelsberg war genug Raum vorhanden, um die »Großen Drei« samt ihren Delegationen komfortabel unterzubringen und zu tagen. Deren wichtigste Vertreter waren auf sowjetischer Seite der Volkskommissar für auswärtige Angelegenheiten Wjatscheslaw M. Molotow, sein Stellvertreter Iwan M. Maiski, der Admiral der Flotte Nikolai G. Kusnetzow, Armeegeneral Alexei I. Antonow, der Generalstabschef der Roten Armee, und Botschafter der Sowjetunion in den USA Andrei A. Gromyko; auf amerikanischer Seite Außenminister James F. Byrnes, Flottenadmiral William D. Leahy, George C. Marshall, der Chef des Stabes der US-Armee, W. Averell Harriman, der amerikanische Botschafter in der UdSSR, und der Luftwaffengeneral Henry H. Arnold. Auf britischer Seite zählten dazu die Außenminister Anthony Eden und Ernest Bevin, Feldmarschall Sir Alan Brooke, Chef des Generalstabs des Empires, der Marschall der Royal Airforce Sir Charles Portal sowie der Großadmiral Sir Andrew Cunningham.

Die Konferenz begann am 17. Juli 1945 um 17 Uhr in der Halle, dem großen Saal des Schlosses Cecilienhof, und endete dort am 2. August 1945 um 0.30 Uhr mit der Unterzeichnung des »Protokolls der Verhandlungen der Berliner Konferenz« durch Truman, Stalin und Attlee, das schon kurz darauf als »Potsdamer Abkommen« Eingang in den allgemeinen Sprachschatz fand – obgleich es gar kein Vertrag,

← Zerstörtes Potsdamer Stadtschloss mit Blick auf die Nikolaikirche kein Abkommen war. Selbst gaben die drei Alliierten im Anschluss an die Konferenztage von Potsdam »Mitteilungen über die Berliner Konferenz der Drei Mächte« heraus, eine verkürzte Inhaltsangabe des »Protokolls«, die man für 30 Pfennige erwerben konnte. Während der 16 Konferenztage fanden insgesamt 13 Sitzungen der Staatschefs statt, die jeweils am Nachmittag gegen 17 Uhr begannen und etwa ein bis zwei Stunden dauerten. Ihnen voran gingen innerhalb eines streng geregelten Tagesablaufs ab 8 Uhr morgens vorbereitende Gespräche in Ausschüssen, die sich aus den zuständigen Vertretern der Delegationen zusammensetzten, und ab 11 Uhr am Vormittag die Sitzungen der Außenminister Byrnes, Molotow und Eden bzw. Bevin samt ihren Stäben.

Problemlos einigte man sich gleich zu Beginn der Verhandlungen auf die Errichtung eines Rates der Außenminister, dem neben den Vertretern der drei in Potsdam beteiligten Staaten auch die Außenminister Chinas und Frankreichs angehören sollten. Der Rat wurde beauftragt, die notwendigen Vorbereitungsarbeiten für die Friedensverträge mit den Besiegten und ehemaligen Feindstaaten zu leisten, deren Aushandlung und Abschluss ja nicht Gegenstand der Konferenz sein sollten.

Den Inhalt der Potsdamer Verhandlungen spiegeln zum einen die von den drei Regierungen am Ende der Konferenz herausgegebenen »Mitteilungen«. Diesen zufolge ging es vor allem um den Umgang mit dem Deutschen Reich, zunächst um die Definition, wie Deutschland territorial verstanden werden solle, sodann um die innere wie äußere Neuordnung des Landes, dessen zu erbringende Reparationsleistungen sowie schließlich um die deutsche Kriegs- und Handelsflotte. Darüber hinaus einigten sich die drei Regierungen über Wahlen in Polen und die Verschiebung der Grenze Polens nach Westen. Sie sollte bis zur endgültigen Festlegung in der noch immer im Raum stehenden Friedenskonferenz entlang »der Linie, die von der Ostsee unmittelbar westlich von Swinemünde und von dort die Oder entlang bis zur Einmündung der westlichen Neiße und die westliche Neiße entlang bis zur tschechoslowakischen Grenze« verlaufen.[1] Man äußerte den Wunsch, »die gegenwärtige annormale Stellung Italiens, Bulgariens, Finnlands, Ungarns und Rumäniens durch den Abschluß von Friedensverträgen« zu beenden und erklärte sich zur Zulassung anderer Staaten zur Organisation der Vereinten Nationen bereit.[2] Auch über die vorläufige Behandlung Österreichs verständigte man sich. Schließlich wurde in den »Mitteilungen« noch das erzielte Abkommen über »die Ausweisung Deutscher aus Polen, der Tschechoslowakei und Ungarn« verkündet.[3]

Das erst am 24. März 1947 veröffentlichte »Protokoll der Verhandlungen der Berliner Konferenz vom 17.7. bis 2.8.1945« sowie die noch später publizierten Konferenzdokumente der drei beteiligten Staaten geben einen weitaus tieferen Einblick in die Unterhandlungen, offenbaren wie sie geführt wurden und welche Ziele die einzelnen Regierungen verfolgten. Ebenso spiegeln sie die Vielfalt

Eröffnungssitzung der Potsdamer Konferenz im Schloss Cecilienhof, Potsdam

der besprochenen Themen, die sich aus den »Mitteilungen« nicht erschließen lässt. So ging es etwa um die Situation in Spanien und den künftigen Umgang mit der Franco-Regierung und in diesem Zusammenhang um Tanger, um Frankreich und Italien, um Jugoslawien und die Verhältnisse in Griechenland, um die Schwarzmeerengen, um Syrien und den Libanon sowie um die Zukunft des Iran. Als eigenständige Unterpunkte Eingang in das »Protokoll« fanden davon jedoch nur der Iran, Tanger und die Schwarzmeerengen.[4]

Politisches Gewicht für die Zeit und die Zukunft erlangten diese Gespräche gleichwohl. Sie steckten Einflüsse und Einflusszonen ab. Denn aufgrund ihrer alles überragenden politischen, militärischen und wirtschaftlichen Stellung in der Welt konnten vor allem die Vereinigten Staaten und die Sowjetunion sowie, mit bereits weit weniger Autorität, das Vereinigte Königreich, den Fortgang der Entwicklungen in jenen Staaten, deren Verhältnisse in Potsdam Thema gewesen waren, wie auch in denjenigen Ländern und Regionen der Welt, über die nicht verhandelt worden war, bestimmen oder ihn zumindest beeinflussen.

Zudem sprach man – nicht zuletzt – über den noch andauernden Krieg in Asien, wie man ihn möglichst rasch und ohne große

Verluste an eigenen Soldaten beenden und Japan zur bedingungslosen Kapitulation zwingen konnte. Um dies zu erreichen, wünschten die USA den Eintritt der Sowjetunion in den Krieg. Die Rote Armee sollte die in der Mandschurei stationierten japanischen Truppen binden, damit diese nicht zur Verteidigung Japans herangezogen werden könnten. Am 26. Juli 1945 deklarierten die Regierungschefs der Vereinigten Staaten, Chinas und des Vereinigten Königreichs, Japan die letzten Schläge, »the final blows«, zu versetzen, sollte es nicht kapitulieren. Sie seien andernfalls entschlossen, ihre militärische Macht »zur unvermeidlichen und vollständigen Zerstörung der japanischen Streitkräfte und, ebenso unvermeidlich, zur äußersten Verwüstung des japanischen Mutterlandes« einzusetzen.[5] Noch vor Eröffnung der Konferenz hatte Präsident Truman die Nachricht vom erfolgreichen Test der Atombombe erhalten. Und in der Folge fielen nach der Potsdamer Konferenz am 6. August und 9. August 1945 die ersten und bis heute zum Glück einzigen Atombomben – mit bis dahin unvorstellbaren Folgen für deren Ziele Hiroshima und Nagasaki. Seither finden Leben und Politik der Menschheit im Schatten der nuklearen Drohung statt.

Bei der Mannigfaltigkeit der besprochenen Themen, ihrer auch weit über Europa hinausweisenden politischen Bedeutung für die Nachkriegszeit und selbst noch für unsere Tage setzt der vorliegende Band an. In ihm soll nicht noch einmal die Geschichte der Potsdamer Konferenz nacherzählt und betrachtet werden, wie es vom »heißen« zum »kalten« Krieg kam. Das ist durch Herbert Feis, Robert Betzell, Charles L. Mee, Michael Dobbs und zuletzt Michael Neiberg, der seine Leser gleichsam mit an den Konferenztisch gesetzt hat, in umfänglicher Weise geschehen.[6] In ihm soll es auch nicht vorrangig um Europa und die deutsche Frage gehen. Denn auch diese Aspekte sind wissenschaftlich oft und gut aufgearbeitet worden, so etwa durch Herbert Kröger, Fritz Faust, Ernst Deuerlein oder Michael Antoni, um nur einige wenige Autoren zu nennen.[7]

An dieser Stelle soll gefragt werden, was die Politik, aber auch was die Öffentlichkeit, was also die Menschen sich von der Konferenz der »Großen Drei« in Potsdam erhofft, erwartet, versprochen haben. Und selbstverständlich ist dafür wichtig, sich den Ort des Geschehens ins Gedächtnis zu rufen und zu sehen, welche Ziele die drei Siegermächte verfolgten. Vorrangig soll aber geschaut werden, welche Vorstellungen sich die Menschen in Europa und Asien von einer neuen Zeit mit einer neuen Ordnung nach den langen Jahren des verheerenden Krieges gemacht haben. Kehrten im Anschluss an die Konferenz und das Ende des Krieges, denn beides muss man hier ja zusammen denken, Zuversicht und Sicherheit ein? Nahmen die Menschen die Entscheidungen von Potsdam, an denen sie selbst nicht beteiligt waren und die nur von einer Handvoll Politiker und letztlich allein von den »Großen Drei« getroffen wurden, überhaupt wahr? Und wenn ja, sahen sie darin eine Chance für sich in einer besseren Zukunft?

In den Beiträgen dieses Bandes wird daher auch geschaut, welche Wirkung die Konferenz, besser noch, welche Wirkung ihre Ergebnisse, so wie sie in den »Mitteilungen« dem Publikum weltweit bekannt gegeben wurden, in der Welt hatten, was sie für die Menschen, die von den Beschlüssen betroffen waren, oder für diejenigen, die sich mehr oder eine intensivere Anteilnahme an ihrem Schicksal erhofft hatten, bedeutet haben. Es ist der Versuch einer Perspektivweitung, denn im Mittelpunkt stehen hier nicht nur die Ziele der drei Siegermächte oder die Auswirkung der Konferenzergebnisse auf Deutschland oder Polen.

Gemäß den dokumentierten Potsdamer Gesprächen, die sich, wie oben beschrieben, um eine Vielzahl politischer Themen und Staaten weltweit drehten, soll diesen Themen und Staaten, die in die »Mitteilungen« und das »Protokoll« nicht oder nur beiläufig aufgenommen wurden, hier mehr Raum gegeben werden als gemeinhin üblich – auch wenn nicht alles und das Betrachtete nicht allerschöpfend behandelt werden konnte. So soll die Bedeutung der Potsdamer Konferenz nicht nur für die Vereinigten Staaten, die Sowjetunion und das Vereinigte Königreich oder für Deutschland und Polen abgewogen werden, sondern darüber hinaus für die anderen unmittelbar oder mittelbar Betroffenen der Beschlüsse, die Vertriebenen und die Holocaust-Überlebenden, die in Potsdam keine Stimme hatten, die Chinesen, Japaner und Koreaner, die sich noch im Krieg befanden, die Iraner, über deren Köpfe hinweg man bestimmte, die Franzosen, die zwar zu den Siegermächten zählten, zur Konferenz aber nicht hinzugebeten wurden. Denn jenseits der rein politischen Betrachtung der Beratungen und Beschlüsse von Potsdam, in denen vieles neu geordnet wurde, vieles aber auch offen und unbestimmt blieb, trägt der Blick auf deren Wirkungen und die davon direkt Betroffenen zum besseren Verständnis unserer gegenwärtigen Welt und ihrer Probleme bei.

**Anmerkungen**
**1** Sowjetische Militärische Administration, S. 23. / **2** Sowjetische Militärische Administration, S. 24 ff. / **3** Sowjetische Militärische Administration Provinz Brandenburg, S. 27 f. / **4** Feis 1962, S. 333 f. / **5** 1945, The Conference of Berlin (The Potsdam Conference), Bd. 2, S. 1474 ff., 1475. / **6** Feis 1960; Betzell 1970; Mee 1975; Dobbs 2012; Neiberg 2015. / **7** Kröger 1957; Faust 1960; Deuerlein 1961; Antoni 1985.

# Zur Verortung der Berliner Konferenz in Potsdam

Stefan Gehlen

Der Anregung Winston Churchills zu einem Treffen der »Großen Drei« nach dem Ende der Kampfhandlungen (und vor dem Abzug der amerikanischen Truppen aus Europa) hatten der neue amerikanische Präsident Harry S. Truman und Josef Stalin bereits im Mai 1945 zugestimmt.[1] Schnell wurde auch Einigkeit über den Codenamen »Terminal« und darüber erzielt, dass das Treffen auf deutschem Territorium stattfinden sollte. Im Gegensatz zur letzten Konferenz der »Großen Drei« in Jalta, der ein zähes Ringen um den Konferenzort vorausgegangen war, gestaltete sich der Ortsfindungsprozess relativ unproblematisch. Trumans erste Idee einer Konferenz in Alaska war nicht weiterverfolgt worden, da Stalin einen Konferenzort außerhalb des sowjetischen Machtbereichs erfahrungsgemäß niemals akzeptieren würde. Churchill hatte zunächst Jena im von den US-Streitkräften eroberten Thüringen ins Auge gefasst, das gemäß interalliierten Vereinbarungen den Sowjets übergeben werden sollte. Denn Churchill wollte den amerikanischen Abzug hinauszögern, um das Vorrücken des Eisernen Vorhangs aufzuhalten. Truman ließ sich jedoch nicht darauf ein. Er wollte sich an getroffene Vereinbarungen halten, um das Gleiche auch von Stalin fordern zu können.[2] Churchills Idee wurde fallen gelassen.

Vom Rückzug der US-Armee hatten die Sowjets mittlerweile ihren Rückzug aus den westlichen Bezirken Berlins für die dort geplanten Sektoren der West-Alliierten abhängig gemacht. Die von der Roten Armee eroberte Reichshauptstadt war bis 1. Juli 1945 noch vollständig unter sowjetischer Kontrolle, sollte aber nach Aufteilung in vier alliierte Sektoren von einem gemeinsamen Kontrollrat verwaltet werden.[3] Das Stadtzentrum und das Regierungsviertel im Berliner Bezirk Mitte waren bei der Aufteilung dem sowjetischen Sektor zugeordnet worden und blieben im sowjetischen Machtbereich. Stalin schlug daher Berlin als Konferenzort vor.[4]

Unmittelbar an das sowjetische Stadtzentrum grenzten die West-Sektoren der Briten und Amerikaner, sodass die westlichen Delegationen und Militäreskorten während der Konferenz in ihren eigenen Sektoren hätten untergebracht und versorgt werden können, Stalin als Gastgeber der Konferenz aber weiter die Kontrolle über deren Ablauf behalten hätte. Als Stalin am 27. Mai Churchill seinen Vorschlag unterbreitete, zeigte sich Churchill sofort einverstanden: Er freue sich auf das Zusammentreffen in Berlin oder vielmehr in dem, was davon übriggeblieben war.[5] Tatsächlich zählte das Berliner Zentrum zu den im Krieg am stärksten zerstörten Stadtbezirken. Noch im Juli 1945, als Churchill, Truman und andere Konferenzteilnehmer Besichtigungsfahrten durch die Berliner Ruinen unternahmen, war das Zentrum von unerträglichem Leichen- und Kloakengestank sowie scharfem Brandgeruch erfüllt.[6]

Neben dem Berliner Stadtzentrum gab es noch einen zweiten Ort, an dem der britische, der amerikanische Sektor und der sowjetische Machtbereich aufeinandertrafen: Potsdam. Die einstige preußische Residenzstadt war 1920 nicht von Groß-Berlin vereinnahmt

← Schloss Cecilienhof, Blick auf die Nordseite mit Konferenzhalle

Besatzungszonen
Berlin 1945

worden und lag daher nun am südwestlichen Rand der Westsektoren in der sowjetischen Besatzungszone, die die alliierten Sektoren von Berlin umgab. Nur ein Teil der Potsdamer Kulturlandschaft, Glienicke und die Pfaueninsel, gehörte zu Berlin und jetzt zum amerikanischen Sektor. An das Potsdamer Sacrow grenzten im Norden die Groß-Berliner Ortsteile Kladow und Gatow, die nun im britischen Sektor lagen. Mit dem Gatower Flugplatz der Royal Air Force und den Autobahnen nach Magdeburg und Dessau lagen die wichtigen Luft- und Landkorridore der Westalliierten durch die sowjetische Besatzungszone nach Berlin in der Nähe. In logistischer Hinsicht bot sich Potsdam als Alternative zum zerstörten Berliner Zentrum an.

Potsdam war nicht nur ein günstig gelegener Vorort, sondern als zweite Residenz der preußischen Könige und deutschen Kaiser ein Ort von besonderer Symbolkraft. Mit einer Konferenz konnte man hier symbolisch an die Siegerkonferenzen nach dem Ersten Weltkrieg anknüpfen, die in Versailles und anderen Pariser Vororten stattgefunden hatten, oder auch an das letzte Treffen der »Großen Drei« in der Sommerresidenz des Zaren auf der Krim.[7] Ein Ziel der geplanten Konferenz, die Demilitarisierung Deutschlands, sprach ebenfalls für Potsdam, da die Stadt vielen als die Wiege des deutschen Militarismus galt.[8] Nicht nur Churchill, sondern auch Stalin und General

General Dwight D. Eisenhower und Lt. General Lucius D. Clay auf dem Flugplatz Gatow, 20. Juli 1945

Lucius D. Clay sollen sich der Bedeutung Potsdams als »the City of the Kings of Prussia, where German aggression had its origin« bewusst gewesen sein.⁹ Churchills Haltung zu Preußen war allerdings ambivalent. Einerseits hielt er den preußischen Militarismus für eine Ursache des Nationalsozialismus und für eine Wurzel allen Übels, andererseits aber zählte er Preußen immer noch zu den fünf großen Nationen Europas (Sanssouci stand auf seinem Besuchsprogramm).¹⁰ Während des Krieges war er noch für die Wiederherstellung eines verkleinerten und geschwächten Preußens als eigenständiger Staat eingetreten. Doch seit der Konferenz in Jalta war das kein Thema mehr.¹¹

Bei der letzten großen Schlacht des Zweiten Weltkriegs in Europa war Potsdam weniger in Mitleidenschaft gezogen worden als die Berliner Mitte, aber auch hier war das Stadtzentrum stark zerstört. Nachdem Stalin die Westalliierten in Jalta für die bevorstehende Schlacht um Berlin um Luftunterstützung gebeten hatte, hatten Bomberverbände der Royal Air Force in der Nacht vom 14. auf den 15. April 1945 einen Angriff auf militärisch wichtige Verbindungswege nach Berlin geflogen. Dabei wurde die bis dahin unversehrte barocke Innenstadt von Potsdam in Schutt und Asche gelegt. Ob die sogenannte Nacht von Potsdam 1945 eine Antwort auf den »Tag von Potsdam« 1933 darstellte oder ob die »Operation Crayfish« vielmehr auf die Zerstörung der Stadt als Symbol des preußischen Militarismus zielte, ist umstritten.[12] Ebenso strittig ist, ob die sowjetischen Truppen wirklich unterstützt oder eher von der Schlagkraft der angloamerikanischen Luftstreitkräfte beeindruckt werden sollten. Churchill hatte US-Präsident Roosevelt noch kurz vor dessen Tod Anfang April vergeblich gedrängt, mit amerikanischen Panzerverbänden von der Elbe nach Berlin vorzurücken, um die prestigeträchtige Einnahme Berlins nicht allein den Sowjets zu überlassen. An einer Zerstörung Potsdams war Churchill aber nicht gelegen, denn kurz nach dem Angriff fragte er empört: »Was hatte es für einen Sinn, Potsdam einfach auszuradieren?«[13] Eine Antwort hatte er darauf nicht erhalten.

Die zweite Zerstörungswelle folgte, als die Erste Ukrainische Front unter Marschall Iwan Konew von Süden und die Erste Belorussische Front unter Marschall Georgij K. Schukow von Norden auf die Potsdamer Stadtgrenzen stießen, um den sowjetischen Angriffsring um die Reichshauptstadt im Berliner Südwesten zu schließen.[14] Nach verlustreichen Kämpfen um die zur Festung erklärte Stadt Potsdam hatten sich Teile der deutschen Verbände nach Osten über die Berliner Vorstadt hinter die Glienicker Brücke zurückgezogen. Dort verteidigten sie die Insel Wannsee in erbitterten Kämpfen gegen Konews Ansturm noch bis zum Ende der Schlacht um Berlin am 2. Mai.[15] Daher konnte noch am 29. April das »politische Testament« Adolf Hitlers aus dem eingekesselten Führerbunker in Berlin durch U-Bahn-Schächte herausgeschleust werden, um von Wannsee aus per Wasserflugzeug hinter den sowjetischen Angriffsring gebracht zu werden. Zu diesem Zeitpunkt hatte sich der Rest der in Potsdam hoffnungslos eingekeilten deutschen Verteidiger bereits vom Park Sanssouci über Ferch auf den Weg zur neunzig Kilometer entfernten Westfront begeben, um sich in amerikanische Kriegsgefangenschaft zu retten.

Der Bombenangriff und die sinnlose Verteidigung Potsdams hatten fünfzig Prozent der historischen Gebäude in der Innenstadt zerstört. In der gesamten Stadt war die Hälfte der Häuser unbewohnbar. In den Vorstädten und Randbezirken, die die Rote Armee kampflos einnehmen konnte, gab es aber noch relativ intakte Wohngebiete. Auch die Schlösser in den Parks waren weitgehend erhalten geblieben und bereits während der Kampfhandlungen von der sowjetischen Trophäenbrigade unter Generaloberst Ludschuweit zur Sicherstellung der Schlossinventare für den Abtransport nach Moskau unter militärische Verwaltung gestellt worden.[16] Obwohl wertvolle Kunstschätze kriegsbedingt ausgelagert waren, boten die Schlösser den Trophäenbrigaden, die andernorts Industrieanlagen als Reparationsgüter demontierten, ein ergiebiges Betätigungsfeld.

Für das geplante Gipfeltreffen, bei dem die Reparationsfrage oben auf der Tagesordnung stehen sollte, boten sich die preußischen Schlösser und Gärten als Tagungsort an. Bei der Krimkonferenz in Jalta hatten die Sowjets die Anfahrtswege der westlichen Delegationen

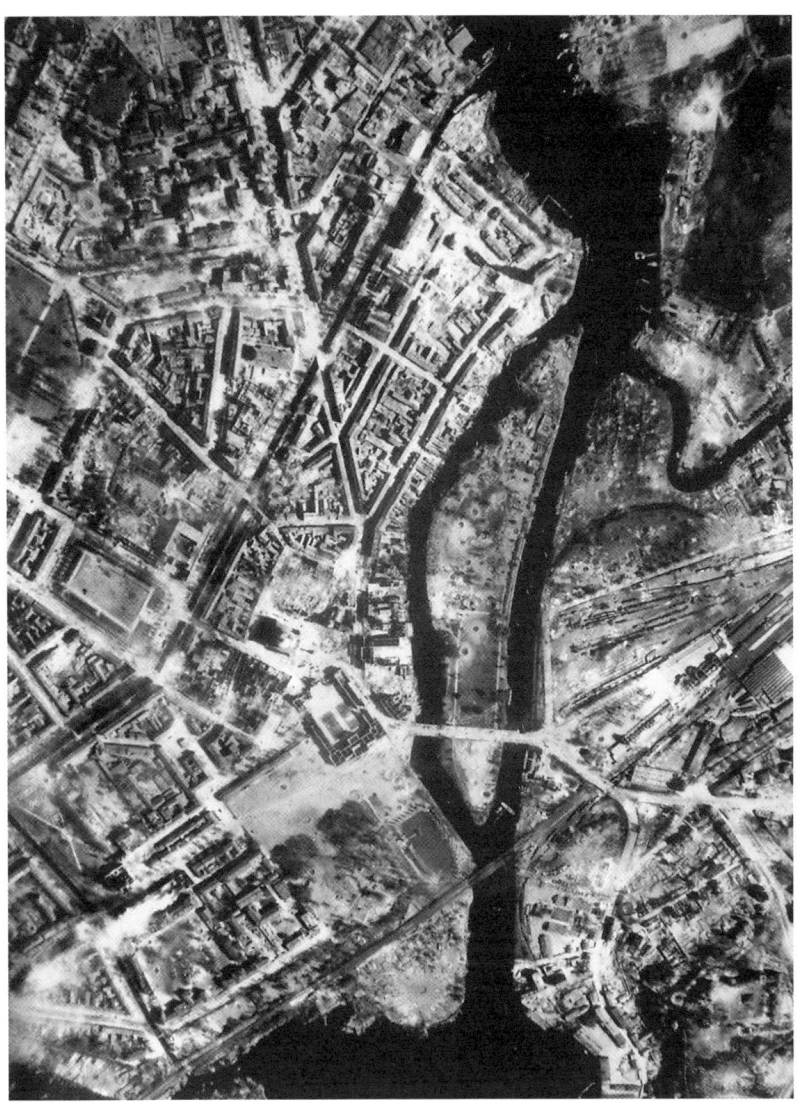

Luftbild von Potsdam kurz nach dem Luftangriff durch die Royal Air Force am 14. April 1945

absichtlich durch kriegszerstörte Ruinenlandschaften gelegt, um ihnen die Kriegsopfer der Sowjetunion vor Augen zu führen. Bei der geplanten Konferenz in Deutschland hingegen wollte man offenbar zeigen, dass das besiegte Land noch nicht völlig ausgeblutet am Boden lag und hohe Reparationsleistungen daher gerechtfertigt waren. In den weitgehend unversehrten Vororten und Parks von Potsdam ließ sich durch die Verortung und Instandsetzung der Unterkünfte, Anfahrtswege, Parkanlagen und Gärten über das wahre Ausmaß der Kriegsschäden jedenfalls leicht hinwegtäuschen.[17]

Nach der Trophäenbrigade zogen weitere militärische Einrichtungen der Sowjets in die ehemals preußische Garnisonstadt. Potsdams zahlreiche Kasernen – nach 1918 von Reichswehr und Wehrmacht genutzt – wurden seit Mai 1945 nach und nach von

...jetischen Truppen übernommen. Das Oberkommando der sowjetischen Besatzungstruppen in Deutschland richtete man in Potsdam-Babelsberg ein. Dort hatten Marschall Schukow als erster Oberbefehlshaber der Besatzungstruppen und Iwan Serow als Bevollmächtigter des Volkskommissariats für Innere Angelegenheiten in Deutschland (NKWD) und oberster Chef der Zivilverwaltung der Sowjetischen Militäradministration in Deutschland (SMAD) ihre Dienst- und Wohnsitze. Oberster Chef der SMAD war wiederum Schukow, der seit dem 5. Juni die oberste Regierungsgewalt in der Sowjetzone innehatte und nur noch dem Rat der Volkskommissare in Moskau und damit Stalin direkt unterstellt war.[18] An Schukow kamen weder die Vorauskommandos der Westalliierten zur (schwierigen) Besetzung ihrer Sektoren, noch die Moskauer Gesandtschaft zur Verortung und Vorbereitung der geplanten Konferenz vorbei.

Zur Vorbereitung hatte Stalin Generale des Staatssicherheitsdienstes und Mitarbeiter des Volkskommissariats für auswärtige Angelegenheiten nach Berlin entsandt. Seinen Erinnerungen zufolge konnte Schukow die Abordnung in Berlin persönlich davon überzeugen, den Konferenzort nicht im Zentrum, sondern in der Umgebung zu suchen. Mit diesem Auftrag sandte Schukow eine Gruppe von Offizieren der rückwärtigen Dienste und den Chef der Unterkunftsabteilung nach Potsdam. Dort wurde man fündig: »Für die Einquartierung der Delegationsleiter, der Außenminister, der Hauptberater und -experten«, so Schukow, »eignete sich der Vorort Babelsberg, den der Krieg fast unbehelligt gelassen hatte«.[19] Im Babelsberger Villenvorort am Griebnitzsee waren beim sowjetischen Angriff auf die Insel Wannsee in den letzten Kriegstagen zahlreiche Häuser am Ufer durch die sowjetische Unterkunftsverwaltung beschlagnahmt und deren Bewohner vertrieben worden. Zur Konferenz wurde das Wohngebiet in einen sowjetischen, amerikanischen und britischen Sektor eingeteilt, die allerdings zu klein dimensioniert waren, sodass zahlreiche Mitglieder der westlichen Delegationen auch in den nahegelegenen Berliner Westsektoren einquartiert wurden. Für die »Großen Drei« wählte man drei repräsentative Villen am Ufer des Griebnitzsees aus. Für Truman wurde Haus Erlenkamp, das Wohnhaus der Verlegerfamilie Müller-Grote, hergerichtet, das dann als »Berlin White House« und »Little White House« bekannt wurde.[20] Churchill erhielt das von Mies van der Rohe erbaute Wohnhaus des Bankiers Franz Urbig, und Stalin zog in die Villa der Familie Herpich, die von Alfred Grenander errichtet worden war.

Über die Vorbereitungen ließ sich der misstrauische und um seine Sicherheit besorgte Stalin vom Geheimdienstchef Lawrenti Beria unterrichten. Am 2. Juli meldete Beria an Stalin und Wjatscheslaw Molotow nach Moskau: »Vorbereitet sind 62 Villen (10 000 Quadratmeter) und ein Zwei-Etagen-Einzelhaus für den Genossen Stalin, 15 Zimmer, eine offene Veranda, Mansarde (400 Quadratmeter). Das alleinstehende Gebäude ist mit allem ausgestattet. Es gibt ein Post- und Telegrafenamt. Es ist für Vorräte an Wild, Geflügel,

Blick auf das »Little White House« (Haus Erlenkamp), Trumans Wohnhaus während der Potsdamer Konferenz

gastronomischen und Kolonialwaren sowie anderen Produkten und Getränken gesorgt. Es sind Nebenwirtschaften sieben Kilometer von Potsdam geschaffen worden, mit Tier- und Geflügelfarmen, Gemüseanbau; es arbeiten zwei Brotbäckereien. Das gesamte Personal ist aus Moskau. Zwei spezielle Flughäfen stehen bereit. Für die Bewachung stehen sieben Regimenter der NKWD-Truppen und 1 500 Personen aus der operativen Mannschaft zur Verfügung. Die Bewachung ist in drei Ringen organisiert. Der Leiter der Leibwache des alleinstehenden Hauses ist Generalleutnant Wlassik. Die Bewachung des Konferenzortes übernimmt Kruglow.

Ein Sonderzug ist vorbereitet. Die Reiseroute beträgt 1 923 Kilometer Länge (1 095 durch die UdSSR, 594 durch Polen, 270 durch Deutschland). Für die Sicherheit des Weges sorgen 17 000 Mann aus den Truppen des NKWD, 1 515 Personen aus der operativen Mannschaft. An jedem Kilometer der Eisenbahnstrecke stehen sechs bis 15 Personen Wache. Auf der Geleitlinie werden acht Panzerzüge der Truppen des NKWD fahren.

Für Molotow ist ein zweigeschossiges Gebäude vorbereitet worden (elf Zimmer). Für die Delegation 55 Villen, darunter acht einzeln stehende Häuser.«[21]

Obwohl das gegenüberliegende Ufer des Griebnitzsees seit Anfang Juli zum amerikanischen Sektor von Berlin gehörte, wurde es zur Konferenz noch von Soldaten der Roten Armee bewacht, die auch den Verkehr auf der Glienicker Uferchaussee und den Zufahrtswegen regelten. Die sowjetischen Wachmannschaften waren teilweise auf dem Gelände des früheren Präsidialgebäudes des Deutschen Roten Kreuzes am Griebnitzsee untergebracht. Der von Norbert Demmel und Emil Fahrenkamp 1943 entworfene nationalsozialistische Großbau – oberster Dienstherr des mit der SS gleichgeschalteten DRK war Heinrich Himmler – verfügte über repräsentative Säle sowie zahlreiche Büro- und Arbeitsräume und wurde von September 1945 bis 1951/52 vom SMAD und als Hauptquartier der sowjetischen Besatzungstruppen in Deutschland genutzt. Da das Gebäude in der Nähe der Delegationsquartiere lag und sich in einem tadellosen Zustand befand, hätte sicher auch hier die Konferenz stattfinden können.

Die von Schukow ausgesandten Offiziere wählten jedoch das im Potsdamer Nordosten gelegene Schloss Cecilienhof aus, das sich in der Hand der Trophäenbrigade befand. Nachdem Schukow ihre Wahl gebilligt hatte, stimmte auch Stalin dem Vorschlag zu.[22] Am 18. Juni 1945 teilte er Churchill mit: »Alle drei Delegationen werden in Babelsberg, südöstlich von Potsdam, untergebracht. Als vierte Räumlichkeit ist für die gemeinsamen Sitzungen das Palais des deutschen Kronprinzen in Potsdam vorgesehen.«[23] Damit war auch Churchill, der sich hinsichtlich der Ortsvorschläge aus Moskau bei früheren Konferenzen immer widerspenstig gezeigt hatte, sofort einverstanden.

Schloss Cecilienhof war von 1913 bis 1917 nach Plänen des Architekten Paul Schultze-Naumburg im englischen Landhausstil errichtet und zum Teil nach Entwürfen von Paul Ludwig Troost für Kronprinz Wilhelm und Kronprinzessin Cecilie (geborene Herzogin zu Mecklenburg-Schwerin) eingerichtet worden.[24] Nach seiner Abdankung 1918 und kurzem Exil in den Niederlanden wohnte der ehemalige Kronprinz mit seiner Familie von 1923 bis zum Februar 1945 im Schloss, das ihnen der preußische Staat 1926 zur Nutzung auf Lebenszeit überlassen hatte. In dieser Zeit waren im Cecilienhof führende Nationalsozialisten wie Adolf Hitler, Hermann Göring und Ernst Röhm zu Gast. Mit seinem Wahlaufruf für Hitler 1932 und seiner

Mitwirkung am »Tag von Potsdam« 1933 hatte der Ex-Kronprinz vergeblich gehofft, zurück auf den Thron zu gelangen. Wieweit sich die Hohenzollern dabei mit Hitler eingelassen hatten, beschäftigte schon den amerikanischen Sonderberater von General Lucius D. Clay, James K. Pollock, der ein halbes Jahr nach der Konferenz zum Ex-Kronprinzen nach Hechingen reiste, dort aber nur von Hitlers Besuch im Cecilienhof 1933 erfuhr. Churchill machte für Hitlers Aufstieg dagegen die von den Alliierten erzwungene Abdankung der Hohenzollern verantwortlich: »I am of the opinion that if the Allies at the peace table at Versailles had not imagined that the sweeping away long-established dynasties was a form of progress, and if they had allowed a Hohenzollern, a Wittelsbach, and a Habsburg to return to their thrones, there would have been no Hitler.«[25]

Nach der Flucht der Familie des Ex-Kronprinzen vor der herannahenden Roten Armee im Februar 1945 nutzte man den Cecilienhof zunächst als Lazarett. Beim Angriff auf den Potsdamer Norden im April landete eine Amphibieneinheit der Ersten Belorussischen Front unerwartet am Ufer des Jungfernsees im Neuen Garten, sodass das Schloss Schukows Einheiten fast kampflos in die Hände fiel. Zur Vorbereitung der Konferenz löste man das Schloss im Juni aus der Verwaltung der Trophäenbrigade heraus. Die Gebäudeausstattung war durchaus auf der Höhe der Zeit, denn im Gegensatz zu den älteren Schlössern besaß Potsdams jüngster Schlossbau moderne Sanitäranlagen und Küchen sowie Elektrizität in jedem Raum. Im Gegensatz zur drangvollen Enge im Liwadija-Palast in Jalta verfügte der Cecilienhof über eine geräumige Konferenzhalle sowie repräsentative Arbeitszimmer für die »Großen Drei« nebst anhängenden Beratungsräumen, in die sich die Delegationen und Stäbe zurückziehen konnten.

Das Umfeld des Schlosses, der Neue Garten, die angrenzende Nauener Vorstadt und sämtliche Anfahrtswege wurden aus Sicherheitsgründen evakuiert und zum Sperrgebiet erklärt.[26] Damit ersparte man den »Großen Drei« zugleich den täglichen Anblick der Flüchtlingsströme, die Truman bei seinem Ausflug nach Berlin so erschüttert hatten.[27]

Da alle Brücken beim Kampf um die Insel Wannsee zerstört worden waren, mussten diese ersetzt oder repariert werden.[28] Für die Fahrt der drei Delegationen von Babelsberg nach Glienicke konnte die Parkbrücke am Teltowkanal instandgesetzt werden. Für die Weiterfahrt von Glienicke zur Berliner Vorstadt von Potsdam musste neben der zerstörten Glienicker Brücke eine hölzerne Behelfsbrücke errichtet werden. Hinter der Glienicker Brücke trennten sich dann die Wege der Gesandtschaften. Die westlichen Delegierten leitete man durch die Berliner Vorstadt um den Heiligensee herum zum Haupteingang des Neuen Gartens, sodass sie der zerstörten Innenstadt nicht zu nahe kamen.[29] Für Stalin wurde hingegen eine kürzere An- und Abfahrtsroute zum Cecilienhof angelegt, und zwar fuhr die sowjetische Delegation über die Schwanenallee und die reparierte Schwanenbrücke zur Nordterrasse des Cecilienhofs. Hier

konnte Stalin das Schloss über eine Terrassentür betreten und gelangte direkt in das sowjetische Empfangszimmer. Um die einfache Fenstertür als Eingangstür aufzuwerten, brachte man außen eine Portalrahmung mit Schutzdach an. Die Limousinen der Westalliierten fuhren von Süden an das Schloss heran. Während man der amerikanischen Delegation einen Seiteneingang unter der äußeren Vorfahrt des Schlosses zuwies, nahm die englische Delegation die Durchfahrt zum Ehrenhof und erhielt dort Eintritt durch das Hauptportal. Auf diese Weise trafen alle drei Delegationen und die »Großen Drei« erst im Konferenzsaal aufeinander. Eine vierte Auffahrt wurde für die Korrespondenten und das Bedienungspersonal ausgewiesen, denen ebenfalls ein separater Zugang zum Konferenzsaal vorbehalten war.

Im Schlossinneren mussten für die Delegationen getrennte Funktionsbereiche geschaffen werden. Bei der ursprünglichen Raumanordnung waren von der großen Wohnhalle im Zentrum nach links die Wohnräume des Kronprinzen und nach rechts die der Kronprinzessin angefügt. In den sich anschließenden Trakten waren dem Schlossherrn der Speisesaal und die Marschalltafel sowie Wirtschaftsräume und der Wirtschaftshof und der Schlossherrin die Gouvernanten- und Kinderwohnungen um den Prinzenhof zugeordnet. Diese »bipolare« Raumaufteilung für das Kronprinzenpaar wurde für die Konferenz in drei Sektoren umgruppiert. Westlich vom Konferenzsaal wurden in der im Erdgeschoss gelegenen Bibliothek und im Rauchzimmer des Kronprinzen die Arbeitszimmer für Churchill und Truman eingerichtet. Auf der Ostseite der Halle funktionierte man den Salon und das Schreibzimmer der Kronprinzessin zum Empfangs- und Arbeitszimmer für Stalin um. Die Westalliierten rückten dadurch räumlich zusammen und standen der sowjetischen Seite gleichsam gegenüber, die als einzige Delegation über ein großzügiges Empfangszimmer verfügte. Die Arbeitszimmer ließen sich allerdings nicht in allen drei Fällen mit den dazugehörigen Delegationszimmern verbinden. Während Truman und Stalin direkt in die Hinterzimmer ihrer jeweiligen Delegation gelangen konnten, musste Churchill von seinem Arbeitszimmer aus einen umständlichen Weg über Flure und Treppen zu den Räumen der englischen Delegation im Obergeschoss des Ostflügels in Kauf nehmen. Die drei gleichartigen Zugänge zum Konferenzsaal sollten die Gleichrangigkeit der »Großen Drei« zum Ausdruck bringen, aber die Briten waren in diesem Punkt durchaus im Nachteil.

Für die Konferenz wurden die Arbeitszimmer und Delegationsräume gründlich renoviert, denn im Schloss war dem »Restaurierungsbericht« von Nikolai A. Antipenko zufolge seit vielen Jahren »nichts gemacht« worden: »So gab es einen ›Weißen Saal‹ für die sowjetische Delegation, einen ›Blauen Saal‹ für die amerikanische Delegation und einen ›Roten Saal‹ für die britische Delegation. Der Konferenzsaal war mit Eiche getäfelt, die Täfelung wurde sorgfältig gesäubert. Die Vertreter der USA und Großbritanniens verfolgten den Verlauf der Restaurierungsarbeiten sehr aufmerksam und stellten

Hauptportal des Schlosses Cecilienhof mit den Flaggen der alliierten Sieger mitunter hohe Ansprüche. Auf ihren Wunsch hin mussten wir die Wände in verschiedenen Räumen mit farbiger Seide bespannen. Die Fußböden waren überall mit kostbaren Teppichen belegt.

Mir schien, dass Stalins Räume nicht weniger luxuriös ausgestattet werden sollten. Einiges war schon getan worden. Aber der Vertreter Moskaus, General Wlassik, erklärte, je bescheidener die Ausstattung sei, desto besser. An Stelle des kostbaren Mobiliars, das aus anderen Schlössern herangebracht worden war, sind [in Stalins Räume] einfache Möbel gekommen. Arbeitszimmer, Schlafzimmer und Empfangszimmer wurden dunkel gestrichen; anstelle der Teppiche legten wir Läufer.

Für den Konferenzsaal wurde von der Moskauer Möbelfabrik ›Lux‹ ein runder Tisch mit einem Durchmesser von 6,8 Metern hergestellt. Um den Tisch stellte man zwei Reihen Sessel auf: die erste Reihe war für die Leiter und Mitglieder der Delegationen bestimmt, die zweite für deren Stellvertreter und Berater.«[30]

Da die kronprinzliche Schlossausstattung von den Sowjets vorher ausgeräumt worden war, musste man auch für die Arbeitszimmer der Westalliierten Ersatzmöbel herbeischaffen, die für Trumans Arbeitszimmer vor allem aus Schloss Babelsberg und für Churchills Arbeitszimmer aus dem Marmorpalais genommen wurden. Schukow, der einen weiteren Kurzbericht über die Vorbereitungen verfasste, stellte ebenfalls die Mitgestaltung der westlichen Alliierten heraus: »Die Amerikaner wollten, dass die Appartements für den Präsidenten und seine nächsten Begleiter hellblau gestaltet würden, die Engländer wünschten sich die Räume für Churchill in Rosa, und für die sowjetische Delegation wurde ein Saal in Weiß gehalten.«[31] Vom amerikanischen Oberbefehlshaber der Westalliierten Truppen in Europa, Dwight D. Eisenhower, war General Floyd L. Parks mit der Beaufsichtigung beauftragt worden. Der Mitwirkung waren dabei jedoch enge Grenzen gesetzt. Als das britische Vorauskommando unter der Leitung von Miss Joan Bright den umständlichen Weg ihres Premiers bemängelte und darum bat, für Churchill eine abgeschlossene Flügeltür zu öffnen, lehnte die sowjetische Seite dies ab.[32] Einen Auftritt durch die größere Flügeltür und über die repräsentative Haupttreppe wollte man dem Briten offenbar nicht zugestehen. Churchill genoss bereits das Privileg, die zentrale Hauptzufahrt im Ehrenhof nutzen zu dürfen. Dort sollte ihn ein Roter Stern aus tausend blühenden Geranien allerdings täglich daran erinnern, wer jetzt der Hausherr in Potsdam war.

**Anmerkungen**

**1** Deuerlein 1963, S. 86–187; Badstübner 1985, S. 2–6; Görtemaker 1995, S. 58–95; Laufer 2009, S. 571 ff.; Simmich 2019. / **2** Jansohn 2013, S. 24 f. / **3** Die Aufteilung und Besetzung der Reichshauptstadt durch die Sowjets und die zwei Westmächte war bereits 1944 vereinbart worden. Vom 1. Juli bis August 1945 räumten die sowjetischen Besatzungstruppen in Berlin die West-Sektoren, wo ab dem 4. Juli Amerikaner und Briten einzogen. Am 12. August folgten die Franzosen. / **4** Sipols u. a. 1985, S. 74; Ressing 1970, S. 57. / **5** Keiderling 1997, S. 87. / **6** Stalin hingegen verzichtete auf den Ausflug nach Berlin mit dem Hinweis, er sei kein Tourist. Vgl. Sebag Montefiore 2006, S. 569. / **7** Truman knüpfte in seiner Eröffnungsrede bei der Potsdamer Konferenz explizit an Versailles an. / **8** Bright Astley 2007, S. 193. Zuletzt erörtert bei Simmich 2019. / **9** Neiberg 2015, S. 145; Mee 1977, S. 72 f. / **10** Craig 1993. / **11** Die Sowjetische Militäradministration in Deutschland (SMAD) hatte im Juli 1945 noch zwei preußische Provinzen in die Länderstruktur ihrer Besatzungszone einbezogen: die Provinz Mark Brandenburg und die Provinz Sachsen (ab 1946 Sachsen-Anhalt). Die Provinzen wurden nach formeller Auflösung des Freistaats Preußen 1947 in »Länder« umgewandelt. / **12** Jörg Friedrichs umstrittene Kernthese über die Gründe der Bombardierung der Wiege Preußens lautet: »Potsdam wurde zerstört, um den preußischen Militarismus geschichtlich zu annullieren.« Der Angriff sei weniger militärisch als geistesgeschichtlich motiviert gewesen. Es sei vielmehr um den »Ungeist« gegangen, der mit dem Namen Potsdams verbunden gewesen sei: »Jedes Gefäß soll brechen, das dem Ungeist zu künftigem Aufenthalt taugt. Potsdams Ruin am 14. April ist ein Fall solcher Annäherung. Das mythische Gestein von Potsdam und Nürnberg wurde triumphal gekippt.« Friedrich 2002, S. 524 f. / **13** Zitiert nach Overy 2014, S. 574. / **14** Der Angriffsring um Berlin war am 25. April in Ketzin/Havel, nordwestlich von Potsdam, geschlossen worden. Vgl. Arlt und Stang 1995. / **15** Knöfel 2015. Da Wehrmachtsoffiziere die Aufgabe der Pfaueninsel als letzte deutsche »Bastion« im Potsdamer Raum ablehnten, kapitulierten hier am 2. Mai um 10.30 Uhr die Zivilisten. Vgl. Seiler 2015. / **16** Anders 1999, S. 47–55. / **17** Die Sowjets veranlassten zum Beispiel die Pflanzung von 1 500 Lebensbäumen, Silbertannen und anderen Sträuchern sowie von fünfzig Blumenbeeten. Vgl. Antipenko 1973, S. 305–307. / **18** Der offizielle Sitz des SMAD befand sich in Berlin-Karlshorst, aber Schukow hielt sich vornehmlich in der Nähe der Militärs in Potsdam auf. / **19** Schukow 1969, S. 362 f. / **20** Mackay 2002. / **21** Zitiert nach Wolkogonow 2015, S. 687 f. / **22** Antipenko 1973, S. 305. / **23** Zitiert nach Simmich 2019. / **24** Die Architekten des Kronprinzen, Schultze-Naumburg und Troost, avancierten später zu Günstlingen Hitlers. / **25** Zitat aus einem Brief Churchills vom 26. April 1945, veröffentlicht in Churchill 1953, S. 643. / **26** Der dabei am Pfingstberg etablierte Militärgeheimdienst blieb im sogenannten Militärstädtchen Nr. 7 bis zum Abzug der letzten russischen Streitkräfte aus Potsdam 1994. / **27** »But much more distressing than the ruined buildings was the long, never-ending procession of old men, women and children along the autobahn and the country roads. Wandering aimlessly and probably without hope, they clutter the roads carrying their small children and pushing or pulling their slender belongings. In this two hour drive we saw evidence of a great world tragedy – the beginning of the disintegration of a highly cultured and proud people.« Log of the President's Trip to the Berlin Conference, Harry S. Truman Library and Museum, URL: www.trumanlibrary.gov/calendar/travel_log/documents [Zugriff am 18.10.2019]. / **28** Generalleutnant Nikolai A. Antipenko zufolge wurden zur Konferenz zwei Brücken neu gebaut und zwei ältere Brücken repariert. Vgl. Antipenko 1973, S. 307. Daneben gibt es jüngere Berichte von Zeitzeugen über eine weitere Brücke im Tiefen See, die mit Antipenkos Aussage bislang nicht in Übereinstimmung gebracht werden konnten. / **29** Für die Fahrt von Glienicke zum Flugplatz Gatow nutzten sie eine Pontonbrücke von Glienicke nach Sacrow. / **30** Antipenko 1973, S. 305 f. / **31** Schukow 1969, S. 362 f. / **32** Mee 1977, S. 44; Zur Geschichte und Rekonstruktion der damaligen Ausstattung siehe: Korschanowski 2020.

# Im Schatten von Jalta und Hiroshima: Potsdam 1945 aus Sicht der USA

Philipp Gassert

Als der amerikanische Präsident Harry S. Truman am 15. Juli 1945 auf dem Flughafen Berlin-Gatow landete, war die Lage eine andere als beim letzten Treffen der »Großen Drei« in Jalta fünf Monate zuvor. Nicht nur hatte es einen Wechsel an der Spitze der amerikanischen Regierung gegeben. Der Kriegspräsident Franklin D. Roosevelt war am 12. April verstorben und dessen Vize Truman fand sich plötzlich schlecht vorbereitet in einer komplizierten weltpolitischen Verhandlungssituation wieder. Vor allem aber war das Kriegsende in greifbare Nähe gerückt: Das Deutsche Reich war besiegt, Japan stand kurz vor dem Kollaps. Am 16. Juli, dem Tag vor der Eröffnung der Konferenz, hatten die USA, streng abgeschirmt von der Öffentlichkeit, in Alamogordo in New Mexico den ersten erfolgreichen Atombombentest durchgeführt. Truman hatte am Abend vor Beginn der Potsdamer Beratungen davon erfahren. Es stimmte ihn pessimistisch, bestärkte Ängste im Moment des Sieges: Er fürchte, wie er seinem Tagebuch anvertraute, dass »Maschinen der Moral um ein paar Jahrhunderte vorausgeeilt sind«.[1]

Das Verhältnis zur Zukunft hatte sich geändert: Im Abschlusskommuniqué von Jalta hatten hehre Absichtsbekundungen dominiert. Konflikte wie der um freie Wahlen in Polen waren mit der »Erklärung über das befreite Europa« rhetorisch überbrückt worden, wie auch der potenziell explosive Streit um deutsche Reparationen mit Formelkompromissen stillgestellt worden war. In Jalta war die »Einheitlichkeit der Zielsetzungen« beschworen worden, die den Sieg ermöglichen würden und die es »im kommenden Frieden aufrechtzuerhalten« gelte.[2] Mit Blick auf Potsdam hängten US-Medien die Erwartungen niedrig. Es werde um praktische Lösungen für die Nachkriegszusammenarbeit gerungen.[3] Dies kam dem nüchternen Naturell des neuen US-Präsidenten entgegen, der sich für eine solide Partnerschaft mit der UdSSR einsetzen wollte, für Weltfrieden und globale Prosperität. Doch er sah sich in erster Linie als Interessenvertreter seines Landes, nicht der Menschheit oder der globalen Ausbreitung der Demokratie wie sein Vorgänger Woodrow Wilson einst in Versailles 1919: »I am not working for any interest but the Republic of the United States. I [am] giving nothing away except to save starving people and even then I hope we can only help them to help themselves.«[4]

Trumans Weg nach Potsdam war inszeniert, übertriebene Hoffnungen auf eine »neue Weltordnung« zu dämpfen. Er setzte einen klaren Kontrapunkt zu Wilson. Dieser war 1919, vor der Eröffnung der Friedenskonferenz von Versailles, in einer Art Triumphzug durch Europa gezogen und hatte sich als Visionär des Weltfriedens feiern lassen – lieferte aber nicht. Er scheiterte am Kongress.[5] Diese und andere Misserfolge der Versailler Friedensstifter waren den meisten US-Politikern 1945 sehr präsent. Truman trat daher vorsichtig auf. Nach einer achttägigen Seereise ging er in Antwerpen »with little pomp and ceremony« an Land.[6] Er wurde vorbei an jubelnden Menschen nach Brüssel gefahren und flog von dort in

← Landung in der Normandie, Omaha Beach, Juni 1944

dreieinhalb Stunden nach Berlin. Am Nachmittag des 16. Juli ließ er sich durch das zerstörte Berlin kutschieren, durch dessen Ruinen ausdruckslos überwiegend Frauen, Kinder, alte Leute stapften. Er habe an »Karthago, Baalbek, Jerusalem« gedacht, an Babylon und Ninive, an Scipio, Dschingis Khan, Alexander, Darius den Großen.[7]

Von der Fahrt durch Berlin wurden in Wochenschauen neben einer Militärparade vor allem zerstörte Gebäude gezeigt. Anders als Winston Churchill weigerte sich Truman, an Hitlers immer noch pompös wirkender Reichskanzlei auszusteigen. Da auch Stalin in Berlin vermutet wurde, drängte sich der New-York-Times-Korrespondentin Anne O'Hare McCormick ein Bild auf: »von drei Männern, die über einen Friedhof laufen«.[8] Die Truman kritisch gegenüberstehende, isolationistische und pro-polnische Chicago Tribune sprach in einem Potsdam und Versailles vergleichenden Artikel davon, dass über dem Treffen der »Todesgeruch« von Berlin liege: »Potsdam starts with pessimism and cynicism.«[9] Derartige Spekulationen wurden durch eine Nachrichtensperre noch befeuert; ein Kontrast zu Versailles. Die US-Medien mussten sich mit wenigen Aufnahmen der »Großen Drei« begnügen, wie sie Hände schüttelten und am großen Konferenztisch inmitten ihrer Berater Platz nahmen.[10] Medial hervorgekehrt wurde der Arbeitscharakter des Treffens. Truman machte es kurz, informierte in einer Ansprache vor dem US-Hauptquartier in Berlin darüber, dass es darum gehe, »Frieden und Wohlstand für die ganze Welt zu erreichen«.[11]

Schon aufgrund der Nachrichtensperre wirkte das zeitgenössische Bild der Potsdamer Konferenz in der US-Öffentlichkeit wenig konturiert. Es wäre falsch, sie aus US-Sicht als »Nichtereignis« zu bezeichnen. Doch anders als mit Jalta und der Konferenz von San Francisco (25. April – 26. Juni 1945), bei der die UN unter starker medialer Beachtung aus der Taufe gehoben worden waren, schien mit Potsdam keine besondere Wendemarke verknüpft zu sein. In Deutschland hingegen blieb Potsdam allein aufgrund der US-amerikanischen Karte der Besatzungszonen, der Abtrennung der Ostgebiete, der Weichenstellungen für die Besatzungspolitik sowie der völkerrechtlichen Verantwortung der Alliierten für »Deutschland als Ganzes« präsent und gehört bis heute zum Schulbuchwissen.[12] In der kollektiven Erinnerung der USA hat »Potsdam« weniger Spuren hinterlassen als »Jalta«, das im Kalten Krieg zum Symbol der »Teilung der Welt« avancierte. Schon zeitgenössisch wurde Potsdam vom massiven Endkampf um die japanischen Hauptinseln überschattet, dann vom Abwurf der ersten Atombomben über Hiroshima und Nagasaki kurz nach Konferenzende am 6. und 9. August. Die US-Erinnerung an das Ende des Zweiten Weltkriegs markiert und dominiert seit den 1960er Jahren Hiroshima, während Potsdam ein Thema für Historiker und Spezialisten geworden ist.

Truman und Stalin mit Gromyko, Byrnes, Molotow, Vaughan, Bohlen, Vardaman und Ross in Potsdam

**Die Unwägbarkeiten des Sieges:
Weltmacht USA 1945**

Erst im Rückblick ist klar, wie einzigartig die Weltstellung der USA im Sommer 1945 war. Amerika hatte aus dem Krieg bei geringsten Kosten an Menschenleben den größten Nutzen gezogen. Deutschland, Italien und Japan waren als Weltmächte ausgelöscht. Die UdSSR, Großbritannien, Frankreich und China waren ebenso ausgeblutet und zerstört wie die einstigen Gegner sowie auf amerikanische Unterstützung angewiesen. Auch hatte das Land erstaunlich geringe Verluste zu beklagen, vergleicht man die 400 000 toten Soldaten und 700 000 Verletzten der USA mit den über 620 000 toten Soldaten des Amerikanischen Bürgerkriegs, den 15 Millionen toten Sowjetbürgern, sechs Millionen toten Polen, vier Millionen toten

Deutschen und zwei Millionen toten Japanern. Der Zweite Weltkrieg hatte sechzig Millionen Menschenleben gefordert, davon weniger als ein Prozent Amerikaner.[13]

Anders als fast alle anderen Staaten gingen die USA auch wirtschaftlich gestärkt aus dem globalen Ringen hervor. Sie waren mit der kleinen Ausnahme Hawaiis, der Aleuten und ihrer philippinischen Kolonie weder Kriegsschauplatz noch Opfer von Bombenangriffen geworden. Ihre Infrastruktur war unzerstört, ja ausgebaut worden, ihre Wirtschaft stand in voller Blüte. Das amerikanische Volk erfreute sich des höchsten Lebensstandards der Welt. Mehr als 50 Prozent der Weltindustrieproduktion entfielen 1945 auf die USA. Sie waren Exporteur und Importeur Nr. 1. Sie waren mit der Konferenz von Bretton Woods (1944) noch während des Krieges Anker des Weltwirtschaftssystems geworden und hatten hier Großbritannien endgültig abgelöst. Auch waren die meisten Amerikaner davon überzeugt, dass ihr Land die Hauptlast des Krieges getragen hatte. Viele Briten hingegen billigten dies der Sowjetunion zu.[14]

1945 konnten sich Amerikaner auch sagen, dass ihr politisches System, die Verfassung von 1787, den Zweiten Weltkrieg unbeeinträchtigt überstanden hatte. Zwar waren japanischstämmige Amerikaner nach dem Angriff auf Pearl Harbor widerrechtlich interniert worden, doch im Vergleich zu den Verwerfungen 1917/18, als es zu großflächigen Verfolgungen von Deutschamerikanern gekommen war, blieb es diesmal an der »Heimatfront« relativ ruhig. Keine Wahl hatte kriegsbedingt ausfallen müssen. Roosevelt war 1940 und 1944 zu einer präzedenzlosen dritten und vierten Amtszeit wiedergewählt worden. Ja, die amerikanische Republik strahlte nun international stark aus, sah sich als Vorbild der Demokratisierung des besetzten Europas und Ostasiens. Auch militärisch konnte niemand den USA das Wasser reichen. Sie besaßen eine der größten und die modernste Armee der Welt sowie die mächtigsten Luft- und Seeflotten. Als Einzige waren sie im Besitz der Atombombe.

Ein derartig triumphaler Blick auf Amerika entsprach jedoch keineswegs der Stimmung im Land 1945. Viele sahen, auch aufgrund der negativen Erinnerung an die erste Nachkriegszeit 1919/20, der zweiten Nachkriegszeit keineswegs mit unbändigem Optimismus entgegen. Die in Dokumentarfilmen vielfach wiederholten, in Büchern oft abgedruckten Bilder jubelnder Massen – etwa auf dem Times Square in New York – verzerren die Perspektive. Zwar ließen nach der Kapitulation Deutschlands (V-E-Day) und Japans (V-J-Day) im Mai und August 1945 viele Menschen ihren Glücksgefühlen freien Lauf,[15] doch diese Freudenszenen verdeckten, wie gemischt die Zukunftserwartungen waren. Amerika schwankte zwischen Optimismus, banger Hoffnung, Enttäuschung und Angst. Würden interne Spaltung, Misstrauen und Zukunftsangst auch 1945 den Frieden vergiften, wie nach 1919?

Das Amerika von 1945 war nicht mehr das Amerika von 1919. Der Zweite Weltkrieg hatte die Haltung der USA zur Welt geändert

Fahrt durch die Ruinen Berlins, (v. l. n. r.) Harry S. Truman, James F. Byrnes und William D. Leahy, 16. Juli 1945 und ihre Außenpolitik revolutioniert. Zwar sollten 7,5 Millionen amerikanische Soldaten rasch heimgeholt werden, wie es die US-Öffentlichkeit verlangte, doch für die Mehrheit der politischen Entscheidungsträger war klar, dass Amerika, so Kriegsminister Henry L. Stimson, »niemals wieder eine Insel für sich selbst« sein könne.[16] Es war nun nolens volens Teil einer globalen Ordnung, die in alle Bereiche von Politik, Wirtschaft und Gesellschaft hinwirkte. Eine die US-Außenpolitik lange prägende isolationistische Grundhaltung war intellektuell und politisch erschöpft.[17] Der Isolationismus der Zwischenkriegszeit schien den Aufstieg Hitlerdeutschlands mit ermöglicht zu haben. Als »Lehre aus 1919« wollten die USA jetzt zu ihren globalen Verpflichtungen stehen, auch wenn man darüber debattierte, was exakt die US-Interessen seien.[18]

Geändert hatte sich jedoch nicht nur Amerikas Weltstellung, sondern auch die der UdSSR. »Russland«, wie Truman bevorzugt sagte, hatte 1919 nicht mit am Tisch gesessen und hatte, wie die USA, bis 1939/41 am Rande des eurozentrischen Weltsystems gestanden. 1945 revolutionierte sich die geopolitische Lage. Moskau würde künftig gemeinsam mit Washington die Weltpolitik bestimmen, weil der Dritte im Bunde, Churchill, als ein Monument vergangener imperialer Größe und Hitlers »ältester Gegner«, zwar im Rat der Großen mitsprach, dort jedoch weitgehend von den USA abhängig war und nicht einmal die überseeischen Dominions repräsentierte.[19] Dass man an Stalin nicht vorbeikommen würde und dass das Verhältnis zur UdSSR, zu der die USA erst seit 1933 diplomatische Beziehungen unterhielten, der Dreh- und Angelpunkt künftiger Außenpolitik sein würde, hatte sich bei US-Politikern als Binsenweisheit durchgesetzt.[20]

### Hoffnung und Zukunftsängste: Amerika anno '45

In der Stunde des Triumphs 1945 fragten sich viele Amerikaner bänglich, wie das Land die Umbrüche meistern würde, die der Zweite Weltkrieg mit sich gebracht hatte. Der Essayist, Literaturkritiker und Historiker Bernard DeVoto machte sich in seiner monatlichen Kolumne »The Easy Chair« im liberalen *Harper's Magazine* schon 1944 Gedanken darüber, wie es nach dem Krieg weiterginge: So schlimm der Krieg auch sei, die Probleme des Friedens wären schlimmer. Was auch immer der Krieg Amerika angetan habe, er hätte das Land doch einig gehalten. Wenn jedoch die äußere Disziplinierung nachlasse, drohe ein Kollaps in Unordnung, Uneinigkeit und soziale Verwerfungen: »That whereas war has brought us hope, or at least courage, the coming peace may bring despair.«[21] Probleme sah er bei der Wirtschaft und der Reintegration von Millionen Veteranen; bei der Rekonstruktion »normaler« Geschlechterbeziehungen aufgrund des Zusammenbruchs der Sexualmoral und der Familie während des

Amerikanisches Kriegsplakat, »Wir können diesen Krieg nicht gewinnen, ohne auch Opfer an der Heimatfront zu erbringen.«

Ein schwarzer US-Soldat der 12. Panzerdivision bewacht eine Gruppe deutscher Gefangener

Krieges. Hellsichtig sah er ein Erstarken von Rassenhass, von »Jim Crow« (d. h. dem Apartheidsystem der Südstaaten), aber auch des Antisemitismus voraus.

Sorgen machte vielen Amerikanern die Wirtschaft. Die Massenarbeitslosigkeit der 1930er Jahre war in lebendiger Erinnerung. Sie war zwar aufgrund der Kriegswirtschaft beseitigt, doch was würde passieren, wenn acht Millionen Veteranen in ihre Jobs zurückströmten? Würde die Prosperität von Dauer sein, käme mit dem Übergang zur Friedenswirtschaft die Große Depression der Zwischenkriegszeit zurück? Würden die Arbeitskämpfe der 1930er Jahre wiederaufleben?[22] Die Anzahl der Streiks, vor allem im Bergbau, war in der letzten Kriegsphase wieder angestiegen. Drastische politische Gegenreaktionen waren die Folge. Der Kongress hatte dem Präsidenten weitreichende Vollmachten gegeben, im Interesse der Aufrechterhaltung der Kriegsproduktion Fabriken zu besetzen und gewerkschaftliche Aktivitäten in kriegswichtigen Industrien zu untersagen. Würde nun, mit dem Ende des Krieges, Chaos in der Wirtschaft ausbrechen, drohte gar Sozialismus in den USA?

Wie war es um die Zukunft der amerikanischen Familie bestellt? Der Krieg schien das Verhältnis zwischen Männern und Frauen fundamental verändert zu haben. Sechs Millionen Frauen hatten in der Kriegswirtschaft Anstellung gefunden und ein eigenes Gehalt verdient. Nur wenige ersehnten eine Rückkehr zu Küche und Kindern. Im Gegenteil, 61 Prozent wollten außerhalb des Haushalts weiterarbeiten, wie Umfragen ergaben.[23] Während einige Politiker, darunter Truman, forderten, dass Frauen auch künftig die Chance haben sollten, ihren Unterhalt selbst zu verdienen, sahen Traditionalisten die amerikanische Familie in Gefahr. Die Kinder seien von den arbeitenden Müttern im Krieg vernachlässigt worden, der Haushalt müsse wieder die zentrale Institution Amerikas werden, eine Rekonstruktion des Patriarchats sei unumgänglich: »Frauen«, so der Soziologe Willard Waller, »müssen Kinder austragen und aufziehen, Männer sie dabei finanziell unterstützen«.[24]

Für Unruhe und Verunsicherung sorgte unter Weißen – nicht nur der Südstaaten – die Frage nach der künftigen Stellung der Afroamerikaner in der Gesellschaft. Schwarze Soldaten hatten loyal Kriegsdienst geleistet. Viele waren für Amerika gestorben, andere verletzt oder als Krüppel zurückgekehrt. Sie erwarteten mit Recht, nun endlich als Bürger gleichgestellt zu werden.[25] Der schwedische Soziologe Gunnar Myrdal sprach 1944 von einem »amerikanischen Dilemma«: Viele weiße Amerikaner bejahten zwar die Demokratie und feierten sie, aber zugleich fänden sie nichts dabei, ihre afroamerikanischen Mitbrüder und -schwestern ungleich zu behandeln.[26] Deren legale Diskriminierung als Bürger zweiter Klasse hielt die Mehrheit für richtig. Doch viele Afroamerikaner waren durch den Krieg politisiert worden und hatten an Selbstbewusstsein gewonnen. Ihre politischen und intellektuellen Führer spürten, dass mit dem Untergang der europäischen Imperien auch in Amerika die Stunde der bisher Ausgeschlossenen gekommen war, an den »Früchten von Freiheit und Prosperität« teilzuhaben.[27]

Der Krieg hatte den Blick der Amerikaner auf die Welt verändert. Millionen Männer und Frauen hatten auf fernen Kriegsschauplätzen fremde Länder gesehen. Sie brachten diese, wenn auch sehr spezielle, Perspektive in Amerikas Wohnstuben, Farmen und Fabriken zurück. Doch die Erlebnisse »dort drüben« förderten den Wunsch zu einer Rückkehr zur »Normalität« zu Hause. Die Erfahrung des Militärdienstes verband in einem derartig heterogenen Land wie den USA viele Menschen miteinander und hatte sie oberflächlich »gleicher« gemacht. Auch hatte der Krieg die US-Bevölkerung darauf vorbereitet, dass Amerika in Zukunft nicht ohne ein starkes, wenn nicht sogar überwältigendes Militär auskommen könne, obwohl isolationistische Reflexe, zumal im Mittleren Westen, von wo Truman stammte, noch keineswegs vollständig gebrochen waren. Es war daher auch eine Aufgabe der US-Regierung, die Amerikaner zum Internationalismus zu erziehen.

Der Abwurf der ersten Atombomben auf Hiroshima und Nagasaki verstärkte kulturelle Ängste, obwohl die USA dadurch den Krieg mit Japan auf einen Schlag beenden konnten und das Opfer der beiden Städte Millionen Menschen weiteres Leid und Tod ersparte. Die »nukleare Apokalypse« wurde schon bald in Romanen und Filmen in düsteren Farben ausgemalt, etwa von Aldous Huxley in »Ape and Essence« (1948).[28] In die Kulturgeschichte sind die ersten Nachkriegsjahre als ein »Zeitalter der Angst« (*Age of Anxiety*) eingegangen, nach dem gleichnamigen, mit dem Pulitzerpreis ausgezeichneten Gedicht von W. H. Auden. Zumal die Bombe für die USA bedeutete, dass sie trotz ihrer geografischen Isolation nicht mehr so sicher vor Angriffen von außen sein würden. Auch dies war US-Außenpolitikern 1945 überwiegend bewusst.[29]

### Von Roosevelt zu Truman: Der Weg der USA nach Potsdam

Diese ambivalenten Emotionen anno 1945 prägten das Weltbild der Repräsentanten der USA in Potsdam mit – und somit ihr Handeln. Truman und seinem ebenfalls frisch vereidigten Außenminister James F. Byrnes waren diese innergesellschaftlichen Herausforderungen gegenwärtig, die sie als demokratisch gewählte Politiker in einem Land freier Presse als Treuhänder des amerikanischen Volkes in Potsdam einkalkulieren mussten. Europas wirtschaftliche Rekonstruktion hatte für sie auch deshalb Priorität, weil davon Prosperität und Arbeitsplätze zu Hause abhängen würden. Auch war nicht vergessen, dass Wilson daran gescheitert war, Amerika hinter das Pariser Vertragswerk zu bringen.[30] Der Senat verweigerte damals die Ratifizierung des Friedensvertrags. Auch daher dämpfte Truman die Erwartungen und versuchte das amerikanische Volk »mitzunehmen«.

Knapp drei Monate bevor sich Truman am 7. Juli 1945 in Newport News auf dem Kreuzer »Augusta« einschiffte, um nach Europa zur Potsdamer Konferenz zu reisen, war Roosevelt gestorben. Truman war außenpolitisch nicht ganz so unerfahren, wie oft dargestellt wird. Er hatte als Soldat im Ersten Weltkrieg gedient; er war als Senator von Missouri seit 1935 vielfach mit Außenpolitik konfrontiert worden; er hatte gegen Verschwendung im Rüstungssektor gekämpft. Aber er teilte den isolationistischen Outlook seiner Wählerinnen und Wähler aus dem Mittleren Westen, die nicht in europäische Kriege verwickelt werden wollten und nur oberflächliches Wissen über die Welt besaßen. Er war ehrlich um dauerhaften Frieden bemüht, wollte Stalin entgegenkommen, von dem er ein positives Bild hatte, und einen gangbaren Kompromiss in Potsdam erarbeiten. Aber zugleich neigte er, wie viele seiner Landsleute, zu »einer simplifizierenden Schwarz-Weiß-Sicht« Moskaus und der UdSSR.[31]

Truman hatte von Roosevelt zahlreiche unerledigte Hausaufgaben geerbt, vor allem die Frage: Wie konkret mit dem besiegten Deutschland in seinem europäischen Kontext umgehen? Dabei wäre es nicht angemessen, undifferenziert von *der* Perspektive der USA zu sprechen. Die Nachkriegsplanungen waren eingebettet in einen der für Washington typischen Ministerienkonflikte. In der komplexen Reparationsfrage, die das Verhältnis zur UdSSR so nachhaltig belastete, zogen Außen-, Verteidigungs- und Finanzministerium nicht an einem Strang. Die Interpretation der Beschlüsse von Jalta war intern umstritten, die Reparationsfrage ungeklärt: Es handelte sich in Jalta »um eine Entscheidung […], die keine war«.[32] Truman begradigte die Linie, weil er sich direkt vor Potsdam von Finanzminister Henry Morgenthau Jr. trennte, dem prominentesten Vertreter einer Politik der ökonomischen Verstümmelung Deutschlands.[33]

Für Roosevelt war Moskaus Zustimmung zu seiner UN-Konzeption von zentraler Bedeutung gewesen, weshalb er gegen britischen Protest Zugeständnisse bei den Reparationen gemacht hatte. Daher waren in Jalta die sowjetischen Reparationsvorschläge als Diskussionsgrundlage akzeptiert worden. Doch Amerikaner wie Briten hatten keine konkreten Zahlen nennen wollen und die Debatte in eine zu gründende Kommission verlagert. US-seitig blieb lange unklar, ob der Fokus auf der Zerstörung des deutschen Potenzials durch Demontagen liegen, wie es Finanzministerium und Militär forderten, oder aber Deutschland in die Lage versetzt werden sollte, sich nicht nur selbst zu ernähren, sondern durch industrielle Aktivität zur Gesundung Europas beizutragen und so auch sowjetische Reparationsforderungen zu bedienen: »Wenn das Ziel die Zerstörung oder zumindest eine erhebliche Reduktion des deutschen Wirtschaftspotenzials war, dann konnte man dieses nicht gleichzeitig zur Produktion von Reparationsleistungen einsetzen.«[34]

Roosevelts Nachkriegsvision, wonach die gestärkten USA in einem gedeihlichen Miteinander mit der UdSSR – vor dem Hintergrund einer friedlichen Dekolonisierung – eine globale neue Weltfriedensordnung erarbeiten würden, bröckelte schon zum Zeitpunkt seines Todes.[35] Roosevelts weltpolitische Vision »trug in ihrer Zeit utopische Züge«, anerkannte die Notwendigkeit der Kooperation mit der UdSSR. Doch er war sich der innenpolitischen Gefahren bewusst, weshalb er dem amerikanischen Volk auch keinen reinen Wein einschenken wollte: Schon in Jalta war klar, dass sich eine Demokratisierung Osteuropas angesichts der dortigen Präsenz der Roten Armee kaum durchsetzen ließe, zumal, wenn gleichzeitig die amerikanischen »boys« schnell nach Hause zurückgeholt werden sollten. Roosevelt weckte Anfang 1945 beim amerikanischen Volk eine Erwartungshaltung, »die dann von der Wirklichkeit in Europa nur enttäuscht werden konnte«.[36]

Truman trat somit das Präsidentenamt in einer national und international hochgradig ambivalenten Situation fluktuierender und wohl auch unrealistischer Erwartungen an. Während die US-Öffentlichkeit mit dem Ende der Kampfhandlungen einen dauerhaften Frieden ersehnte, debattierten die außenpolitischen Eliten der USA heftig darüber, wie künftig mit der UdSSR umzugehen sei. Neben dem internen Streit über die Deutschland- und Reparationsfrage, wo Amerikaner im Zweifel eher Härte erwarteten, besaß vor allem die Behandlung Polens durch Stalin Sprengkraft. Amerikaner polnischer Herkunft verfügten über eine medial schlagkräftige Lobby, auf die der US-Präsident Rücksicht nehmen musste. So hatte die in Jalta beschlossene Westverschiebung Polens bei polnischstämmigen Abgeordneten einen Sturm der Empörung ausgelöst. Sie erschien ihnen wie ein »zweites München«.[37]

Selbst wenn Truman besser in Roosevelts Überlegungen zur Zukunft der Beziehungen zur UdSSR eingeweiht worden wäre und sich auf ein Team ergebener außenpolitischer Vertrauter hätte stützen können, hätten die vor und nach Potsdam aufbrechenden Konflikte nicht leicht überbrückt werden können. Für Verstimmung sorgte auf sowjetischer Seite die abrupte Beendigung der amerikanischen Lend-Lease-Hilfslieferungen am Tag des Endes der Kampfhandlungen in Europa, während die USA über die intransigente Haltung der Sowjets auf der UN-Gründungsversammlung in San Francisco entsetzt waren. Obwohl Truman zwischen »Härte« gegenüber Moskau und der Hoffnung auf eine gedeihliche Fortsetzung der alliierten Kooperation zur Schaffung einer friedlichen Nachkriegsordnung schwankte, schlug er durchweg konziliante Töne an.

Er sei mit den »kindliest feelings in the world toward Russia« nach Potsdam gefahren, meinte er rückblickend in einem Zeitzeugeninterview.[38] In den Wochen vor Potsdam bemühte er sich um einen Modus Vivendi mit Stalin. Trotz frenetischer Entgegnungen von Churchill hielt er an der in Jalta vereinbarten Demarkationslinie in Europa fest. Er befahl den Rückzug der US-Truppen aus Thüringen sowie aus den norddeutschen und österreichischen Gebieten, die in der vereinbarten sowjetischen Zone lagen. Churchill wollte diese »Faustpfänder« behalten, um Stalin Zugeständnisse in der »polnischen Frage« abzupressen. Anfang Juni wurde der Roosevelt-Intimus Harry Hopkins nach Moskau geschickt und akzeptierte die Hegemonie der Kommunisten in der provisorischen Warschauer Regierung. Diese wurde gegen den Protest der polnischen Gemeinde in den USA diplomatisch anerkannt. Eine Verzögerung hielt Truman angesichts der faktischen Lage vor Ort für zwecklos und unnötig die Beziehungen zu Stalin belastend. Das freie Polen wurde als Vorleistung für Potsdam geopfert.[39]

»Von Ihnen als altbekanntem Pferdehändler aus Missouri erwartet das amerikanische Volk, dass Sie etwas nach Hause bringen«, lautete die Quintessenz eines Potsdam vorbereitenden Gesprächs Trumans und seiner Berater am 4. Juli.[40] Sein Ansatz, wie auch der von Byrnes, war der zweier ehemaliger Senatoren, die die Interessen ihrer Wähler und ihrer Staaten hartnäckig zu vertreten verstanden. Dass Politik eine höhere Form des Kuhhandels ist, deren Ergebnisse sich auch auf »Dollar und Cent« beziffern lassen, prägte ihre Wahrnehmung internationaler Beziehungen. Auf dem Weg nach Potsdam machte sich Truman daher weniger Gedanken über eine künftige ideale Weltordnung im wilsonianischen Sinne, zumal die UN ja bereits gegründet worden waren. Vielmehr wollte er konkrete Resultate heraushandeln, den Krieg beenden und sich dann auf Innenpolitik konzentrieren. Aber das setzte eine solide und möglichst konfliktarme Partnerschaft mit der UdSSR voraus.

### Pragmatismus ohne übersteigerte Erwartungen: Die Verhandlungen

Der Reise nach Potsdam hatte Truman ohne Vorfreude entgegengesehen: »How I hate this trip«, schrieb er in sein Tagebuch.[41] Dennoch war er pflichtschuldigst zum ersten Mal seit seinem Militärdienst im Ersten Weltkrieg wieder über den Atlantik gefahren. Oberstes Verhandlungsziel war zu diesem Zeitpunkt noch ein sowjetischer Kriegseintritt gegen Japan, wie es eine Mehrheit der Amerikaner erwartete und wünschte.[42] Zweitens sollte Europa ökonomisch langfristig stabilisiert werden – ein für »US taxpayer« relevanter Punkt, um den finanziellen Aderlass der Besatzung zu begrenzen. Drittens sollte Großbritannien in vollem Umfang in den Krieg im Pazifik einsteigen. Viertens waren die praktischen Fragen in Bezug auf Deutschland zu klären. Geringere Priorität hatte der Wunsch, Gastgeber für die abschließende Friedenskonferenz zu sein sowie überseeische Militärbasen zu erwerben.[43]

Ausgehend von diesem Tableau verengten sich die Verhandlungsgegenstände rasch auf die »deutsche Frage«, Wahlen in Osteuropa und Reparationen. Den Kriegseintritt gegen Japan sagte Stalin bei seinem ersten Treffen mit Truman noch vor Beginn der Konferenz zu, wenn auch geknüpft an den Ausgang russisch-chinesischer Verhandlungen über die Mandschurei.[44] Er habe viele Gründe gehabt, nach Potsdam zu reisen, schrieb Truman in seinen Memoiren: »But the most urgent, to my mind, was to get from Stalin a personal reaffirmation of Russia's entry into the war against Japan.« Diese Zusage sei die einzige geheime Abmachung gewesen, hob er mit einem Seitenhieb auf Wilson hervor.[45] Indes wurde diese für die USA so wichtige Zusage von der technischen Entwicklung überrollt, als sich in den folgenden Tagen genauer abzeichnete, welche Möglichkeiten die Atombombe bot: »Japs will fold up before Russia comes in. I am sure they will when Manhattan appears over their homeland.«[46]

Am 17. Juli um 17 Uhr begannen die Verhandlungen, wobei ein nervöser Truman von Stalin aufgefordert worden war, die Treffen zu leiten.[47] Diese Nervosität blieb den US-Medien verborgen, die ihren neuen Präsidenten freundlich lächelnd auf Fotos mit Churchill und Stalin sahen oder im Kreis seiner Berater, mit ihnen am Konferenztisch im Cecilienhof Platz nehmend.[48] Zwar merkte beispielsweise der *Christian Science Monitor* an, dass Truman die »unbekannte Größe« der Verhandlungen sei, doch die geringere Erfahrung auf internationaler Ebene mache er durch Verhandlungsgeschick und seine offene und ehrliche Art wett.[49] Positiv vermerkt wurde in der US-Presse, dass Truman die Verhandlungen leite. Zugleich klagten die Reporter darüber, dass sie darauf reduziert seien, über die Speisekarte der offiziellen Dinner und den wechselseitigen Austausch von Geschenken zu berichten.[50]

Während die Potsdamer Verhandlungen sich rasch auf die Frage eines permanenten »Rats der Außenminister« und die Prinzipien der Besatzung Deutschlands konzentrierten,[51] spekulierte die amerikanischen Presse darüber, ob Stalin seine in Jalta gegebene Zusage einhalten werde, Japan den Krieg zu erklären.[52] Diese Verengung auf Japan war unumgänglich, denn die Aufmerksamkeit musste sich das medial ereignisarme Potsdam mit dem Krieg im Pazifik teilen. Die massiven Bombardements Tokios und anderer Städte sowie die als äußerst hart prognostizierten Kämpfe bei der bevorstehenden Invasion der japanischen Hauptinseln schlugen das amerikanische Publikum verständlicherweise in den Bann. Schon ab dem dritten Tag der Potsdamer Konferenz rückten die Verhandlungen auf den ersten Seiten der US-Zeitungen in die untere Hälfte oder sogar in den Innenteil, während der Krieg in Asien die Schlagzeilen dominierte. Potsdam schaffte es weiter als eines von mehreren Themen auf die ersten Seiten. Aber die Berichte aus Potsdam spekulierten überwiegend über das Agieren der »Großen Drei« zu Japan.[53]

Während das US-Publikum auf Japan fixiert war, brachte die Konferenz unbemerkt von der Öffentlichkeit schon am 20. Juli mit der Etablierung des »Rats der Außenminister« ein erstes konkretes Ergebnis hervor. Auch über die fallweise Beteiligung Chinas und Frankreichs wurde eine Einigung erzielt und ein erstes Treffen der Außenminister in London fest vereinbart.[54] Damit hatte Truman sein zweitwichtigstes Ziel erreicht, nämlich einen permanenten Prozess der Absprachen zu etablieren. Überhaupt wurden schon in Potsdam Entscheidungen überwiegend im Kreis der Außenminister vorstrukturiert, die dann jeweils am späten Nachmittag den »Großen Drei« im großen Konferenzraum von Schloss Cecilienhof präsentiert werden konnten.[55] Zugleich fuhr sich die Plenardebatte immer wieder an den Fragen der polnischen Westgrenze und der Reparationen fest, wobei vor allem Churchill mit Blick auf Jugoslawien und den Balkan, die italienischen Kolonien oder eine russische Militärbasis in den Dardanellen den Russen Paroli bot. Auch rasselte er mit Stalin in der polnischen Frage und mit Blick auf die Oder-Neiße-Linie zusammen, während die »Amerikaner passiv blieben«.[56]

In den US-Medien brachten zwei Ereignisse die Potsdamer Verhandlungen zurück in die Schlagzeilen: Einerseits die »Potsdamer Erklärung« der USA, Großbritanniens und Chinas mit der erneuten Forderung an Japan, aus den Fehlern der Deutschen zu lernen und entweder umgehend zu kapitulieren oder aber »sofortige und

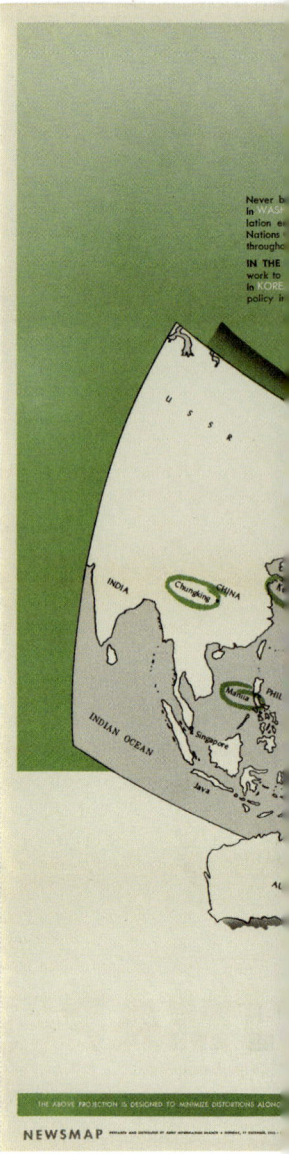

Karte aus »Newsmap«, Vol. 4, No. 35, »Die Rolle der USA im Weltgeschehen«

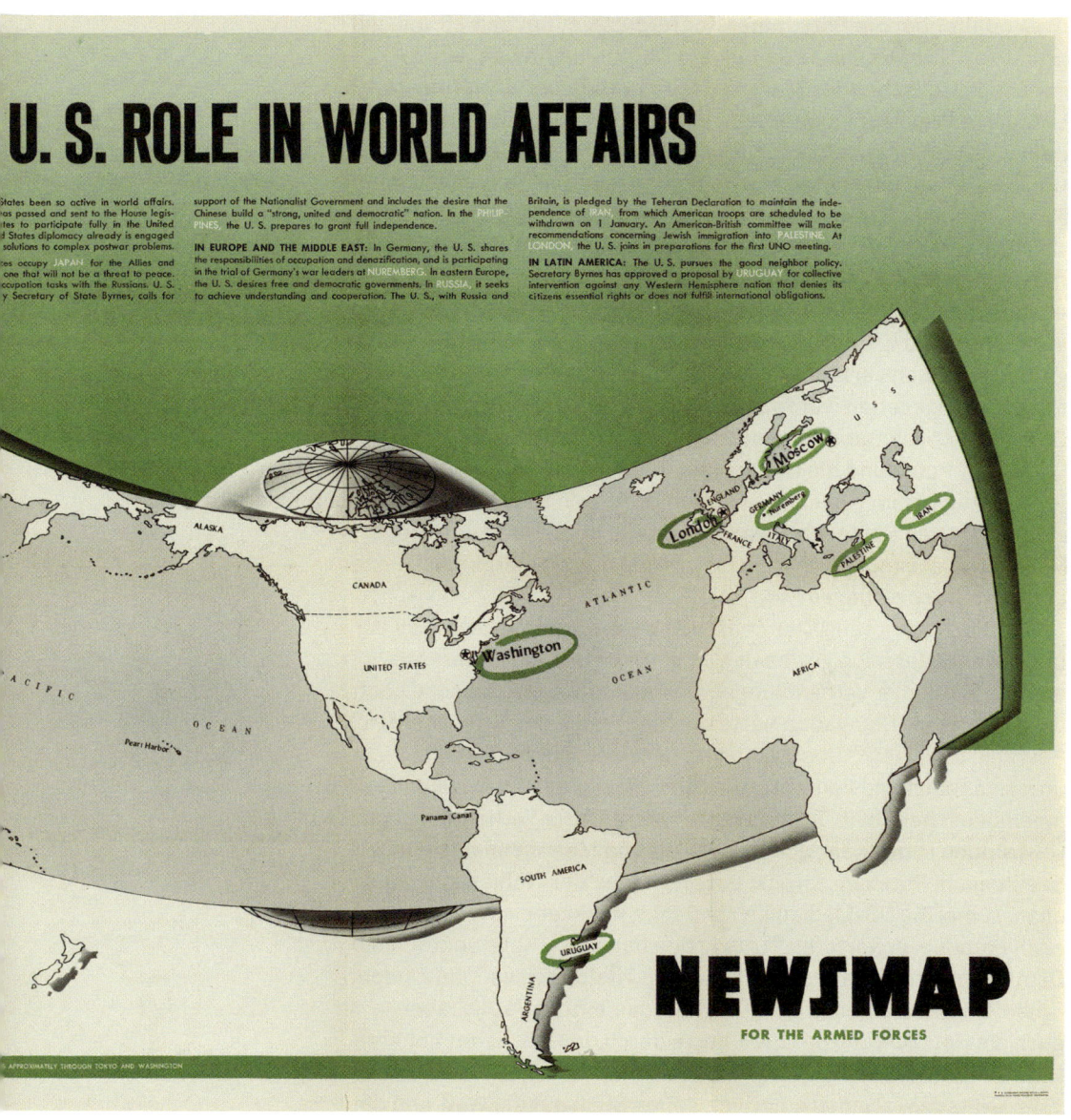

vollständige Zerstörung« zu erleben.[57] Zweitens stellten sowohl die Mitglieder der amerikanischen Delegation in Potsdam als auch die amerikanische Öffentlichkeit am 26. Juli mit Erstaunen fest, dass die überragende Führungsfigur der Alliierten im Zweiten Weltkrieg, Winston Churchill, von den Wählern des Vereinigten Königreichs abgelöst worden war. Die vermittelnde Rolle der USA und ihres Präsidenten und Außenministers in Potsdam war hingegen für das amerikanische Publikum (wie natürlich auch das sowjetische und britische) nicht erkennbar – wie überhaupt die Fülle der Themen sowie die geografische Spannweite und sachliche Komplexität der Verhandlungen an US-Zeitungslesern vollständig vorübergingen.

Daher bot die Potsdamer Konferenz erst um den 26. Juli aufgrund des Ultimatums an Japan und Churchills Abwahl wieder sensationsheischendes Material. Die »Potsdamer Erklärung« befeuerte Pressespekulationen, dass Japan gegenüber den in Potsdam versammelten Alliierten Friedensfühler ausgestreckt habe.[58] Die US-Medien überboten sich in Schlagzeilen nach dem Motto, den »Japs« seien in Potsdam die Instrumente gezeigt worden: »Gebt auf oder sterbt«.[59] Doch sollte sich Japan Illusionen darüber gemacht haben, kommentierte die Presse, dass die Wahlen in Großbritannien etwas an der Entschlossenheit der Alliierten ändern würden, sie zur bedingungslosen Kapitulation zu zwingen, so habe es sich getäuscht. Auch verfestigte der Umstand, dass die Erklärung in Potsdam abgegeben wurde, das Bild, dass es dort vor allem um Ostasien gehe.[60] Dabei konzentrierten sich die Verhandlungen längst auf Polen und die Reparationen. Churchill hatte in seinem letzten Auftritt im Kreis der »Großen Drei« den Konferenztisch nach einem heftigen Schlagabtausch mit Stalin über Polen und die Ruhr verlassen müssen, um in Erwartung der Wahlergebnisse nach London zurückzufliegen.[61]

Der Wechsel von Churchill zu Attlee, der schon zuvor Teil der britischen Delegation gewesen war, generierte neues Interesse an den Potsdamer Verhandlungen.[62] Weder die amerikanische noch die sowjetische Delegation hatte die Niederlage des Kriegshelden Churchill erwartet.[63] Überraschend, sensationell, aber auch unverständlich und erklärungsbedürftig war diese Entwicklung aus amerikanischer Sicht. Truman hatte während der Verhandlungspause US-Truppen in der Nähe von Darmstadt und Mannheim besucht. Er eilte nach Potsdam zurück, um die Folgen der Wahlen zu besprechen, zumal die US-Medien keine rasche Rückkehr von Attlee nach Potsdam erwarteten.[64] Als Attlee dann zwei Tage später nach Deutschland flog, war Potsdam von den Titelseiten verschwunden. Erneut hatten die Kämpfe und Bombardements in Japan, aber auch die Ratifizierung der UN-Charta durch den US-Senat höheren Nachrichtenwert.[65]

Potsdam zog den amerikanischen Blick auf die Welt und das Kriegsgeschehen nur noch einmal an: Am 3. August 1945, als sich Schlagzeilen und Kommentare dem Potsdamer Abschlusskommuniqué widmeten und dieses auch von allen großen Zeitungen im Wortlaut abgedruckt wurde. Deutschland stand hierbei im Mittelpunkt, wobei die US-Medien den Eindruck vermittelten, das Reich solle in einen »Farm State« verwandelt werden und werde seiner Industriekapazität komplett beraubt.[66] Fast alle Zeitungen druckten Karten ab, die die Abtrennung der Ostgebiete an Polen erläuterten. Das hob visuell den Grad der »Erniedrigung« Deutschlands hervor.[67] Einerseits lobten mehrere Kommentare, dass mit den vereinbarten Regelungen der Besatzungspolitik und der Errichtung des »Rats der Außenminister« ein Prozess zur Erarbeitung von Friedensverträgen in Gang gesetzt worden sei. Andererseits zeigte man sich enttäuscht darüber, dass eine Vereinbarung mit den Sowjets über einen Kriegseintritt gegen Japan fehle. Dies gab Anlass zu zahlreichen Spekulationen.[68]

Auch im Kongress wurde bei aller prinzipiellen Zustimmung zu den Vereinbarungen von Potsdam, deren Tragweite die meisten Abgeordneten jedoch kaum absehen konnten, in erster Linie die Frage nach Russlands Vormarsch gegen die japanische Armee gestellt.[69] Harte Kritik kam aus dem Mittleren Westen vom Lager der ehemaligen Isolationisten, repräsentiert von der *Chicago Tribune*. Der Leitartikel letzterer nannte das Abkommen einen »Irrsinn«, weil der industrielle Kahlschlag in Deutschland Millionen dem Hunger überantworten werde, eine positive Vision für die wirtschaftliche Rekonstruktion Europas fehle und Polen unfrei bleibe. Der Gewinner der Konferenz sei Stalin, der seine Ziele erreicht habe, ohne den Kriegseintritt gegen Japan versprechen zu müssen. Der Verlierer sei Truman: »Mr. Truman got nothing, or rather less than nothing, for he assented to unlivable arrangements in Europe that only can prevent recovery and sow the seed of a new war.«[70]

Obwohl das Potsdamer Abkommen vollständig abgedruckt wurde und Truman betonte, dass darüber hinaus keine geheimen Absprachen getroffen worden seien, herrschte Unklarheit über die wirklichen Folgen, was, wie wir heute wissen, eine oftmals irrtümliche Wahrnehmung nach sich zog. So fragte sich auch Anne O'Hare McCormick in der *New York Times*, ob die vollständige Zerstörung der Wirtschaft und dauerhafte koloniale Kontrolle der zweitwichtigsten Industrienation der Welt ein Rezept für ein prosperierendes und friedliches Europa sein könne. Doch das kümmere die »Großen Drei« wenig: »The trouble is that the full result of today's decision will not be felt in the lifetime of the men who make them.«[71] Anfang August war für die amerikanische Öffentlichkeit schlicht unabsehbar, wie sich die Entscheidungen von Potsdam langfristig auswirken würden.

### Im Schatten der Bombe und des Kalten Krieges: Potsdam in der amerikanischen Erinnerung

Als amerikanische Zeitungsleser am Morgen des 7. August 1945 ihre Blätter aufschlugen, wurden die Titelseiten von der sensationellen Nachricht vom Abwurf der Atombombe auf Hiroshima beherrscht. Damit hatten die Potsdamer Beschlüsse für das breitere Publikum nur noch spezielles Interesse. Sie wurden schnell »Geschichte« und fielen rasch aus der kollektiven Erinnerung der USA heraus. Dies zeigt der dramatische Rückgang von Artikeln, die sich mit Potsdam befassen. Nur am 9. August, noch während gleichzeitig Nagasaki diskutiert wurde, kehrte Potsdam in die Medien zurück. Die UdSSR hatte Japan am Vortag den Krieg erklärt. Trumans wahres Ziel in Potsdam sei nun erkennbar, so der durch und durch anerkennende Tenor der Presse: nämlich die Sowjets in den Krieg zu holen. Selbst die *Chicago Tribune* zollte Truman Respekt.⁷² »Truman Made Parley Trip to Bring Reds In«, so der *Boston Globe* in unübersetzbarer Diktion.⁷³ Doch damit war Potsdam auf das Einholen von Stalins Zusage zum Kriegseintritt gegen Japan reduziert.

Schon Mitte August war Potsdam in den amerikanischen Medien weitgehend »durch«. Die Radioansprache Kaiser Hirohitos am 15. August leitete das Ende der Kampfhandlungen ein. Am 2. September wurde an Bord der *Missouri* die Kapitulationsurkunde unterzeichnet. Zu diesem Zeitpunkt waren die Außenminister der »Großen Drei« damit beschäftigt, sich auf das erste Treffen des Rats vorzubereiten, der dann vom 12. September bis 21. Oktober 1945 in London tagte. Dort ging es nicht um Deutschland, sondern um die Friedensverträge mit dessen Verbündeten Finnland, Italien, Ungarn, Bulgarien und Rumänien. Die USA verhinderten in London die Mitbesatzung Japans durch die Rote Armee, während die Sowjets auf den Ausschluss von China und Frankreich aus dem Rat drängten. Hierbei kam es zu Rückbezügen auf Potsdam, weil dort der »Rat der Außenminister« geschaffen worden war, wie Außenminister Byrnes in einer Radioansprache erläuterte.⁷⁴

Anderthalb Jahre später, mit der Moskauer Außenministerkonferenz vom März/April 1947, ließ sich die Spaltung der Alliierten nicht mehr verbergen und somit auch nicht die fehlende Nachhaltigkeit der in Potsdam geschaffenen institutionellen Mechanismen. Auf der zweiten Londoner Außenministerkonferenz im November/Dezember 1947 endete die alliierte Zusammenarbeit zu Deutschland. Byrnes war inzwischen von Außenminister George C. Marshall abgelöst worden. Dessen Ernennung signalisierte den Politikwechsel gegenüber der UdSSR, der sich ereignisgeschichtlich an der Verkündung der Truman-Doktrin im März 1947 sowie des Marshallplans im Juni 1947 festmachen lässt. Der Übergang zur Politik der »Eindämmung« war vollzogen. Die USA arbeiteten aufgrund der Moskauer Unbeweglichkeit in der Reparationsfrage auf die Gründung eines Weststaats hin, schon mit der Erweiterung der Bizone zur Trizone 1947/48. Die UdSSR hingegen hielt noch länger an der Fiktion der deutschen Einheit fest.⁷⁵

Das effektive Ende des »Rats der Außenminister« in London im Dezember 1947 nahm der Journalist Walter Lippmann zum Anlass einer Grundsatzreflexion über den in Potsdam geschaffenen Mechanismus. Lippmann, der den Begriff »Kalter Krieg« popularisierte, wenn auch nicht erfand,⁷⁶ sah die Verschärfung des Tonfalls durch Truman und Marshall kritisch. Zugleich hielt er den »Rat der Außenminister« für eine Fehlkonstruktion. Die enge Kooperation der Außenminister gehe auf Jalta zurück. Doch dort und in Potsdam sei unter den wachsamen Augen der »Großen Drei« verhandelt worden. Ohne direkte Anbindung an die Chefs und im Licht einer Öffentlichkeit operierend, die jede Belanglosigkeit sensationsgierig zuspitze, habe sich das Potsdamer System nicht nur als unproduktiv, sondern als das »möglichst schlechteste System« erwiesen. Moskau und Washington müssten neue Interaktionsmodi finden.⁷⁷

US-Truppen erreichen Nagasaki im September 1945

Japanischer Außenminister Mamoru Shigemitsu und Generalstabschef Yoshijirō Umezu bei der Kapitulation Japans am 2. September 1945 auf der USS Missouri

Stand Potsdam aus amerikanischer Sicht für das allmähliche Scheitern der Zusammenarbeit der »Großen Drei«, wurde Jalta entweder als Höhepunkt der Kriegskameradschaft der Alliierten und Chance auf eine bessere Welt mit friedlich kooperierenden Großmächten verklärt, die dann von Roosevelts Nachfolger Truman naiv verspielt worden sei. Oder aber es wurde als Symbol amerikanischer Blauäugigkeit gegenüber Stalin und der UdSSR verdammt.[78] Von Kritikern wie dem französischen Präsidenten Charles de Gaulle wurde Jalta zum Ort des Vertrauensbruchs des Westens gegenüber Polen und Osteuropäern überhöht, von Verteidigern als weltgeschichtliche Möglichkeit romantisiert. Potsdam dagegen provozierte weniger starke Emotionen als der »Verrat von Jalta«.[79] Auch in der Historiografie wurde es weniger als Wendpunkt, denn als eine, wenn auch wichtige, Etappe auf dem Weg zum Kalten Krieg beschrieben. Viele Gesamtdarstellungen des frühen Kalten Krieges beginnen daher wohl nicht zufällig mit Jalta – statt mit Potsdam oder Teheran.

Dass Potsdam in der amerikanischen Erinnerung sowohl vor Jalta als auch Hiroshima verblasste, dürfte weniger mit der Konferenz selbst zu tun haben als mit politischen und erinnerungskulturellen Interessen, die diese beiden Orte in ihrem Symbolgehalt höher werteten als Potsdam. Durchsucht man die Datenbank der Proquest Historical Newspapers nach den Suchbegriffen »Potsdam Conference 1945« und »Jalta Conference 1945«, dann erzielte Jalta schon in den 1940er Jahren mehr hits als Potsdam, auch wenn sich das Verhältnis dann in den 1960er Jahren anglich (Tab. 1). Als in den 1980er Jahren die Überwindung der Ordnung des Kalten Krieges auf die weltpolitische Agenda rückte, tauchte Jalta als historischer Referenzpunkt für die »Teilung der Welt« häufiger auf als Potsdam. Als Symbolort der Teilung Europas galt nun einmal Jalta. Das zeigt sich an feststehenden Begriffen wie die »Ordnung von Jalta«, die 1990 überwunden worden sei. Dabei war der Wechsel der Protagonisten von Roosevelt zu Truman als erstem Präsidenten des Kalten Krieges ja erst vor Potsdam erfolgt. Man könnte mit Fug und Recht die Nachkriegsordnung die »Ordnung von Potsdam« nennen. Doch diese Formel scheint in der Erinnerung nicht über das gleiche evokative Potenzial zu verfügen wie »Ordnung von Jalta«.

Beide wiederum, Jalta und Potsdam, stehen in der US-Erinnerung seit den 1960er Jahren eindeutig im Schatten von Hiroshima. Das zeigt eine Auswertung der gleichen Datenbank (Tab. 1). Auch dies dürfte weniger an zeitgenössischen Wahrnehmungen als an späteren Zuschreibungen liegen: Hiroshima erzielte 1945 nur die Hälfte der Nennungen von Potsdam und ein knappes Drittel im Vergleich zu Jalta. Es lag während der gesamten 1940er Jahre hinter beiden Konferenzen zurück. Doch seit den späten 1950er Jahren setzte sich Hiroshima an die Spitze. Ursächlich hierfür dürfte das atomare Wett-

**Tabelle 1:**
**Anzahl der Nennungen in amerikanischen Zeitungen 1945–2016**

|  | »Potsdam« | »Jalta« | »Hiroshima« |
|---|---:|---:|---:|
| nur 1945 | 1 588 | 2 310 | 810 |
| 1940–1949 | 2 163 | 2 803 | 1 284 |
| 1950–1959 | 829 | 1 090 | 819 |
| 1960–1969 | 282 | 295 | 901 |
| 1970–1979 | 183 | 219 | 948 |
| 1980–1989 | 180 | 248 | 1 816 |
| 1990–1999 | 192 | 239 | 2 090 |
| 2000–2009 | 15 | 15 | 330 |
| **Gesamt** | **3 913** | **4 921** | **8 392** |

Datengrundlage: Proquest Historical Newspapers (Atlanta Constitution, Boston Globe, Chicago Tribune, Christian Science Monitor, Los Angeles Times, New York Times, Wallstreet Journal, Washington Post). Gesucht wurde nach den Keywords: »Potsdam Conference 1945«, »Yalta Conference 1945«, »Hiroshima 1945«.

rüsten im Kalten Krieg mit der Kuba-Krise 1962 als Höhepunkt sein. Der »nukleare Tod« beschäftigte die Menschen. Hiroshima erschien nun retrospektiv als die Geburtsstunde des »atomaren Zeitalters«. Es hat sich seither als Chiffre apokalyptischer Potenziale der modernen Zivilisation und unvorstellbarer militärischer Gewalt verselbständigt.[80] Jalta und Potsdam sind nicht völlig vergessen, aber waren im kulturellen Gedächtnis der USA nicht mehr in der gleichen Weise aufrufbar wie die Atombombenabwürfe. Dies dürfte inzwischen auch für Deutschland gelten. Je mehr auch dort der Kalte Krieg »graue Vorvergangenheit« wird, desto wichtiger dürfte im Verhältnis Hiroshima werden.

Hiroshima mauserte sich über die Jahrzehnte immer stärker zum historischen Wendepunkt, während Jalta und Potsdam in der Erinnerung verblassten. Dies jedenfalls legt die quantitative Auswertung der Presseberichterstattung nahe. Hiroshima war hierbei nicht nur symbolischer Referenzpunkt der Bedrohungspotenziale der Bombe, sondern die Debatte über die Entscheidung zum Abwurf der ersten Atombomben verselbständigte sich im Kontext der amerikanischen *culture wars* der 1990er Jahre. Auch das hielt das Interesse an Hiroshima hoch, obwohl die Zeitgenossen selbst diesem Ereignis weniger Bedeutung zumaßen als wir heute. Die als welthistorische Ereignisse in der Zeit als bedeutender wahrgenommenen Konferenzen von Jalta und Potsdam sind hingegen immer weniger anschlussfähig. Sie sind ein Thema für Historiker und Experten. Hiroshima und die Entscheidung zum Einsatz der Atombomben weckt demgegenüber nach wie vor stärkste Emotionen und eignet sich in den USA seit den 1990er Jahren zum patriotischen Lackmustest.[81]

Natürlich ist Potsdam in den USA nicht vollständig vergessen. Dazu trägt auch die Existenz eines konkreten Erinnerungsorts im Cecilienhof bei, der viele US-Touristen anlockt. Der Reiseführer *Lonely Planet* charakterisiert den Cecilienhof als historisch äußerst signifikant: »Where Stalin, Truman and Churchill (and later his successor Clement Attlee) hammered out Germany's post-war fate and incidentally laid the foundation for the Cold War.«[82] Hier wird Cecilienhof als nachgerade akzidentieller Ausgangspunkt des Kalten Krieges gezeichnet. Auch in den Reiseteilen – vor allem der *New York Times* – fehlt bei Berichten über Berlin und Umgebung selten der Ort der Potsdamer Konferenz.[83] Und hin und wieder bietet das Treffen der »Großen Drei« auch die Kulisse für einen Kriminalroman.[84] Schließlich erschienen in den 1990er und 2000er Jahren, mit den sich häufenden Todesfällen unter den Mitgliedern der »greatest generation«, auch Nachrufe auf ehemalige Kriegshelden, die zum Begleitpersonal Trumans gehörten. Auch dies bietet Anlässe der Erinnerung an Potsdam.

In der amerikanischen Erinnerung sowie in der Forschung steht Potsdam nicht mehr für das letzte Kapitel des Zweiten Weltkriegs, wie der US-Historiker Michael Neiberg jüngst kritisierte.[85] Seit den 1960er Jahren ist es Teil der Geschichte des Kalten Krieges. Das zeigt das andauernde Rätseln um die »atomare Diplomatie«, also die Frage, ob sich Truman aufgrund seines Wissens um den erfolgreichen Atomtest in Alamogordo in Potsdam auf harte Positionen versteifte und mit Hiroshima und Nagasaki eine Botschaft über die Zukunft der amerikanisch-sowjetischen Beziehungen schicken wollte, was sich aus den Protokollen nicht belegen lässt – und auch sonst nur aus apokryphen Quellen. Das lenkte das historiografische Interesse an Potsdam auf einen Nebenschauplatz um.[86] Doch den in Potsdam versammelten Politikern ging es um Deutschland, um Polen, die Reparationen, den Wiederaufbau Europas und die Beendigung des Krieges im Pazifik. Keiner erwartete 1945 den Kollaps der »Great Alliance« innerhalb weniger Jahre. Im Gegenteil, die »Großen Drei« hofften auf ein weiteres Treffen; vielleicht in Washington, wie Truman am Ende der Beratungen vorschlug. »So Gott will«, antwortete Stalin. Attlee sekundierte: »I hope that it will be a milestone on the road to peace between our countries and in the world.«[87]

### Anmerkungen

**1** Tagebucheintrag vom 16.7.1945, in: Ferrell 1980, S. 52. / **2** Communiqué Issued at the End of the Conference, in: FRUS 1945, The Conferences at Malta and Yalta, Dok. Nr. 500, 11.2.1945, S. 975. / **3** »Potsdam Meeting: Big Three Confer«, New York Times, 15.7.1945, S. 1. / **4** Tagebucheintrag vom 7.7.1945, in: Ferrell 1980, S. 49. / **5** Berg 2017, S. 187–212. / **6** Universal Wochenschau, July 1945, abrufbar über Footage Farm, 250081, www.youtube.com/watch?v=YqosWmpjQvA [Zugriff am 4.12.2019]. / **7** Tagebucheintrag vom 16.7.1945, Ferrell 1980, S. 52. / **8** »Abroad: Man From Missouri, Meets Man from Georgia«, New York Times, 18.7.1945, S. 26. / **9** »From Paris 1918 to Potsdam 1945«, Chicago Tribune, 20.7.1945. / **10** »Potsdam Secrecy«, New York Times, 17.7.1945, S. 12; »Abroad: Unfortunate Aspects of the Potsdam News Blackout«, New York Times, 21.7.1945, S. 10; »Potsdam Blackout«, Wall Street Journal, 25.7.1945, S. 8. / **11** »Let us not forget that we are fighting for peace, and for the welfare of mankind. We are not fighting for conquest. There is not one piece of territory, or one thing of a monetary nature that we want out of this war. We want peace and prosperity for the world as a whole«, Truman, Remarks at the Raising of the Flag Over the U.S. Group Control Council Headquarters in Berlin, 20.7.1945, Truman Library, Public Papers of Harry S. Truman www.trumanlibrary.gov/library/public-papers/86/remarks-raising-flag-over-us-group-control-council-headquarters-berlin [Zugriff am 1.11.2019]). / **12** Das zeigt sich auch in der US-Forschung, die selten auf Potsdam allein fokussiert, mit Ausnahme von Feis 1960; es ist überwiegend Teil der Geschichte des frühen Kalten Krieges bzw. der »atomaren Diplomatie«, zuletzt Miscamble 2007; Neiberg 2015 als multilaterale Diplomatiegeschichte, ohne besonderen US-Fokus; die deutsche Forschung fokussiert auf Rechtsfragen, zuletzt Koch 2017. / **13** Emmerich und Gassert 2014, S. 171f. / **14** Vgl. Wittner 1984, S. 103. / **15** Für eine Beschreibung der Siegesfeiern vgl. Dallas 2005, S. 505f. / **16** »Can never again be an island to itself«, zit. Patterson 1996, S. 82. / **17** Zur Isolationismus-Debatte vgl. McDougall 1997, S. 39ff. / **18** Hatten 1937 noch 55 Prozent der US-Bevölkerung eine Mitgliedschaft in einer »world organization« abgelehnt, so sprachen sich Anfang 1945 81 Prozent dafür aus, Umfrage vom 9.4.1945, abgedruckt in: The Public Opinion Quarterly 9, no. 2 (Summer 1945), S. 253; »Prevention of War«, Umfrage vom 15. Juli 1945, ebd., Nr. 3 (Fall 1945), S. 384. Ein Band, der zurückkehrende Soldaten über die Entwicklungen in der Heimat informieren wollte, hob in dem entsprechenden Kapitel diese Transformation der außenpolitischen Perspektive hervor, mit einem Beitrag eines US-Senators, vgl. Ball 1946, S. 552–572. / **19** Briefing Book Paper: Britain as a Member of the Big Three, in: FRUS 1945, The Conference of Berlin (The Potsdam Conference), Bd. 1, Nr. 223, S. 253. / **20** Briefing Book Paper: British Plan for a Western European Bloc, in: FRUS 1945, The Conference of Berlin (The Potsdam Conference), Bd. 1, Nr. 224, Attachment, Excerpts from a Letter from the Joint Chiefs of Staff to the Secretary of State, 16.5.1944, S. 265: »[…] as regards Britain several developments have combined to lessen her relative military and economic strength […]«. / **21** DeVoto 1944, S. 345. / **22** Chafe 2003, S. 27. / **23** »Postwar Employment«, in: The Public

Opinion Quarterly 9, no. 1 (Spring 1945), S. 103. / **24** Chafe 1991, S. 156. / **25** Vgl. Höhn und Klimke 2010, S. 21–38. / **26** Myrdal 1944. / **27** So der Executive Secretary der NAACP, Walter White, zit. in: Berg 2005, S. 116. / **28** Vgl. Gassert 2012, S. 126–141. / **29** Eine Mehrheit der Amerikaner erwartete, dass ein anderes Land, insbesondere die UdSSR, innerhalb von fünf Jahren auch ohne amerikanische Hilfe eine Atombombe besäße, Umfrage vom 30.11.1945, in: The Public Opinion Quarterly 9, no. 4 (Winter 1945–1946), S. 531; zur Nachkriegszeit als einem Zeitalter der Angst auch Levering 1978, S. 91–104. / **30** Bailey 1980, S. 767 ff. / **31** Shell 1998, S. 57. / **32** Mausbach 1996, S. 90 ff. / **33** Vgl. McCullough 1992, S. 404. / **34** Fisch 2001, S. 425. / **35** Vgl. Byrnes 1947, S. 49; Lamberton Harper 1996, S. 131. / **36** Schwabe 2006, S. 150. / **37** In Anspielung auf das Appeasement Hitlers und die Münchener Konferenz 1938, zit. Bailey 1980, S. 764. / **38** Miscamble 2007, S. 187. / **39** Vgl. Truman 1955, S. 355 ff. / **40** Memorandum for the President, 6.7.1945, in: FRUS 1945, The Conference of Berlin (The Potsdam Conference), Bd. 1, Nr. 192, S. 228. / **41** Tagebucheintrag vom 7.7.1945, Ferrell 1980, S. 49. / **42** »Russia's role in the war against Japan«, in: Public Opinion Quarterly, 9, Nr. 2 (Summer 1945), S. 249; »Opinion on Russia«, in: ebd., Nr. 3 (Fall 1945), S. 386. / **43** Memorandum for the President, 6.7.1945, in: FRUS 1945, The Conference of Berlin (The Potsdam Conference), Bd. 1, Nr. 192, S. 228. / **44** Truman-Stalin Meeting, 12.7.1945, Bohlen Notes, in: FRUS 1945, The Conference of Berlin (The Potsdam Conference, Bd. 2, S. 43–47. / **45** Truman 1955, S. 454. / **46** Tagebucheintrag vom 18.7.1945, Ferrell 1980, S. 54. / **47** Miscamble 2007, S. 196. / **48** Beispiel für Foto-Berichte: »Big Three Conference Under Way«, Chicago Daily Tribune, 18.7.1945, S. 2. / **49** »Truman Test«, Christian Science Monitor, 17.7.1945, S. 16. / **50** »News About ›Potsdam Area‹ Confined to Food and Gifts«, Christian Science Monitor, 18.7.1945, S. 11. / **51** Vgl. Feis 1960, S. 26 ff. und 117 ff.; Gormley 1990, S. 36. / **52** »Stalin Prepared to Stand on Pacific War?«, Christian Science Monitor, 18.7.1945, S. 1; »Potsdam: Key to the Pacific War«, The Atlanta Constitution, 20.7.1945, S. 8. / **53** Pars pro toto »Potsdam May Draft Terms To Japanese«, als kleine Zwischenüberschrift unter der großen Headline: »U.S. Tells Japs: Quit Or Be Destroyed«, Los Angeles Times, 22.7.1945, S. 1; fast identisch Boston Sunday Globe, 22.7.1945, S. 1.; Schlagzeile in der Washington Post am folgenden Tag: »12 Jap Ships Sunk in Joint Fleet Attack«, darunter finden sich etwa zehn weitere Überschriften zu verschiedenen Themen, überwiegend den Krieg betreffend, darunter nur einer »Big 3 Discuss Peace Tangles in Sunday Talk«, Washington Post, 23.7.1945, S. 1; der Bericht erwähnt, dass Truman die Beratungen beschleunigen wolle, am Sonntag in die Kirche gegangen sei und dass er und Churchill von Stalin zum Dinner eingeladen worden seien. Daran schloss sich die übliche Klage über fehlende Informationen an. / **54** Fourth Plenary Meeting, 20. Juli 1945, Cohen Notes, in: FRUS 1945, The Conference of Berlin (The Potsdam Conference), Bd. 2, S. 178; Miscamble 2007, S. 198. / **55** Vgl. Byrnes 1947, S. 70–87. / **56** So Trachtenberg 1999, S. 13; Miscamble 2007, S. 200. / **57** »Proclamation by the Heads of Government, United States, China, and the United Kingdom, in: FRUS 1945, The Conference of Berlin (The Potsdam Conference), Bd. 2, 26.7.1945, Dok. Nr. 1382, S. 1474 f. / **58** »Say Allies Got Feeler at Potsdam«, Atlanta Constitution, 27.7.1945, S. 1. / **59** »Yield Now, Or Die, Japs Told: Inevitable Destruction Promised at Potsdam«, Atlanta Constitution, 27.7.1945, S. 1; »Surrender or be Destroyed«, Los Angeles Times, 27.7.1945, S. A4; die US-Presse verwendete durchgängig rassistisch konnotierte Begriffe wie »Japs«. / **60** Derartige Spekulationen wurden dadurch weiter angefeuert, dass der Alliierte Oberkommandierende in Südostasien, Admiral Lord Louis Mountbatten, direkt im Anschluss an Gespräche in Manila mit General Douglas MacArthur nach Berlin geflogen war und sich dort auch mit Stalin austauschte, vgl. u.a. »Stalin Talks With Mountbatten As Chief in Far East Meets Big 3«, New York Times, 26.7.1945, S. 1. / **61** Ninth Plenary Meeting, 25.7.1945, Cohen Notes, in: FRUS 1945, The Conference of Berlin (The Potsdam Conference), Bd. 2, S. 388–391. / **62** Das zeigte sich an der plötzlichen Zunahme an Berichten, obwohl die Verhandlungen ausgesetzt waren. / **63** Vgl. Byrnes 1947, S. 78; Gormley 1990, S. 52; Neiberg 2015, S. 173 f. / **64** »Truman Hears News, Hurries to Conference«, Chicago Daily Tribune, 27.7.1945, S. 1. / **65** Etwa New York Times, 29.7.1945, S. 1, mit der Erwähnung Attlees und Schlagzeile zur Ratifikation der UN Charter; Chicago Daily Tribune berichtete am 29.7.1945 »Big 3 Take Up Final Tasks As Attlee Arrives« erst auf S. 4, auf S. 1 dominierte die Senatsentscheidung bzw. Ostasien. / **66** »How Big 3 Lays Foundation for European Peace: Germany Farm State«, Boston Daily Globe, 3.8.1945, S. 1; »Germany Stripped of Industry by Big 3«, New York Times, 3.8.1945, S. 1; »›Big Three‹ Carve Up Germany and Order Severe Reparations«, Atlanta Constitution, 3.8.1945, S. 1; »Big Three Set Hard Peace for Germany. Germans to Pay for Crimes, Los Angeles Times, 3.8.1945, S. 1; »Reich ›Humiliation‹ Without Parallel«, Christian Science Monitor, 3.8.1945, S. 5; »Potsdam Gulped, Versailles Sipped«, ebd.; »Germany Stripped of Industry By Big 3«, New York Times, 3.8.1945, S. 1. / **67** »Poland is Granted Big Bite of Germany«, Atlanta Constitution, 3.8.1945, S. 7; »Text of Potsdam Parley Agreement«, Los Angeles Times, 3.8.1945, S. 6; »Centuries of German Expansion End«, Christian Science Monitor, 3.8.1945, S. 10. / **68** »The Potsdam Communique«, Atlanta Constitution, 3.8.1945, S. 8; »Russia Silent on Japan as Powers Tell Plan to Reduce Reich Industry«, Los Angeles Times, 3.8.1945, S. 1; »Continuing Teamwork«, Christian Science Monitor, 3.8.1945, S. 16; »No Word On Japan«, New York Times, 3.8.1945, S. 1. / **69** »Capital Comment on Pact Cautious: Congressmen See Advance For Peace but Regret Soviet Stand on Japan«, New York Times, 3.8.1945, S. 9. / **70** »The Potsdam Folly«, Chicago Daily Tribune, 4.8.1945, S. 6. / **71** »Potsdam Inaugurates a Great Experiment«, New York Times, 4.8.1945, S. 10. / **72** »Russian Entry Into War Revealed As Truman's Chief Aim at Berlin«, New York Times, 9.8.1945, S. 5. / **73** »Truman Made Parley To Bring Reds In«, Daily Boston Globe, 9.8.1945, S. 11. / **74** »Russia Complains: Potsdam and the London Failures«, The Washington Post, 6.10.1945, S. 8; »Byrnes Radio Address on the Results of London«, New York Times, 6.10.1945, S. 8. / **75** Vgl. Spevack 2001, S. 87ff.; Dülffer 1998, S. 201–224. / **76** Vgl. Stöver 2007, S. 11. / **77** »It is in fact an inconceivable bad system«, Walter Lippmann, »Today and Tomorrow: The Breakdown At London«, in: Washington Post, 16.12.1947, S. 15. / **78** Vgl. Marcowitz 1999, S. 115–128. / **79** Borodziej 2019, S. 104–113. / **80** Die ersten Atombombenabwürfe wurden nicht von Beginn an als weltgeschichtlicher Wendepunkt gesehen, vgl. hierzu Gassert 2012, S. 130f. / **81** Zu den heftigen Debatten zum 50. Jahrestag von Hiroshima vgl. Nobile 1996. / **82** Lonely Planet, Online-Version (2019), URL: www.lonelyplanet.com/germany/potsdam/attractions/schloss-cecilienhof/a/poi-sig/488864/359368 [Zugriff am 1.11.2019]. / **83** »Where Leaders Waged War and Sought Peace«, New York Times, 17.9.2000, S. TR28; »Where the Bargains Keep Rolling«, New York Times, 25.5.2008, S. TR7. / **84** »Bookshelf: The Good Old Days Were Dangerous«, Wallstreet Journal, 13.3.2000, S. A44. / **85** Neiberg 2015, S. 247–256; vgl. auch Roberts 2017, S. 215–233. / **86** Aufgrund von Alperowitz 1965; zur Debatte, Dülffer 1998, S. 153–160. / **87** Thirteenth Plenary Meeting, 1. August 1945, Cohen Notes, in: FRUS 1945, The Conference of Berlin (The Potsdam Conference), Bd. 2, S. 601.

# Die sowjetischen Interessen auf der Potsdamer Konferenz

Jacob Riemer

Als Josef Stalin Mitte Juli 1945 in einem schwer gesicherten Sonderzug von Moskau zur Potsdamer Konferenz fuhr, um mit seinen westlichen Verhandlungspartnern aus den USA und Großbritannien zum letzten großen Gipfeltreffen der Anti-Hitler-Koalition zusammenzukommen, zogen an den Fenstern der Salonwagen zerstörte Städte und verwüstete Landschaften vorbei.[1] Der Zweite Weltkrieg war in Europa erst seit gut zwei Monaten vorüber. Weite Teile des Kontinents, vor allem im Osten, lagen in Trümmern. Das östliche Europa hatte seit Kriegsbeginn 1939 und dem deutschen Überfall auf die Sowjetunion 1941 den größten und blutigsten Landkrieg der Geschichte erlebt.[2] Die Verluste waren enorm: Im Zuge der brutalen Kämpfe und der ausufernden Gewalt gegen die Zivilbevölkerung sowie allgegenwärtigen Hungers und Armut verloren allein in Europa rund 40 Millionen Menschen ihr Leben. Dabei entfielen auf die Sowjetunion zwischen 25 und 27 Millionen Todesopfer. Dies entsprach rund 70 Prozent aller Kriegstoten auf dem europäischen Kriegsschauplatz[3] (Vergleich: USA 400 000, Vereinigtes Königreich 350 000).[4] Darüber hinaus wurden die wirtschaftlichen und demografischen Kerngebiete im Westen des Landes verwüstet.[5]

In politischer Hinsicht stieg die Sowjetunion im Verlauf des Zweiten Weltkriegs von einer weltpolitisch ausgegrenzten Regionalmacht zur neuen Großmacht mit der Fähigkeit zur globalen Machtprojektion auf. Dieser Großmachtstatus sollte nach dem Willen der sowjetischen Führung auf der Potsdamer Konferenz durch eine finale Entmachtung Deutschlands sowie durch die Abgrenzung von machtpolitischen Interessenssphären zwischen den Siegermächten abgesichert werden. Im Zentrum des sowjetischen Interesses standen dabei der politische und wirtschaftliche Umgang mit dem besiegten Kriegsgegner, die westliche Anerkennung der im Kriegsverlauf neu gezogenen Westgrenzen des Landes sowie die Durchsetzung einer exklusiven Macht- und Einflusszone, die sich in ihrem Kern auf die Gebiete Ost- und Südosteuropas, aber auch auf Teile des Nahen Ostens, die Mongolei sowie auf Gebiete Chinas und Koreas bezog. Allgemein hatte Stalin kein Interesse an übermäßig bindenden Beschlüssen, die die sowjetische Handlungsfreiheit, vor allem in der Sowjetischen Besatzungszone Deutschlands oder in Osteuropa, einschränken würden.

← **Stadtzentrum von Stalingrad nach der Kapitulation der deutschen 6. Armee, 2. Februar 1943**

## Den Aggressor dauerhaft entwaffnen: Der politische Umgang mit Deutschland und Reparationen

Aus sowjetischer Perspektive war der Zweite Weltkrieg im Wesentlichen ein Verteidigungs- und Zurückdrängungskrieg gegen Hitler-Deutschland. Folglich war der Umgang mit Deutschland nach dessen Kapitulation von größtem Interesse für Stalin und die restliche sowjetische Führungsriege. Ihr strategisches Ziel bestand darin, Deutschland nach zwei blutigen Weltkriegen als Machtfaktor in Europa auszuschalten, um eine erneute Gefährdung der Sowjetunion von dieser Seite auszuschließen.[6] Dies sollte vor allem durch eine Aufgliederung Deutschlands in mehrere Besatzungszonen gewährleistet werden, wie sie bereits auf der Konferenz von Jalta im Februar 1945 einvernehmlich von den Alliierten vereinbart worden war.

Als die Amerikaner die Initiative ergriffen, gemeinsame politische Grundsätze für die Behandlung Deutschlands zu vereinbaren, setzte Stalin auf einen Formelkompromiss, der sicherstellte, dass die Souveränität der Sowjetunion innerhalb der Sowjetischen Besatzungszone Deutschlands nicht eingeschränkt würde. Die in diesem Zusammenhang verankerten Grundsätze von Demilitarisierung, Entnazifizierung, Demokratisierung und Dezentralisierung sollten durch einen gemeinsamen Alliierten Kontrollrat durchgesetzt werden. Gleichzeitig eröffnete die Formel allen Beteiligten hinreichend Interpretationsspielraum, um die eigenen strategischen Ziele in den jeweiligen Besatzungszonen zu verwirklichen.[7] Ohnehin hatte Stalin in der Sowjetischen Besatzungszone bereits vor Konferenzbeginn Fakten geschaffen, als er eine umfangreiche Militärverwaltung installierte, politische Parteien zuließ und gleichzeitig den Primat der wiedergegründeten Kommunistischen Partei Deutschlands sicherte und somit früh die Weichen für eine politisch-ökonomische Sowjetisierung legte.[8]

Aufs Engste mit der Frage der politischen Behandlung des ehemaligen Deutschen Reiches verbunden war die Frage nach den Reparationen, die das Land den Alliierten zu leisten verpflichtet werden sollte. Aufgrund der Tatsache, dass die Sowjetunion unter den auf der Konferenz vertretenen Mächten die mit großem Abstand bedeutendsten Verluste zu beklagen hatte, war Stalin hier an einer möglichst weitreichenden Lösung interessiert. Dabei sollten die Reparationen nicht in Devisenform, sondern in Form von Sachleistungen erfolgen, und zwar in einem solchen Umfang, dass ein substanzieller Beitrag zu den erwarteten Kosten des Wiederaufbaus zustande käme. Gleichzeitig sollte mit einer umfangreichen Demontage von Industrieanlagen und der Entnahme von Rohstoffen eine faktische wirtschaftliche »Entwaffnung« Deutschlands erreicht werden.[9] Schließlich einigten sich die Alliierten in Potsdam darauf, dass jede Macht ihre Reparationsansprüche im Wesentlichen aus der von ihr verwalteten Besatzungszone in Deutschland befriedigen solle.[10]

Sowjetisches Kriegsplakat »Kämpfer der Roten Armee, hilf!«

## Die polnische Frage und ihr regionaler Kontext: Fluchtpunkt der sowjetischen Geopolitik

Die Zukunft Polens und die damit unmittelbar verknüpfte Frage der sowjetischen Westgrenze waren für Stalin und die sowjetische Führung von entscheidender geopolitischer Bedeutung. Polen galt aus russischer Perspektive seit dem 19. Jahrhundert als für die nationale Sicherheit entscheidender Frontstaat gen Westen.[11] Das Land hatte zwischen 1795 und 1917/18 seine Eigenstaatlichkeit verloren und war politisch zwischen den regionalen Großmächten Russland, Preußen und Österreich aufgeteilt.[12] Seit dem Ausscheiden Russlands aus dem Ersten Weltkrieg 1917 und dem damit verbundenen Verlust seiner westlichen Peripherie wurde das 1918 wiedererrichtete Polen zum wichtigen Bezugspunkt einer sowjetischen Politik, die auf die Wiedererlangung von im Krieg verloren gegangenen Territorien und Machtbefugnissen ausgerichtet war. Neben den ostslawisch geprägten Gebieten im östlichen Polen betraf dies auch die baltischen Staaten und Finnland im Norden sowie Bessarabien und die Bukowina im Süden. Das erste Mal wurden konkurrierende polnische und sowjetische Expansionsinteressen bereits 1920 bis 1921 im Rahmen des Polnisch-Sowjetischen Krieges ausgetragen, in dessen Folge die Ukraine und Weißrussland nach einer Reihe militärischer Erfolge Polens faktisch zwischen beiden Staaten aufgeteilt wurden.[13] Der Ausgang des Polnisch-Sowjetischen Krieges wurde vom an der Auseinandersetzung unmittelbar beteiligten sowjetischen Parteisekretär für Nationalitätenfragen, Josef Stalin, als persönliche Niederlage empfunden.[14] Als sich Ende der 1930er Jahre eine neue Möglichkeit eröffnete, die – aus der Perspektive Stalins ungelöste – Frage der verlorenen Westterritorien im Sinne der Sowjetunion zu lösen, und sich in Folge des anglo-französischen Ausgleiches mit Deutschland im Münchner Abkommen von 1938 aus Moskauer Sicht alle Hoffnungen auf ein verlässliches europäisches Bündnis gegen das sich immer aggressiver gebende Deutsche Reich zerschlagen hatten, entschloss sich Stalin zur Annäherung an Berlin.[15]

Die tieferen Gründe für die deutsch-sowjetische Annäherung im Verlauf des Jahres 1939 liegen nicht etwa in politischer Nähe zu Deutschland begründet.[16] In NS-Deutschland waren ein antisemitisch konnotierter Antikommunismus sowie die Ideologie einer kriegerischen deutschen Ostexpansion zu dieser Zeit allgegenwärtig.[17] Aus sowjetischer Perspektive war ein fundamentaler Vertrauensmangel gegenüber potenziellen westeuropäischen Bündnispartnern in der aufgeheizten Situation von 1939 bestimmend für das Handeln der Führung in Moskau.[18] So war im britischen Establishment der deutlich artikulierte Wille zur Isolation oder gar Vernichtung der Sowjetunion seit dem Ende des Ersten Weltkriegs ein politischer Gemeinplatz, der u. a. in Neville Chamberlain oder Winston Churchill prominente Vertreter fand.[19] Nachdem die Verhandlungen über einen kollektiven Sicherheitspakt gegen die deutsche Bedrohung mit Großbritannien,

Frankreich und Polen aufgrund der sowjetischen Forderung nach freier Hand im Baltikum und einem Durchmarschrecht durch Polen im Kriegsfall[20] sowie des allgemeinen Misstrauens zwischen den Partnern schleppend verlaufen waren, kam es zur Kontaktaufnahme mit Berlin.[21] Schlussendlich wurde am 24. August 1939 in Moskau der deutsch-sowjetische Nichtangriffspakt unterschrieben. Für die Sowjetunion, die sich 1939 sowohl von deutschen Expansionsplänen im Westen als auch von japanischen Ausdehnungsbestrebungen im Osten bedroht sah,[22] bot der Nichtangriffspakt die Möglichkeit, das eigene Staatsterritorium zu arrondieren und das westliche Vorfeld gegen eine in Zukunft erwartete deutsche Aggression zu sichern. Außerdem ließ sich so Zeit für eine weitere Aufrüstung gewinnen.[23]

Im Rahmen eines geheimen Zusatzprotokolls zum Nichtangriffspakt teilten Deutschland und die Sowjetunion die Länder Osteuropas in Einflusszonen auf.[24] Infolgedessen setzte die Sowjetunion in den Jahren 1939 und 1940 im Windschatten der deutschen Aggression eine Expansions- und Sicherheitspolitik in Osteuropa ins Werk, die sich an den Konturen der ehemaligen Westgrenzen des Zarenreiches orientierte. Die Sowjetunion beanspruchte die neu gewonnenen Gebiete als Sicherheitszone.[25] Zunächst erfolgte die Annexion des mehrheitlich ukrainisch und weißrussisch geprägten Osten Polens sowie der rumänischen Regionen Bessarabien und der nördlichen Bukowina.[26] Außerdem kam es zu einem Krieg gegen den nördlichen Nachbarstaat Finnland, dessen Regierung die Nähe zu NS-Deutschland gesucht hatte.[27] In einem weiteren Schritt wurden im Sommer 1940 die baltischen Staaten Estland, Lettland und Litauen zwangsweise in die Sowjetunion inkorporiert, da Moskau fürchtete, dass sie im Falle eines Krieges zum deutschen Aufmarschgebiet gegen die Sowjetunion geraten könnten.[28] In diesem Zusammenhang betrachtet, wurde die Expansionspolitik der Jahre 1939 bis 1940 von sowjetischer Seite als Vorfeldsicherung gegen einen erwarteten deutschen Aufmarsch entlang der eigenen Staatsgrenzen betrieben.[29] Allgemein bleibt festzuhalten, dass die ausschlaggebende politische Initiative, die zum Abschluss des deutsch-sowjetischen Nichtangriffspakts führte, ebenso wie der militärische Wille zur Eskalation im Herbst 1939 eindeutig auf Seiten des Deutschen Reiches lag und die Vorstellung einer etwaigen gemeinsamen Urheberschaft am Zweiten Weltkrieg den historischen Ereignissen widerspricht.[30] In Bezug auf die sowjetischen Interessen auf der Potsdamer Konferenz bilden die um 1940 erzielten Territorialgewinne aber einen wichtigen Referenzpunkt.

Nachdem sich mit dem deutschen Überfall auf die Sowjetunion am 22. Juni 1941 die diffusen sowjetischen Vorahnungen bestätigt hatten und die lose Zweckkooperation mit Deutschland jäh zerbrach, definierte Stalin bereits im Dezember 1941 gegenüber dem britischen Außenminister Anthony Eden die Beibehaltung der 1939 und 1940 erzielten Territorialgewinne in Nord- und Osteuropa als ein wichtiges strategisches Ziel im Krieg gegen Deutschland.[31] Dieses Ziel konnte

Zerstörte Häuser auf dem späteren Platz der gefallenen Kämpfer in Stalingrad am 15. Januar 1943

die Sowjetunion gegenüber den Westmächten auf der alliierten Konferenz von Jalta zu Beginn des Jahres 1945 faktisch durchsetzen. In Jalta wurde beschlossen, dass sich die zukünftige polnisch-sowjetische Grenze in etwa entlang der sogenannten *Curzon-Linie* bewegen sollte.[32] Zusätzlich wurde der Sowjetunion der Norden Ostpreußens um Königsberg zugeschlagen.[33] Die *Curzon-Linie* wurde 1919 im Rahmen der Friedensverhandlungen von Versailles nach Ende des Ersten Weltkriegs entlang grober ethnischer Siedlungsgrenzen entwickelt.[34] Polen hatte die Linie damals zeitweise akzeptiert, zog diese Zustimmung aber wenig später im Zuge des Polnisch-Sowjetischen Krieges aus einer Position der militärischen Stärke wieder zurück. Um die im Osten erlittenen Gebietsverluste Polens zu kompensieren, sollte das Land in Potsdam mit ehemals deutschen Gebieten im Westen entschädigt werden.[35]

Die Frage, wie viel deutsches Territorium nach Kriegsende an Polen fallen sollte, blieb zwischen der Sowjetunion und den Westmächten hochgradig umstritten und bestimmte die Verhandlungen der Potsdamer Konferenz in erheblichem Maße. Nach sowjetischer Vorstellung sollte Polen die deutschen Ostregionen Schlesien, die Neumark, Pommern und den südlichen Teil Ostpreußens erhalten. Dies stand amerikanischen, aber auch britischen Vorstellungen entgegen, nach denen Teile der Region Niederschlesien bei Deutschland zu belassen seien.[36] Nach zähem Ringen aber akzeptierten Amerikaner und Briten die sowjetische Forderung nach einer weitreichenden Westverschiebung der deutsch-polnischen Grenze bis zur Linie Oder – Lausitzer Neiße sowie, de facto, die mit ihr verbundene Aussiedlung der deutschen Bevölkerung aus Schlesien, Pommern und Ostpreußen.[37] Dies hatte auch damit zu tun, dass von sowjetischer Seite bereits vor Konferenzbeginn Fakten geschaffen wurden mit der Einsetzung polnischer Verwaltungen und der teilweisen Vertreibung bzw. Umsiedlung großer Teile der polnischen Bevölkerung aus den Ostgebieten Vorkriegspolens sowie der deutschen Bevölkerung aus Schlesien, der Neumark, Pommern und Ostpreußen.[38]

Insgesamt betrachtet kam die Westverschiebung Polens und die in diesem Zusammenhang vollzogene Eingliederung der westlichen Ukraine und des westlichen Weißrusslands in den sowjetischen Staatsverband aus der Perspektive Moskaus einer historischen Wiedervereinigung mit den restlichen Landesteilen nach Jahren des polnischen Interregnums gleich.[39] Die Anerkennung der Westverschiebung Polens und der mit ihr neu gezogenen Grenzen durch die Westmächte hatte jedoch noch weitreichendere Folgen. Sie untermauerte diplomatisch auch die seitens der Westmächte hochgradig umstrittene Annexion der baltischen Staaten sowie der Bukowina und Transkarpatiens.[40] Aus sowjetischer Perspektive dagegen bedeutete die internationale Anerkennung der neuen Grenzen in Osteuropa einen großen geopolitischen Erfolg.

### Eine sowjetische Einflusszone in Osteuropa: Sicherheitszone gegen die Westmächte

Auch wenn Polen für die sowjetischen Nachkriegsplanungen bezüglich einer Puffer- und Einflusszone entlang der eigenen Staatsgrenzen von zentraler Bedeutung war, erstreckten sich die sowjetischen Ziele auch auf andere Staaten in Ostmittel- und Osteuropa. Eine wichtige Rolle kam dabei dem Balkan zu, einer Region, die bereits seit Längerem ein Objekt konkurrierender Interessen der europäischen Großmächte darstellte. So verstand sich Russland schon im 19. Jahrhundert als Schutzmacht der Christen auf dem Balkan und trachtete nach der Errichtung eines *cordon sanitaire* gegenüber den Interessen anderer Großmächte an der Südwestflanke des Reiches. Bereits im Oktober 1944 hatte Stalin mit dem britischen Premierminister Winston Churchill vereinbart, die Region in Einflusssphären aufzuteilen, wobei Bulgarien, Rumänien, Albanien sowie Jugoslawien der sowjetischen Einflusszone zugerechnet wurden. Eine Ausnahme bildete Griechenland, das britischem Einfluss zugeordnet wurde.[41] Neben den Staaten des Balkans gerieten zudem Ungarn sowie die Tschechoslowakei unter sowjetische Kontrolle.[42]

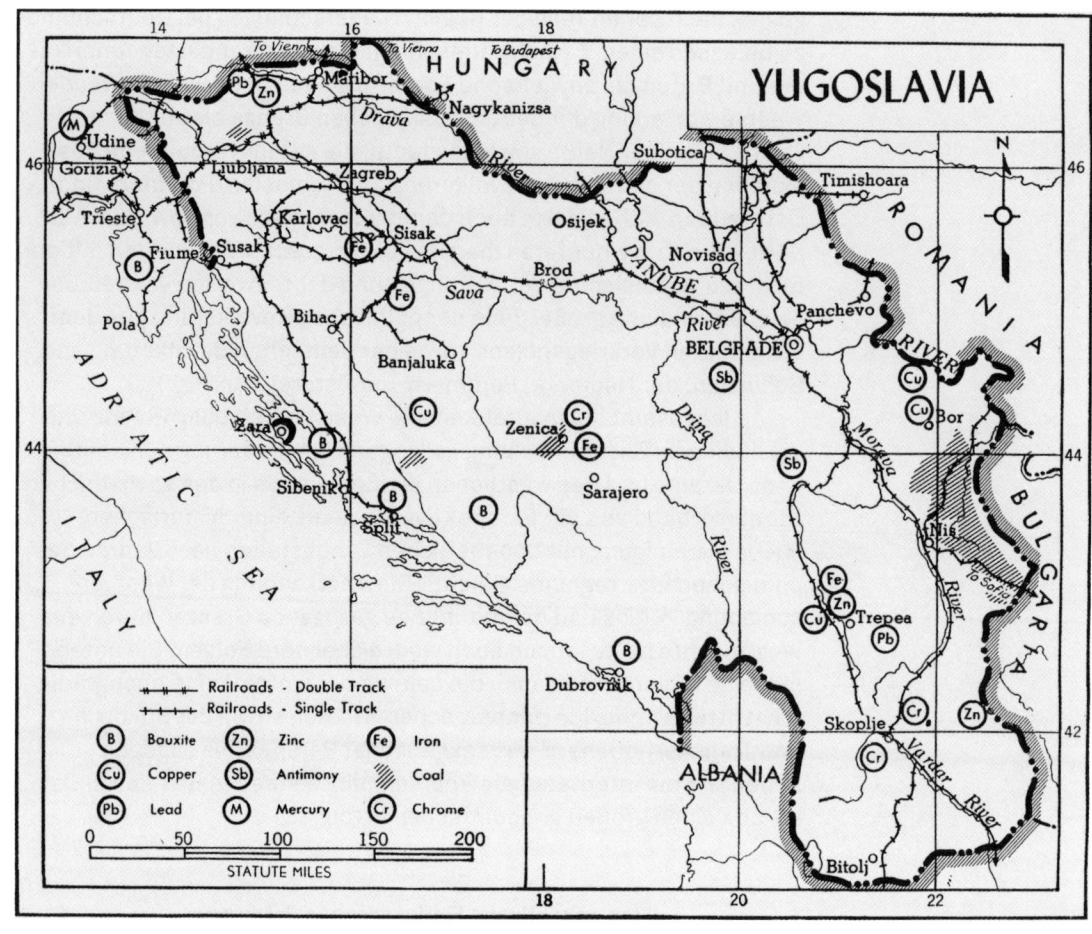

Karte zu sowjetischen Interessen auf dem Balkan und Jugoslawien, Ausschnitt aus »The Soviet Union«

Das sowjetische Streben nach einer exklusiven Macht- und Einflusszone stand in einem globalen Zusammenhang oftmals imperial konnotierter Großmachtpolitik jener Zeit, deren unmittelbare Ursprünge im 19. Jahrhundert liegen, als etwa Großbritannien, die USA und das Zarenreich großräumige Einflusszonen definierten.[43] Bei der Gestaltung der globalen Nachkriegsordnung war auch den Briten ein Denken in klar konturierten Einflusszonen nicht fremd.[44] In Bezug auf die politische Situation im sowjetisch kontrollierten Osteuropa fällt für die Zeit unmittelbar nach der Potsdamer Konferenz auf, dass Stalins Vorstellungen von einer sowjetischen Einflusszone mit Ausnahme der Sowjetischen Besatzungszone Deutschlands anfangs verhältnismäßig zurückhaltend umgesetzt wurden. So waren es zunächst eher begrenzte Eingriffe in die jeweilige Innenpolitik der Länder, die das sowjetische Primat sicherstellen sollten. Erst mit der allmählichen Verschärfung des Ost-West-Konflikts nach 1947 wurde die Kontrolle restriktiver, und es kam zur forcierten Einsetzung strikt sozialistischer Einparteienregierungen.[45]

## Naher Osten: Strategische Konkurrenz mit Großbritannien und den USA

Ein weiterer Schwerpunkt der sowjetischen Geopolitik nach Beendigung des Krieges war der Nahe Osten und dort vor allem der Iran und die Türkei. Die iranische Frage wurde auf der Potsdamer Konferenz am 21. Juli erörtert.[46] Der Iran war seit 1941 von Sowjets, Briten und später auch US-Amerikanern besetzt worden und wurde in Besatzungszonen aufgeteilt, um die sowjetische Südflanke zu schützen und eine etwaige Kooperation Irans mit NS-Deutschland auszuschließen. Außerdem sollte die ab Sommer 1941 im Rahmen alliierter Wirtschaftshilfe gewährte Versorgung der Sowjetunion mit westlichen Industriegütern und Lebensmitteln an der deutschen Ostfront vorbei sichergestellt werden. Das geostrategische Interesse der Sowjetunion am Iran ging jedoch deutlich über die Nachschubfrage im Krieg hinaus. Bereits im Verlauf des 19. Jahrhunderts kam es unter imperialistischen Vorzeichen zu einer russisch-britischen Konkurrenz bezüglich der Vorherrschaft in der Region, die 1907 in eine faktische Aufteilung des Iran in eine russische und eine britische Einflusszone mündete. Auch die Sowjetunion sah den Iran in den 1920er und 1930er Jahren ganz in der Tradition des Zarenreiches als Vorfeld- und Pufferstaat an.[47]

Zum Ende des Zweiten Weltkriegs hin nahmen trotz der gemeinsamen Kriegsanstrengungen gegen Deutschland die Spannungen zwischen sowjetischen und britisch-amerikanischen Interessen im Iran merklich zu. Dies hatte zur Folge, dass die Sowjetunion danach strebte, die eigene traditionelle Machtposition im Iran gegen den starken britischen Einfluss sowie den sich ausweitenden geopolitischen Einfluss der USA zu behaupten.[48] Dies betraf vor allem den Norden des Landes, den die Sowjets als ihre angestammte Einflusszone reklamierten. Ein weiterer Faktor waren sowjetische Bestrebungen, ähnlich wie Briten und US-Amerikaner von den reichen Ölvorkommen des Iran zu profitieren.[49] Der britische Außenminister Anthony Eden warf in Potsdam die bereits in Jalta erörterte Frage des alliierten Truppenabzugs auf. Einen Komplettabzug der alliierten Truppen lehnte Stalin zu diesem Zeitpunkt aus Sorge vor einer machtpolitischen Verdrängung durch die Westmächte ab.[50] Der endgültige sowjetische Truppenabzug wurde erst nach massivem amerikanischem Druck sowie einer aufsehenerregenden iranischen Beschwerde vor dem erst kurz zuvor eingerichteten UN-Sicherheitsrat Anfang 1946 eingeleitet. Die sowjetischen Bemühungen um separatistische Abspaltungen im Nordiran führten 1945 bis 1946 zur ersten ernsthaften Krise eines heraufziehenden Ost-West-Konflikts.[51] Für den Iran jedoch endete mit dem alliierten Truppenabzug keinesfalls die Ära ausländischer Einflussnahmen.[52] Die westliche Einflussnahme im Iran dauerte bis zur Islamischen Revolution 1979 an.[53]

**ARMS FOR RUSSIA** ... A great convoy of British ships escorted by Soviet fighter planes sails into Murmansk harbour with vital supplies for the Red Army.

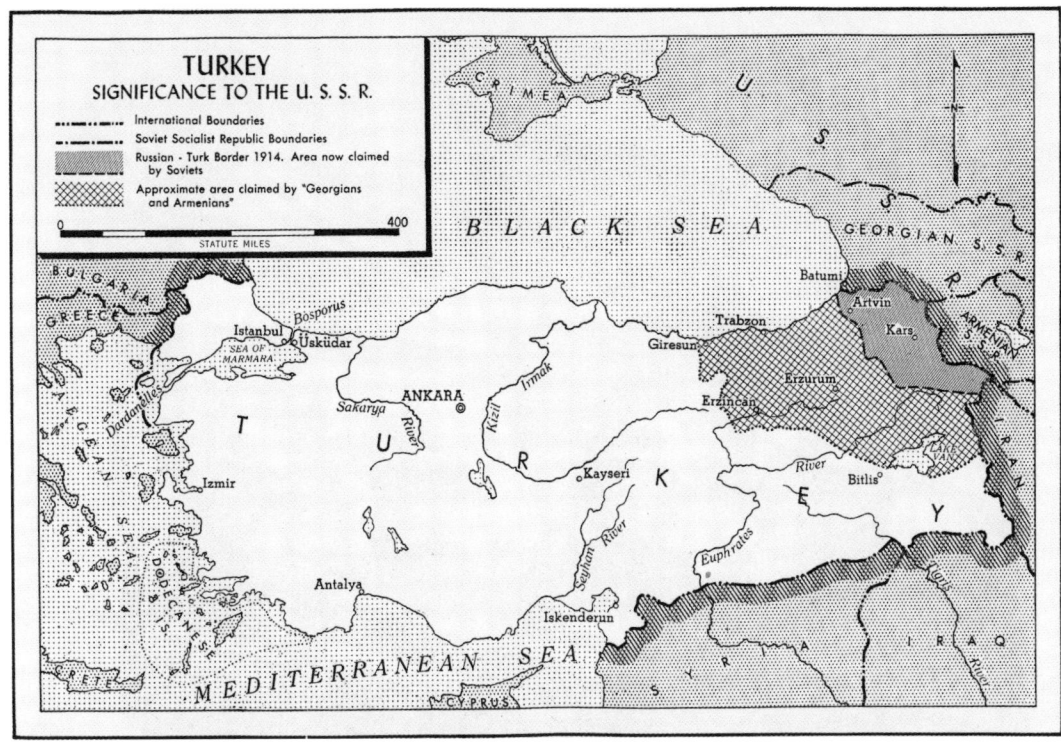

Karte der Türkei mit den strategisch wichtigen Schwarzmeerengen, Ausschnitt aus amerikanischer Infobroschüre »The Soviet Union«

← Britisches Kriegsplakat. Ein Konvoi britischer Schiffe mit Waffenlieferungen für die Rote Armee, begleitet von sowjetischen Bombern auf dem Weg nach Murmansk

Neben dem Iran befand sich auch die Türkei im Fokus sowjetischer Interessen: Stalin verlangte auf der Potsdamer Konferenz die Rückgabe des 1878 bis 1917 russisch verwalteten Kars-Plateaus im Nordosten der Türkei sowie eine faktisch sowjetische Kontrolle des Schwarzmeerzugangs bei Istanbul.[54] Die Türkei hatte sich jedoch während des Krieges weitgehend neutral verhalten, war also keine Kriegspartei im engeren Sinne und erfreute sich zudem starker politischer Rückendeckung durch Großbritannien und die USA.[55] Aus diesem Grund konnte die Sowjetunion ihre Forderungen nicht durchsetzen. Der sowjetische Druck ließ jedoch auch nach Beendigung der Potsdamer Konferenz nicht nach und dauerte noch bis zum Tod Stalins 1953 an, was ein wesentlicher Faktor für die Hinwendung der Türkei zum Westen und ihr Beitritt zur NATO im Jahr 1952 war.[56]

**Kriegsplakat, 1945**

## Ostasien: Geopolitik am sowjetischen Nebenkriegsschauplatz

Neben den Fragen zur Zukunft Europas und des Nahen Ostens erörterten die »Großen Drei« in Potsdam auch das weitere alliierte Vorgehen in Ostasien, wo der Krieg gegen Japan, den zweiten Aggressor des Krieges, zum Zeitpunkt der Konferenz weiter andauerte. Einem grundsätzlichen Beschluss der Konferenz von Jalta folgend, bekräftigte Stalin am 8. August, exakt drei Monate nach der Kapitulation Deutschlands, in den Krieg gegen Japan einzutreten.[57] In Nordostasien hatte sich seit der japanischen Expansion in China während der 1930er Jahre eine strategische Rivalität zwischen Japan und der Sowjetunion entwickelt, die in ihrem Kern bereits auf die Zeit um 1900 zurückging.[58] Nach einer Reihe japanischer Grenzverletzungen in der unter sowjetischem Einfluss stehenden Mongolei und im sowjetischen Fernen Osten 1937 bis 1938, die Moskau erfolgreich abwehren konnte,[59] hatten beide Seiten während des Krieges gegenseitige Neutralität gewahrt.[60] Ungeachtet dessen hatte Stalin sich bereits auf der Konferenz von Jalta nach US-amerikanischem Drängen zu einen sowjetischen Kriegseintritt gegen Japan bereiterklärt. Als Gegenleistung forderte er die Wiederherstellung »historischer Rechte« Russlands in der Region aus der Zeit vor der russischen Niederlage gegen Japan im Russisch-Japanischen Krieg (1904–1905). Dies wurde ihm von Seiten der Amerikaner und Briten auch zugestanden.[61] Die sowjetischen Forderungen umfassten eine Rückgabe Südsachalins sowie der Kurilen-Inseln von Japan, eine Aufrechterhaltung des bestehenden sowjetischen Protektorats über die Mongolei sowie eine Restitution russischer bzw. sowjetischer Nutzungsrechte am chinesischen Warmwasserhafen von Dalian/Port Arthur. Ferner sollten innerhalb Nordchinas die sowjetischen Nutzungsrechte an den Eisenbahnlinien der Mandschurei wieder hergestellt werden.[62]

Im Vergleich zu den Fragen der Restrukturierung Europas nach Kriegsende war das Interesse Stalins und seines Umfeldes an China und Ostasien jedoch weit geringer ausgeprägt. Im Allgemeinen war die Sowjetunion an einem Gleichgewicht der Kräfte zwischen den jeweiligen Kontrahenten innerhalb des komplexen Machtgefüges in der Region interessiert.[63] Dennoch kam es Anfang August 1945 zu einem Wettrennen zwischen sowjetischen und amerikanischen Kräften um Macht und Einfluss in China, in dessen Zuge die Sowjetunion die industriell entwickelte Region der Mandschurei erfolgreich besetzen konnte.[64] Die Rote Armee beendete auf diese Weise eine knapp 15 Jahre während, teils brutale Fremdherrschaft der Japaner in der Region.[65] Bis zum Abzug der Roten Armee aus der Mandschurei 1946 gewährte die Sowjetunion den kommunistischen Kräften um Mao Zedong hier eine wichtige Operationsbasis im wiederaufflammenden Chinesischen Bürgerkrieg, ein Umstand, der das Fundament für den späteren Sieg Maos und die Ausrufung der sozialistischen Volksrepublik China legte.[66]

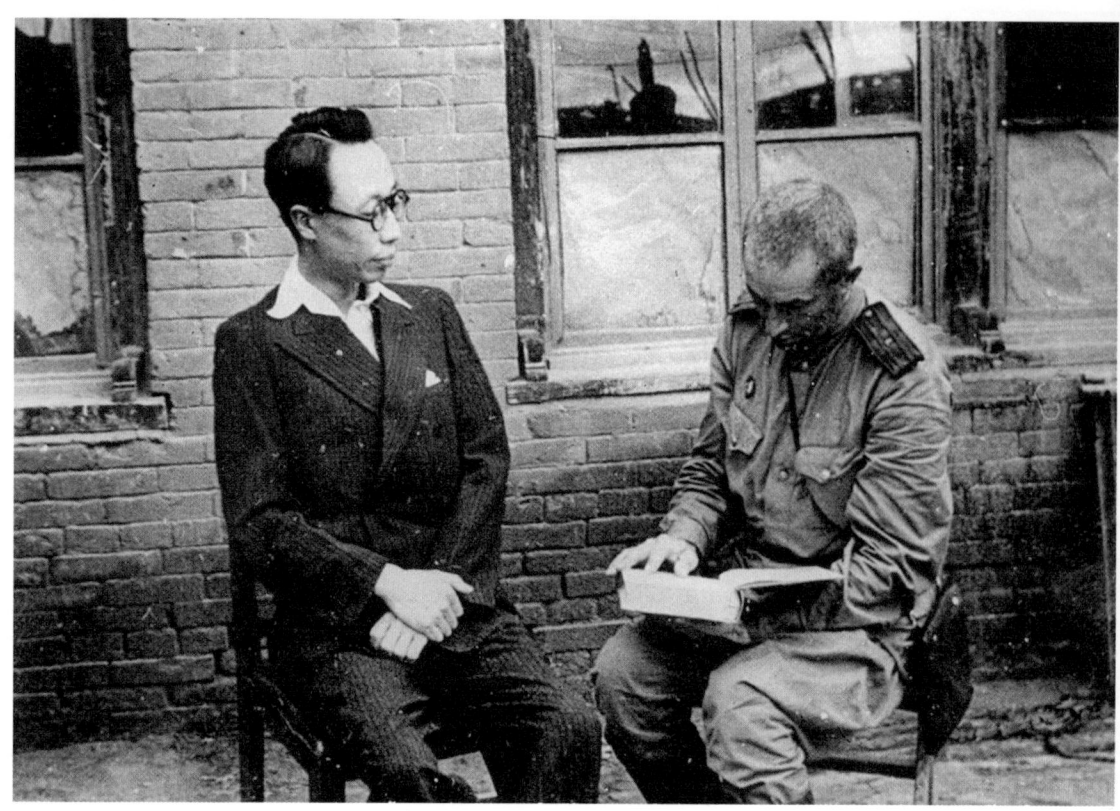

Der ehemalige Marionettenherrscher von Mandschukuo, Kaiser Puyi, im Krasnogorsker Gefangenenlager Nr. 27. UdSSR, Krasnogorsk, 1946

Ein weiteres Thema auf der alliierten Ostasienagenda in Potsdam war das alliierte Bestreben, die Japaner auf der koreanischen Halbinsel zurückzudrängen. Nachdem Japan mit seinem Sieg im Russisch-Japanischen Krieg 1905 konkurrierende Interessen Russlands in Korea durchkreuzt hatte, annektierte es das Land 1910 und baute es danach wirtschaftlich so weit aus, dass es 1945 das am stärksten industrialisierte Land Asiens nach Japan war.[67] Da die Amerikaner zum Zeitpunkt der Konferenz ihr militärisches Potenzial auf den japanischen Inseln gebunden sahen, einigten sich Sowjets, Amerikaner und Briten in Potsdam darauf, dass die Sowjetunion nach Kriegseintritt in Asien als alleinige Macht in Korea einmarschieren solle, um das Land von der japanischen Kolonialherrschaft zu befreien.[68] Doch kurz nach Beendigung der Konferenz veränderte der Abwurf der amerikanischen Atombomben über Hiroshima und Nagasaki die militärische Situation grundlegend. Washington fühlte sich in einer Position der militärischen Stärke. Dies führte dazu, dass in der Nacht des 10. August im amerikanischen Verteidigungsministerium hastig ein Vorschlag über die Teilung Koreas in zwei Besatzungszonen ausgearbeitet wurde, der auf der Aufteilung des Landes entlang des 38. Breitengrades als Demarkationslinie zwischen sowjetischen und amerikanischen Interessen beruhte. Die sowjetische Seite ging auf den unerwarteten amerikanischen Vorschlag ein und ließ ihre Kräfte am 28. August an dieser Linie halten, obgleich die amerikanische Marine erst am 8. September im südkoreanischen Hafen Pusan anlanden konnte.[69] Die Entwicklungen des August 1945 standen am Beginn jener Teilung Koreas, die bis in die Gegenwart fortbesteht.

## Das Konferenzende: Eine Paketlösung bringt den Durchbruch

Betrachtet man die Art und Weise, wie Stalin und seine Entourage auf der Potsdamer Konferenz verhandelten, so fällt auf, dass die Sowjets geopolitische Interessen tendenziell vor wirtschaftliche Interessen stellten. Dies wird vor allem darin sichtbar, wie die Konferenz die sowjetischen Territorialforderungen in Bezug auf Polen löste. Die Polenfrage und, mit ihr verschränkt, die Frage der Grenzziehungen in Ostmitteleuropa nach Kriegsende bestimmten das gesamte Gipfeltreffen. Erst drei Tage vor Konferenzende, am 29. Juli, schlug US-Außenminister James F. Byrnes seinem sowjetischen Amtskollegen Wjatscheslaw Michailowitsch Molotow einen sowjetisch-amerikanischen Interessensausgleich vor. Dieser sah vor, dass die Sowjetunion auf Teile ihrer weitreichenden Reparationsforderungen aus deutschen Gebieten verzichtete und dafür im Gegenzug seitens der USA mit der Akzeptanz der von sowjetischer Seite favorisierten weitreichenden Westverschiebung der deutsch-polnischen Grenze rechnen könnte.[70] Tatsächlich ließ Stalin zwei Tage später die sowjetischen Reparationsforderungen bezüglich der Westzonen im Austausch gegen die amerikanische Anerkennung der neuen Grenzen in Osteuropa fallen.[71] Auf diese Weise konnte Stalin das sowjetische Kerninteresse nach der endgültigen Restitution von im Ersten Weltkrieg verlorenen Gebieten und Machtansprüchen ebenso durchsetzen wie die Schaffung einer sowjetischen Einfluss- und Sicherheitszone in Europa und Ostasien, die das Land vor zukünftiger Aggression von außen schützen sollte.

## Schluss: Versuch einer Einordnung

Der Sowjetunion war es im Zweiten Weltkrieg trotz der existenziellen Bedrohung ihrer Staatlichkeit durch den deutschen Vernichtungskrieg gelungen, ihren Territorialbestand zu wahren, ja sogar zu erweitern und darüber hinaus eine in der Geschichte des Landes präzedenzlose globale Machtposition zu erlangen. Dieser Umstand besiegelte ihren Aufstieg von einer eurasischen Regionalmacht zur globalen Supermacht auf Augenhöhe mit den USA. Entsprechend wertete die sowjetische Führung die Potsdamer Konferenz auch als großen Erfolg, da man, so Außenminister Molotow, seine strategischen Kernforderungen erfolgreich durchgesetzt habe.[72] Diese

Wahrnehmung entsprach auch dem absoluten Mehrheitsempfinden der sowjetischen Bürger. Zum Bild gehört jedoch auch, dass diese Sichtweise nicht von allen Bevölkerungsgruppen innerhalb der Sowjetunion gleichermaßen geteilt wurde. Dies traf in besonderer Weise auf die 1939/40 bzw. 1944/45 in die Sowjetunion (re-)integrierten Gebiete der Westukraine und des Baltikums zu. Dort operierten bis in die 1950er Jahre hinein antisowjetische nationale Guerilla-Gruppen. Ähnlich wie im Baltikum 1940/41 wurden in der Westukraine nach der Befreiung von der NS-Besatzung ab 1944 hunderttausende Menschen als potenzielle Kritiker der neuen Ordnung nach Zentralasien deportiert.[73] In den meisten anderen Regionen der Sowjetunion aber wirkte sich die Kriegserfahrung stark konsolidierend aus, und es entstand jene patriotische Sowjet-Identität, wie sie für die kommenden Jahrzehnte typisch werden sollte. Sie gründete auf dem einigenden Band des Stolzes auf den gemeinsam errungenen Sieg im »Großen Vaterländischen Krieg«, aber auch auf der Erinnerung an ertragenes Leid und Entbehrungen.[74]

Die auf der Potsdamer Konferenz international anerkannte Position der Sowjetunion als Hegemonialmacht in Osteuropa und global agierende Supermacht hatte für rund 45 Jahre Bestand. Mit dem Zerfall der Sowjetunion 1990/91 und dem Ende der sowjetischen Vorherrschaft in Osteuropa gelangte die Nachkriegsordnung, wie sie auf der Potsdamer Konferenz sanktioniert wurde, an ihr historisches Ende.[75] Die Debatte über den Charakter der sowjetischen Rolle nach dem Zweiten Weltkrieg hält weiter an, wobei unterschiedliche Interpretationen der Geschichte seitens ihrer Anhänger und Gegner zu wiederkehrenden Konflikten über die Legitimität der sowjetischen Nachkriegsordnung führen. Es bleibt jedoch unbestritten, dass es die Rote Armee und die gesamte sowjetische Bevölkerung in einem unvergleichlichen Kraftakt vermochten, Adolf Hitlers imperiale Träume sowie die damit verbundene Mord- und Unterdrückungspolitik in Osteuropa erfolgreich zu stoppen und zurückzudrängen. Diese historische Leistung und das Bewusstsein, dass das moralische Recht des Sieges im Zweiten Weltkrieg eindeutig auf der sowjetischen Seite war, erfüllen viele Menschen in den Staaten der ehemaligen Sowjetunion bis zum heutigen Tag mit großem Stolz.[76]

**Anmerkungen**

**1** Beevor 2014, S. 869. / **2** Kershaw 2016, S. 473–474. / **3** Kershaw 2016, S. 473. / **4** Barber und Harrison 2015, S. 225. / **5** Kershaw 2016, S. 481. / **6** Laufer 2009, S. 80 und 87. / **7** Amtsblatt 1946, S. 13–20. / **8** Laufer 2009, S. 566. / **9** Laufer 2009, S. 540. / **10** Laufer 2009, S. 588. / **11** Darwin 2017, S. 307. / **12** Heyde 2008, S. 54–91. / **13** Borodziej 2010, S. 118. / **14** Vgl. Kappeler 2017, S. 167 f., ebenso: Leonhard 2018, S. 1191. / **15** Vgl. Weber 2019, S. 47 und 59. / **16** Vgl. Hartmann 2012, S. 20. / **17** Vgl. Hartmann 2012, S. 14 ff. / **18** Hartmann 2012, S. 18 f. / **19** Beevor 2014, S. 28. / **20** Kotkin 2017, S. 647 f. / **21** Beevor 2014, S. 28 f.; Kotkin 2017, S. 648. Stalin erfüllte mit Argwohn, dass vor allem Großbritannien als zu diesem Zeitpunkt dominierende Imperialmacht, die damals rund ein Viertel der Welt beherrschte, der Sowjetunion keine Vorfeldpolitik innerhalb der »eigenen« ehemaligen imperialen Peripherie zugestehen wollte. / **22** Vgl. Beevor 2014, S. 24–27. / **23** Weber 2019, S. 70. / **24** Weber 2019, S. 69–72. / **25** Weber 2019, S. 70. / **26** Borodziej 2010, S. 191 und 195–198; Kershaw 2016, S. 477. / **27** Vgl. Edgar Hoesch: Kleine Geschichte Finnlands, München 2009, S 129–132; Kotkin 2017, S. 647. / **28** Angermann und Brüggemann 2018, S. 239. Die Befürchtung, dass sich die baltischen Staaten in einem Krieg gegen die Sowjetunion wenden könnten, wurde durch die Tatsache genährt, dass Estland und Lettland am 7.6.1939 Nichtangriffspakte mit NS-Deutschland geschlossen hatten, um ihrerseits einen sowjetischen Einmarsch zu verhindern, vgl. Kotkin 2017, S. 647. / **29** Angermann und Brüggemann 2018, S. 280. / **30** Vgl. Beevor 2014, S. 30; Hartmann 2012, S. 19. / **31** Zit. nach Laufer 2009, Sowjetischer Entwurf einer sowjetisch-britischen Vereinbarung vom 16.12.1941, Quelle: Persönliches Archiv des sowjetischen Außenministers W. Molotov (RGASPI f. 82, op. 2, d. 1141, Bl. 133–136), S. 94–99; vgl. ebenso Beevor 2014, S. 259–260. / **32** Laufer 2009, S. 198–199, ebenso: Borodziej 2010, S. 254; Beevor 2014, S. 810. / **33** Vgl. Laufer 2009, S. 440. / **34** Leonhard 2018, S. 1191–1192. / **35** Leonhard 2018, S. 1192; Borodziej 2010, S. 256. / **36** Laufer 2009, S. 204. / **37** Borodziej 2010, S. 256. / **38** Borodziej 2010, S. 258–260; Laufer 2009, S. 203. / **39** Vgl. Yekelchyk 2015, S. 537. / **40** Vgl. dazu: Angermann und Brüggemann 2018, S. 293; Yekelchyk 2015, S. 537. / **41** Calic 2016, S. 503. / **42** Vgl. Beevor 2014, S. 863–864. / **43** Osterhammel 2009, S. 646–654 (Großbritannien); S. 679 und 686–687 (USA); S. 521–531 (Russland). / **44** Vgl. dazu: Calic 2016, S. 503. / **45** Kivelson und Suny 2017, S. 315–316. / **46** Blake 2009, S. 22. / **47** Blake 2009, S. 9–12. / **48** Darwin 2017, S. 404. / **49** Blake 2009, S. 19–20. / **50** Forsmann 2009, S. 235–236. / **51** Vgl. Blake 2009, S. 22–38. / **52** Gronke 2016, S. 102. / **53** Gronke 2016, S. 102–105. / **54** Kreiser 2012, S. 76. / **55** Kreiser 2012, S. 68–70 und 76. / **56** Kreiser 2012, S. 76–77. / **57** Coulmas 2010, S. 20. / **58** Darwin 2017, S. 337–341; Quested 1984, S. 98–100. / **59** Quested 1984, S. 103. / **60** Darwin 2017, S. 397. / **61** Laufer 2009, S. 580. / **62** Vgl. Quested 1984, S. 106. / **63** Quested 1984, S. 113. / **64** Quested 1984, S. 108–113. / **65** Vogelsang 2013, S. 523–524. / **66** Vogelsang 2013, S. 534. / **67** Eggert und Plasen 2018, S. 135–136. / **68** Eggert und Plasen 2018, S 151. / **69** Eggert und Plasen 2018, S. 151. / **70** Laufer 2009, S. 587. / **71** Laufer 2009, S. 596–597. / **72** Laufer 2009, S. 599. / **73** Kivelson und Suny 2017, S. 319. / **74** Kivelson und Suny 2017, S. 319. / **75** Kivelson und Suny 2017, S. 354–363. / **76** Vgl. dazu z. B. Jahn 2005, S. 10–21.

# Großbritannien und die Potsdamer Konferenz 1945

Victor Mauer

Mehr als zwei Wochen hatten Hunderte Journalisten in der zweiten Julihälfte 1945 vor den Toren der »Verbotenen Stadt der Großen Drei«[1] ausgeharrt, bis sie am 3. August das Ergebnis der Potsdamer Konferenz in die Welt hinausschreiben konnten. Lediglich die von US-Präsident Harry S. Truman und dem britischen Premierminister Winston Churchill formulierte sowie von Chiang Kai-shek, dem Präsidenten der Nationalregierung der Republik China, telegrafisch mitunterzeichnete Potsdamer Erklärung, die die Bedingungen für die Kapitulation Japans festlegte, war acht Tage zuvor verbreitet worden.[2] Ansonsten hatte die mit Konferenzbeginn verhängte Nachrichtensperre gehalten.

Umso aufsehenerregender war das Urteil, das Lord Beaverbrooks *Daily Express* am 3. August verkündete: »What a tremendous, forward-looking programme has been hammered out in the Cecilienhof near Potsdam in the last fortnight and two days! Make no mistake, the Big Three Powers have done a good job of work. There has been give and take – wisely. Europe has made the first step forward to lasting peace. And it is the first step that counts. Germans get a chance to become civilised again – when they have paid the price of their barbarity. This great historical triumph of collaboration is important for its positive achievements, under conditions of maximum difficulty.«[3] Das mit mehr als drei Millionen verkauften Exemplaren auflagenstärkste Massenblatt des Vereinigten Königreichs stand mit seinem Verdikt keineswegs allein da. Auch die traditionelle Qualitäts- und politische Richtungspresse begrüßte das »Friedenswerk« von Potsdam und feierte den vermeintlichen Schulterschluss der drei Hauptsiegermächte des Zweiten Weltkriegs.[4]

Von den ebenso skeptischen wie vor den Konsequenzen einer Teilung Deutschlands und Europas warnenden Einschätzungen im Vorfeld der Konferenz[5] war kaum etwas übrig geblieben. Premierminister Clement Attlee, der als britischer Chefunterhändler der letzten fünf Konferenztage das Verhandlungsergebnis zu verantworten hatte, zeigte sich gegenüber seinem Kabinett, seinem Amtsvorgänger und gegenüber den Regierungschefs des Commonwealth zufrieden.[6] Und Staatssekretär Sir Alexander Cadogan, der, wie so oft in den zurückliegenden Jahren, auch in Potsdam über den Regierungswechsel hinaus die Fäden der britischen Delegation in der Hand gehalten hatte, schrieb an seine Frau Theodosia: »We have not done too badly, I think.«[7]

Lediglich Churchill selbst, mittlerweile Kriegsheld a. D., schlüpfte unverzüglich in seine Paraderolle der 1930er Jahre. Als Kassandra warnte er Mitte August 1945 im Unterhaus vor einer »Tragödie ungeheuren Ausmaßes […] hinter dem Eisernen Vorhang«,[8] strickte an der mit Beharrlichkeit vertretenen Legende, dass er es – wäre er bei Konferenzende noch im Amt gewesen – auf eine Kraftprobe hätte ankommen lassen, und distanzierte sich insoweit konsequent bei allen, die es hören wollten, von dem Schlusskommuniqué der »Großen Drei«: »I am not responsible for Potsdam after I left.«[9]

← Ankunft Churchills am Flughafen Gatow

Tatsächlich waren die zentralen Entscheidungen, auch wenn sie in manchen Fällen nur temporärer Natur waren, erst Ende Juli getroffen worden, als Churchill nach der verheerendsten Niederlage der Konservativen seit 1906 die Downing Street verlassen hatte und seinem langjährigen Stellvertreter die Gestaltung der Zukunft des Vereinigten Königreichs überlassen musste.

Nach den Konferenzen von Teheran (28. November bis 1. Dezember 1943) und Jalta (4. bis 11. Februar 1945) war die Potsdamer Konferenz (17. Juli bis 2. August 1945) das letzte Treffen der »Großen Drei«. »Terminal«, also Endstation, lautete daher auf Vorschlag Churchills durchaus folgerichtig das Codewort für die Tagung am Jungfernsee im Neuen Garten. »Terminal« war aber auch deshalb ein passender Begriff, weil die beteiligten Akteure, dem von Henry Adams einst mit Bezug auf die Diplomatie im Zeitalter des Hochimperialismus so bezeichneten »Herumtappen in den Korridoren des Chaos«[10] vergleichbar, nach Anhaltspunkten für eine neue Weltordnung suchten.

### Die Gleichzeitigkeit der Gegensätze: Großbritannien 1945

Die internationalen Rahmenbedingungen waren in Bewegung geraten. Das informelle Zweckbündnis auf Zeit hatte das im Januar 1943 von den Westalliierten in Casablanca festgelegte Ziel der »bedingungslosen Kapitulation« des Deutschen Reiches mit dem Vollzug der militärischen Gesamtkapitulation in den amerikanischen und sowjetischen Hauptquartieren in Reims und Berlin-Karlshorst am 7. und 9. Mai 1945 erreicht. Die staatlich-politische Kapitulation, auf die sich die Europäische Beratende Kommission im Juli 1944 verständigt hatte, folgte am 5. Juni 1945 durch einseitigen Rechtsakt.[11] Deutschland wurde als besiegter Feindstaat besetzt. Die Hauptsiegermächte übernahmen die oberste Regierungsgewalt.

Über die Erfolgsaussichten der neuen Herausforderung, den europäischen Frieden gemeinsam zu gestalten, sagten die Errungenschaften der Vergangenheit allerdings wenig aus. Denn einen dauerhaften Konsens der Koalitionspartner von gestern über die Ausgestaltung des Friedens von morgen und die künftige Gestalt des besetzten Landes gab es nicht. Mehr noch, sogar in den Schaltzentralen der Macht war man sich weit mehr darüber im Klaren, was man verhindern wollte, als über das, was aus dem Besiegten eigentlich werden sollte. Und so begriffen sie in Ermangelung eines klassischen Waffenstillstandsvertrages die Kombination aus bedingungsloser Kapitulation und alliierter Regierungsübernahme als eine Art Präliminarfrieden,[12] der es ihnen ermöglichen würde, sich im Laufe der Zeit Klarheit über die Verfahrensoptionen einer endgültigen Friedensregelung zu verschaffen.

Winston Churchill, Harry S. Truman und Josef Stalin auf der Potsdamer Konferenz

Clement Attlee, Harry S. Truman und Josef Stalin auf der Potsdamer Konferenz

In Whitehall wurde das eigene Handeln einerseits von der Ungewissheit über die Rahmenbedingungen – konkret: über die Absichten Moskaus und Washingtons, die katastrophale Wirtschaftslage des eigenen Landes, die Unsicherheit ob der bevorstehenden Wahlen zum Unterhaus sowie von wirkmächtigen historischen Narrativen wie »Versailles 1919« und »München 1938« –, andererseits vom eigenen Selbstverständnis diktiert.

Noch im Februar 1945 war Churchill zuversichtlich aus Jalta nach London zurückgekehrt. »Poor Neville Chamberlain«, ließ er einige seiner Minister wissen, »believed he could trust Hitler. He was wrong. But I don't think I'm wrong about Stalin.«[13] Davon war wenige Wochen später keine Rede mehr. Im Gegenteil: Als die geschichtsträchtigen Hauptstädte Mitteleuropas in den letzten Kriegswochen nacheinander fielen, rückte die Frage, welche Ziele die Sowjetunion in Europa verfolgte, in London einmal mehr in das Zentrum besorgter Überlegungen. Und wieder lautete die lapidare, aber alles andere als beruhigende Antwort: »a riddle wrapped in a mystery inside an enigma«.[14] Zu seinem Schrecken musste Churchill erkennen, dass sich außenpolitischer Handlungsbedarf und individueller Handlungsspielraum umgekehrt proportional zueinander verhielten: Während jener zunahm, schrumpfte dieser von Monat zu Monat, von Woche zu Woche und letztlich sogar von Tag zu Tag. Vor diesem Hintergrund ist nicht allein der von Churchill im Oktober 1944 an Stalin gerichtete Vorschlag zur Aufteilung Südosteuropas in Interessensphären zu verstehen, sondern auch der ebenso erratische wie erfolglose Appell des Premierministers an den soeben ins Amt gekommenen amerikanischen Präsidenten, den Rückzug der angloamerikanischen Streitkräfte aus den mit Moskau vereinbarten Gebieten zu verzögern, um Stalin am Konferenztisch Zugeständnisse abzupressen.

Mehr denn je war das Vereinigte Königreich auf die Unterstützung durch die amerikanische Regierung angewiesen. Doch Churchills Mahnungen stießen in Washington bis auf Weiteres auf taube Ohren, zunächst bei Präsident Franklin D. Roosevelt, der um jeden Preis auf eine enge Kooperation mit Stalin zu setzen schien, dann auch bei dessen Nachfolger Truman, der einer vorzeitigen Kraftprobe mit Moskau ebenso eine Absage erteilte wie einer unverzüglich anberaumten Friedenskonferenz.[15] Weil Roosevelts Ankündigung auf der Krim-Konferenz, die amerikanischen Streitkräfte spätestens nach zwei Jahren aus Europa zurückziehen zu wollen, darüber hinaus unverändert Bestand hatte, blieb London gar nichts anderes übrig, als seinerseits ein abwartendes Spiel zu spielen. Die Rolle des Lepidus im Triumvirat mit Octavian und Antonius erschien nicht nur dem designierten Nachfolger Alexander Cadogans ebenso wenig verlockend wie die Aussicht, am Ende Stalin allein gegenüberzustehen.[16]

Schon seit dem Jahresende 1940 hatten nur amerikanische Kredite den frühzeitigen ökonomischen Kollaps des Vereinigten Königreichs verhindert. Nach dem Sieg beliefen sich die Kriegsschulden auf 4,7 Milliarden Pfund, das Handelsbilanzdefizit auf 1 Milliarde

Ankunft Attlees und Bevins im Cecilienhof am 28. Juli 1945

Pfund. Die überseeischen Märkte waren zusammengebrochen, das britische Exportvolumen erreichte gerade noch 31 Prozent des im Vorkriegsjahr ausgewiesenen Wertes. Die Gold- und Dollarreserven waren weitgehend aufgezehrt; es herrschte akuter Devisenmangel; mehr als ein Viertel des nationalen Reichtums – und damit mehr als das Doppelte im Vergleich zum Ersten Weltkrieg – war verloren. Ein beträchtlicher Teil des im Ausland befindlichen Vermögens hatte veräußert werden müssen. Zahlungsbilanzkrisen stellten sich mit großer Regelmäßigkeit ein.[17] Kein Wunder, dass John Maynard Keynes seine Regierung vor einem »finanziellen Dünkirchen« warnte und zeitweilig der »Rückzug [...] auf die Stellung einer zweitrangigen Macht [...] wie Frankreich« befürchtet wurde.[18]

Zum allgemeinen Zustand der Verunsicherung im Vorfeld der Potsdamer Konferenz trugen auch die Wahlen zum Unterhaus am 5. Juli 1945 bei. »I shall be only half a man until the result of the poll«, erklärte Churchill gegenüber seinem Leibarzt.[19] Weil die Stimmen der Soldatinnen und Soldaten erst drei Wochen später ausgezählt waren, stand das Wahlergebnis nicht vor dem 26. Juli fest. Bis dahin hatte sich am Potsdamer Konferenztisch ein Stapel unerledigter Dinge aufgetürmt. Um allen Eventualitäten vorzubeugen, hatte Churchill seinen Kontrahenten Attlee in die britische Delegation für Potsdam eingeladen.

Schließlich orientierte sich das Handeln Whitehalls an den Erfahrungen der Zwischenkriegszeit. Einerseits konzentrierte man sich dabei auf die Konstruktionsfehler des Versailler Friedensschlusses von 1919, die nach weit verbreiteter Einschätzung das Entstehen der nationalsozialistischen Diktatur erleichtert hatten. Die Angst vor der Wiedergeburt des expansionistischen und revanchistischen deutschen Nationalismus gebar die Angst vor dem Friedensschluss als punktuellem Ereignis. Deshalb sollte die Konferenz von Potsdam nach dem Verständnis ihrer Teilnehmer keine Friedenskonferenz im klassischen Sinne sein, sondern vielmehr Auftakt zu einer durch das Instrument des Außenministerrats verkörperten ständigen Friedenskonferenz.[20] Andererseits wurde das mehr und mehr zur Chiffre stilisierte polit-pädagogische Narrativ von »München 1938« beschworen. Je stärker die Erinnerung überzeichnet wurde, umso mächtiger war ihre Wirkung, zumal in einem Land, in dem jeder Anti-Appeaser zu sein hatte. Erinnerung sollte Gestaltungsmacht entfalten und, weil sich Vergangenheitsbindung mit Zukunftsorientierung wandelt, Lernfähigkeit und Lernbereitschaft demonstrieren. Allerdings war der potenzielle Zielkonflikt ganz unterschiedlicher historischer Narrative nicht zu übersehen.

Trotz aller Ungewissheit suchte der Premierminister indes den als zerbrechlich erachteten Weltmachtstatus gegenüber den scheinbar übermächtigen Verbündeten in Ost und West zu wahren und in einer künftigen Friedensordnung festzuschreiben.[21] Schließlich hatte Großbritannien nicht nur den Krieg gewonnen. Es gehörte auch zum Klub der »Großen Drei« und hatte sich als Sicherheitsratsmitglied der Vereinten Nationen im Vertrauen auf die fortwährende Zusammenarbeit der siegreichen Großmächte den Einfluss auf das oberste Gründungsziel der Weltorganisation gesichert: die Wahrung des Weltfriedens. Auch das Empire hatte den Weltkrieg zumindest oberflächlich weitgehend intakt überstanden. Immer noch überwältigend war die britische Präsenz rund um den Erdball. Der ölreiche Irak war nach wie vor Eckpfeiler der britischen Macht im Nahen Osten; der von Harold Macmillan proklamierte »Wind des Wandels«[22] sollte erst Anfang der 1960er Jahre durch Afrika wehen; und die weltweit ausgerichteten Aufgaben des 1947 noch rund 18 Prozent des britischen Bruttosozialprodukts verschlingenden Verteidigungsetats reichten von Hongkong bis Honduras. Als Großmacht verstanden sich die Briten, als Großmacht gedachten sie zu handeln: »We must not be afraid of having a policy independent of our two great partners and not submit to a line of action dictated to us by either Russia or the United States, just because of their superior power or because it is the line of least resistance.«[23]

### Eine halbe Großmacht: Großbritannien und die Potsdamer Verhandlungen

Beunruhigt stellte man am 7. Juli 1945 im Foreign Office fest, dass die Vorbereitungen für die Potsdamer Konferenz bestenfalls schleppend vorangingen. Eine »Politik für Deutschland« oder gar eine Neuordnung der Welt zeichnete sich nur schemenhaft ab. Die Berliner »Erklärung in Anbetracht der Niederlage Deutschlands«, die Beschlüsse der Europäischen Beratenden Kommission und die ebenso vorläufigen wie interpretationsbedürftigen Vereinbarungen von Jalta mochten Leitplanken einer künftigen Ordnung definieren, mehr aber auch nicht.[24]

Premierminister Churchill hatte sich gleich nach den Wahlen zu einem einwöchigen Ferienaufenthalt nach Saint-Jean-de-Luz begeben. Eine Woche später, am 15. Juli, traf er über Berlin in Potsdam ein. Mittlerweile waren die angloamerikanischen Truppen in ihre Berliner Sektoren eingerückt. Medienwirksam nutzte Churchill das verspätete Eintreffen Stalins für einen Besuch in der alten Reichshauptstadt. Ihm und seiner Delegation bot sich ein »atemberaubender Anblick« des zerstörten Berlin.[25] Nur wenige glaubten, es könne jemals wieder zu altem Glanz zurückfinden. Der gespenstischen »Vorschau auf den Zusammenbruch der Zivilisation […] im voratomaren Zeitalter gleich«,[26] schien die Stadt »tot, nur noch ein Schatten ihrer selbst. […] [J]ede einzelne dieser vagen architektonischen Formen war Sinnbild zerbrochener Träume, enttäuschter Hoffnungen und gebrochenen Tatendrangs.«[27] Die Ruine des rußgeschwärzten Turms der Gedächtniskirche glich dem »Stummel einer schmutzigen alten Zigarre«, das von Hilflosigkeit geprägte Leben in den Ruinen dem »Hausen in einem Schützengraben«.[28] Mitleid gab es umsonst. Den eigentlichen Preis galt es aufgrund der Herausforderung am Konferenztisch zu bestimmen.

Und hier wuchsen die Bedenken im Beraterstab des britischen Außenministers gleich in den ersten Tagen. Geradezu entsetzt schrieb Alexander Cadogan an seine Frau Theodosia: »The P. M., since he left London, has refused to do any work or read anything. That is probably quite right, but then he can't have it both ways: if he knows nothing about the subject under discussion, he should keep quiet, or ask that his Foreign Secretary be heard. Instead of that, he butts in on every occasion and talks the most irrelevant rubbish, and risks giving away our case at every point.«[29]

Während sich Trumans primäres Verhandlungsziel wie bereits Roosevelts in Jalta zu Beginn der Konferenz noch auf einen sowjetischen Kriegseintritt gegen Japan richtete, galt das britische Hauptinteresse jenen europäischen Fragen, die bereits in Jalta verhandelt, aber nicht gelöst worden waren: der Frage eines demokratischen Osteuropas – insbesondere Polens –, der polnischen Westgrenze, der damit unmittelbar verbundenen Umsiedlung – man vermied den Begriff der Vertreibung – der deutschen Bevölkerung aus Polen, der Reparationsfrage und schließlich dem Ausgangs- und Endpunkt aller Fragen – der deutschen Frage.

»Joe«, so notierte Alexander Cadogan mit Bezug auf Stalin zum Ende der Konferenz, »has got most of what he wants, but then the cards were mostly in his hands, and we *have* got something, mainly in the matter of the treatment of Germany.«[30] Tatsächlich hatte sich die britische Delegation immer wieder auf die in Jalta verabschiedete »Erklärung über das befreite Europa« berufen, in der, wie schon zuvor in der Atlantik-Charta, das Recht auf freie Wahlen und freie

Regierungsbildung festgeschrieben war. Bereits am Rande der Krimkonferenz hatte der eiskalt kalkulierende Stalin jedoch dem besorgten Volkskommissar des Auswärtigen seine Devise mit auf den Weg gegeben: »Wir können die Sache später nach unseren eigenen Vorstellungen regeln. Das Entscheidende ist die Korrelation der Kräfte.«[31] Vor dem Hintergrund der militärischen Machtposition gelang es Stalin, nach Bulgarien und Rumänien auch in Polen unter Verzicht auf in Aussicht gestellte freie Wahlen eine kommunistische Regierung zu inthronisieren, ohne die »volksdemokratische« Fassade in Gestalt einer Scheinkoalition endgültig einzureißen.

Auch mit Bezug auf die polnische Westgrenze war letztlich das militärische Kalkül ausschlaggebend. Während Churchill sich bis zu seiner Abreise aus Potsdam mit macht- und wirtschaftspolitischen, nicht indes mit moralischen Argumenten gegen eine Verschiebung der polnischen Westgrenze bis zur westlichen Neiße stemmte,[32] war die provisorische polnische Regierung in der Grenzfrage längst nicht mehr nur Geisel, sondern durch und durch nachvollziehbar auch Partner der sowjetischen Regierung. Als Attlee und Bevin nach dem Erdrutschsieg der Labour Party am 28. Juli in Potsdam eintrafen, war die Grenzfrage ebenso bilateral zwischen der amerikanischen und der sowjetischen Delegation geregelt worden wie die Reparationsfrage.[33] Aus den »Großen Drei« waren, wie Staatssekretär Cadogan sarkastisch bemerkte, die »Big [...] 2 ½!« geworden.[34]

Politisch maßgeblich blieb das Abkommen über die Kontrolleinrichtungen in Deutschland vom 14. November 1944. Nach den Weisungen ihrer Regierungen übten die Militärgouverneure die höchste Amtsgewalt in Deutschland aus, »und zwar [jeder] in seiner Besatzungszone sowie gemeinsam in ihrer Eigenschaft als Mitglieder des Kontrollrates in den Deutschland als Ganzes betreffenden Fragen«.[35] Es existierte also ein Dualismus zwischen Zonenverwaltung auf der einen und Alliiertem Kontrollrat auf der anderen Seite. Dieser Dualismus »entsprach dem Wunsch aller Mächte, ein Maximum an zonaler Autonomie mit einem Maximum an Einfluß auf die anderen Zonen mit Hilfe des Kontrollrats zu verknüpfen«.[36] Nur so konnte es zu dem unverbundenen Nebeneinander der im Kern widersprüchlichen Kapitel über die »wirtschaftlichen Grundsätze« und die »Reparationen aus Deutschland« kommen: Der Absicht, Deutschland während der Besatzungszeit »als eine wirtschaftliche Einheit zu betrachten«, stand, ungeachtet der auf einen kooperativen Ansatz deutenden Austauschklausel, der Beschluss zur Teilung des Reparationsgebietes nach dem zonalen Prinzip gegenüber. Dieses Konstrukt hätte nur dann funktionieren können, wenn es einen alliierten Grundkonsens über die Gestaltung einer neuen Staatenordnung gegeben hätte. Darüber hinaus hätte das die Arbeit des Kontrollrates bestimmende Einstimmigkeitsprinzip die zentrifugalen, sich in den Zonen nach Vorgabe der jeweiligen Regierung austobenden Kräfte einer ungehemmten Verfolgung nationaler Interessen langfristig bändigen müssen. Doch durch den amerikanischen Vorschlag, jedem Militärgouverneur bei fehlender Einigung im Kontrollrat das Recht auf eigenständiges Handeln einzuräumen, degenerierte das einstige Gebot der »Einheitlichkeit des Vorgehens der Oberbefehlshaber in ihren jeweiligen Besatzungszonen«[37] zur unverbindlichen Empfehlung. Durch ihr Veto in dem zu keinem Zeitpunkt gestaltende Aufgaben wahrnehmenden Kontrollrat konnte sich jede Besatzungsmacht freie Hand in der eigenen Zone verschaffen. Und so mutierte der ursprünglich konsensual angelegte Dualismus schon in seiner grundsätzlichen Ausgestaltung zum potenziell konfliktträchtigen Duell.

### Von Potsdam 1945 nach Berlin 1989/90

Vier Tage nach Konferenzende wurde die erste Atombombe über Japan abgeworfen. Präsident Truman und Kriegsminister Henry L. Stimson hatten Churchill und Attlee unverzüglich über den erfolgreichen Nukleartest auf den White Sands Proving Grounds im Süden von New Mexiko am 16. Juli in Kenntnis gesetzt. Beide, der Kriegspremier und sein Nachfolger, hatten keinen Zweifel daran gelassen, dass sie den Abwurf über Japan befürworteten, um den Krieg im Pazifik möglichst rasch und ohne sowjetische Hilfe zu beenden und das Leben von Hunderttausenden ihrer Soldaten nicht zu gefährden.[38]

Als in Hiroshima und Nagasaki die Zeit stehen blieb, trat die Welt in ein neues Zeitalter ein. In der Drohung der Apokalypse mochte das Versprechen eines langen Friedens zwischen den Großmächten eine neue Heimat finden. Doch *Little Boy* und *Fat Man* standen nicht nur für den rüstungspolitischen Schrecken einer sich rapide wandelnden Welt. Sie veränderten auch die Hierarchie des internationalen Staatensystems von Grund auf. »Britain has had its day«, ließ Churchill den Rechtsberater des Weißen Hauses, Clark M. Clifford, wissen.[39] Und Stalin erklärte im Kreis seiner engsten Berater: »Hiroshima hat die Welt erschüttert. Das Gleichgewicht ist gebrochen.«[40] Deshalb trieb er selbst – koste es, was es wolle – sein eigenes Nuklearprogramm bis zum ersten erfolgreichen Test im August 1949 voran.

Das Schreckgespenst eines modernen Armageddon zog die Pflicht zur Selbstbeschränkung nach sich. Doch ganz unverkennbar zündete es auch eine neue Stufe auf der Eskalationsleiter wechselseitigen Misstrauens. Einst in den Tagen der nationalsozialistischen Bedrohung als Anti-Hitler-Koalition gegen Deutschland gebildet, zerfiel die Allianz der unnatürlichen Partner endgültig auf der Londoner Außenministerkonferenz im Dezember 1947, weil man sich über Deutschland betreffende Fragen nicht einigen konnte, ohne über die Zukunft des Landes im eigentlichen Sinne verhandelt zu haben.

Als missverstandene Chiffre für einen kurzen Sommer der Kooperation verschwand »Potsdam 1945« in den Geschichtsbüchern und im kollektiven Gedächtnis einer ganzen Nation. Whitehall und Westminster lernten, mit der deutschen Teilung zu leben, wie sie gelernt hatten, mit der Bombe zu leben. So gesehen, mögen die

»Großen Drei« im Juli/August 1945 vor den Toren Berlins die Bedingungen der Möglichkeit einer neuen Nachkriegsordnung geschaffen haben. Doch weder fixierte die Potsdamer Konferenz die Nachkriegsordnung des Kalten Krieges, noch etablierte sie die Teilung Deutschlands, Europas und der Welt.[41] Teilung und Nachkriegsordnung waren das Resultat der seit 1947 sich verschärfenden Ost-West-Konfrontation.

Dass die Teilung Deutschlands für die britische Regierung in diesem Kontext eine bisweilen herausragende Bedeutung gewinnen sollte, ist unbestritten. Doch auf Dauer, das wussten Churchill und Eden, Attlee und Bevin bereits in Potsdam, konnte sie keine Lösung darstellen. Sie würde für »eine lange Zeit« fortbestehen, Bestand haben würde sie aber nicht.[42] Sie war und sie blieb Mittel zum Zweck, Station auf dem Weg zum Ziel; und das Ziel lautete: ein demokratisches Deutschland, geeint, integriert und fest im Westen verankert.

Wenn die Regierung Churchill sich mit der amerikanischen und französischen Regierung im Generalvertrag von 1952, der als Teil der Pariser Verträge 1955 in Kraft trat, auf das Ziel eines wiedervereinigten Deutschlands mit einer freiheitlich-demokratischen Verfassung verpflichtete, dann knüpfte sie nahtlos an die Interpretation der Konferenzergebnisse von Potsdam an, die die Regierung Attlee ihr mit auf den Weg gegeben hatte. Seither gehörte diese Formel als Endlosband, das bei jeder sich bietenden Gelegenheit abgespielt werden konnte, zur Grundausstattung britischer Premier- und Außenminister: »[R]eal permanent stability in Europe will be difficult to achieve so long as the German nation is divided against its will.«[43] Dass sie mit den Jahren zum Ritual verkam, störte eigentlich niemanden. Im Gegenteil: Je unrealistischer die Vereinigung der beiden deutschen Staaten erschien, umso leichter ging die Formel den verantwortlichen Akteuren über die Lippen.

Dass die Potsdamer Konferenz von 1945 die Bedingungen der Möglichkeit des Jahres 1989/90 geschaffen hatte und die Siegermächte des Zweiten Weltkriegs zur Kooperation in der Deutschlandfrage verpflichtete, dass sie also über Jahrzehnte für ein Ende ohne Ende stand, stellte man im Foreign Office im Herbst 1989 fest, als die Weltpolitik über Nacht in Bewegung geriet. Wie durch ein umgedrehtes Fernglas wurden die Epochen der Vergangenheit klein und schoben sich ineinander: »It was never the intention to divide Germany into two separate states after the War«, notierte Sir Hilary Synnott, der Leiter der Westeuropa-Abteilung im Foreign Office zwei Wochen vor dem Mauerfall am 9. November 1989. »The Potsdam Agreements of 1945 envisaged a peace treaty with a unified Germany after a period of unification.«[44] Über Jahrzehnte, heißt das, war die Potsdamer Konferenz, um eine Formulierung Achim Landwehrs aus einem ganz anderen Kontext aufzugreifen, »die anwesende Abwesenheit der Vergangenheit«,[45] die erst vergehen konnte, als die Hauptsiegermächte die deutsche Frage im Spätsommer 1990 einer einvernehmlichen Lösung zuführten.

**Anmerkungen**

**1** Stalin Is There: It's a Secret, in: Daily Express, 16.7.1945, S. 1. / **2** Vgl. Proclamation by the Heads of Government United States, United Kingdom and China, 26.7.1945, in: DBPO 1984, No. 281, S. 709f. / **3** The Hope of the World, in: Daily Express, 3.8.1945, S. 2. / **4** Vgl. Wide Welcome for Potsdam Declaration. Allied Unity Maintained in Work of Peace, in: The Times, 4.8.1945, S. 4. / **5** Vgl. A Common Policy, in: The Times, 7.7.1945, S. 5; Planning for Potsdam. Security in a Much Changed Europe, in: The Times, 13.7.1945, S. 5. / **6** Vgl. Burridge 1985, S. 223; Gilbert 1988, S. 116; Dilks 1971, S. 779. / **7** Sir Alexander Cadogan (Potsdam) an Lady Theodosia Cadogan, 31.7.1945, in: Dilks 1971, S. 778. / **8** The Iron Curtain Begins to Fall, 16.8.1945, in: James 1974, hier S. 7213. / **9** Winston Churchill gegenüber dem Verleger Victor Gollancz, 28.12.1946, zitiert nach Gilbert 1988, S. 117. Vgl. auch Moran 2006, S. 6; Churchill 1953, S. 671f. / **10** Zitiert nach Schwarz 1998, S. 19. / **11** Vgl. Berliner Deklaration in Anbetracht der Niederlage Deutschlands und der Übernahme der obersten Regierungsgewalt hinsichtlich Deutschlands vom 5.6.1945, in: Münch 1968, S. 19–24. / **12** Vgl. Küsters 2000, S. 234ff. / **13** Zitiert nach Pimlott 1986, S. 836. / **14** Aus Churchills Rundfunkansprache vom 1.10.1939, in: James 1974, S. 6161. / **15** Vgl. Reynolds 2006, S. 235–248 und 267–287; Roberts 1996, S. 55–62; Charmley 2004, S. 145–163. / **16** Minute Orme Sargent, 1.10.1945, The National Archives, FO 371/44557 (AN 2560/22/45). / **17** Vgl. Addison 2010, S. 7–41; Reynolds 1991, S. 159f.; Sked und Cook 1993, S. 26. / **18** Our Overseas Financial Prospects. Memorandum by John M. Keynes, 13.8.1945, in: Bullen und Pelly 1986, Annex to No. 6, S. 28–37, hier S. 37; John Maynard Keynes an Robert Brand, 11.7.1945, in: Moggridge 1979, S. 374. / **19** Zitiert nach Dilks 1996, hier S. 81. / **20** Vgl. Küsters 2000, S. 213f., 881, 895. / **21** Vgl. Kettenacker 1989 und Tyrell 1987. / **22** Macmillan 1972, S. 156f. / **23** Stocktaking after VE-Day. Memorandum by Sir Orme Sargent, 11.7.1945, in: DBPO 1984, No. 102, S. 181–187, hier S. 187. / **24** Vgl. Memorandum Troutbeck, 7.7.1945, in: DBPO 1984, No. 30, S. 46–48. / **25** Sir Alexander Cadogan an seine Frau Theodosia, 16.7.1945, in: Dilks 1971, S. 762; Attlee 1954, S. 147. / **26** Hayter 1974, S. 74. / **27** Kennan 1990, S. 143f. Vgl. auch Kennan 1968, S. 430f. / **28** Harold Nicolson an seine Frau, Victoria Sackville-West, in: Nicolson 1968, S. 150. / **29** Sir Alexander Cadogan (Potsdam) an Lady Theodosia Cadogan, 18.7.1945, in: Dilks 1971, S. 765. Vgl. auch Colville 1986, S. 592, 599; Dutton 1997, S. 213; James 1987, S. 307f. / **30** Sir Alexander Cadogan (Potsdam) an Lady Theodosia Cadogan, 31.7.1945, in: Dilks 1971, S. 778. (Hervorhebung im Original, V. M.) / **31** Resis 1993, S. 51. / **32** Vgl. beispielsweise Fifth Plenary Meeting, 21.7.1945, in: DBPO 1984, No. 219, S. 499–519. / **33** Vgl. Bevin an Morrison, 31.7.1945, in: DBPO 1984, No. 500, S. 1094f. / **34** Sir Alexander Cadogan (Potsdam) an Lady Theodosia Cadogan, 31.7.1945, in: Dilks 1971, S. 778. / **35** Bericht über die Drei-Mächte-Konferenz von Potsdam, in: Biewer 1992, S. 2106. / **36** Mai 1999, hier S. 229. Vgl. auch Deighton, S. 33–35 und 62; Görtemaker 1999, S. 214–217. / **37** Londoner Abkommen über die Kontrolleinrichtungen in Deutschland vom 14.11.1944, in: Dokumente zur Berlinfrage 1987, Nr. 3, S. 4–6, hier S. 5. Zur Teilung des Reparationsgebietes vgl. Minutes of Byrnes-Molotov Meeting, 23.7.1945, in: FRUS 1945, The Conference of Berlin (The Potsdam Conference), Bd. 2, S. 74f.; Minutes of Informal Meeting of the Foreign Ministers, 23.7.1945, in: ebd., S. 95ff.; Laufer und Kynin 2004, LXXXII. / **38** Vgl. Reynolds 2004, S. 481–484; Rosenberg 1999, S. 171–193; Churchill 1953, S. 637–639; Attlee 1954, S. 149; Williams 1961, S. 72, 95; Harris 1995, S. 278. / **39** Auf der Zugfahrt nach Fulton, Missouri im März 1946, zitiert nach Addison 2004, S. 24. Vgl. auch Hennessy 2003, S. 46. / **40** Zitiert nach Gaddis 1997, S. 96; Craig und Radchenko 2008, S. 90, 94, 110; Holloway 1994. / **41** So Manfred Görtemaker und Wolfgang Benz, zitiert in Georg Gruber: Deutschland in engeren Grenzen, DLF-Beitrag vom 20.7.2005, URL: www.deutschlandfunkkultur.de/deutschland-in-engeren-grenzen.984.de.html?dram:article_id=153280 [Zugriff am 22.11.2019]. / **42** Revised Draft of Memorandum setting out present position in Germany and giving possible Russian reactions to United Kingdom policy (Top Secret), o. D. [März 1949], The National Archives, FO 371/76577 (C 2721/23/18G). / **43** So noch Sir Geoffrey Howe, Margaret Thatchers Außenminister der Jahre 1983 bis 1989, am 8.2.1989 vor dem Unterhaus; Parliamentary Debates (Hansard), House of Commons, Official Report, Sixth Series, Vol. 146, col. 979. Die identische Formulierung findet sich in einer gemeinsamen Erklärung der Regierungschefs Thatcher und Kohl aus dem Mai 1984; zitiert in Synnott an Waldegrave, 6.10.1989, in: DBPO 2010, No. 15 (Enclosure), S. 36. / **44** Synnott an Ratford, 25.10.1989, in: DBPO 2010, Enclosure in No. 25, S. 68–78, hier S. 69. Vgl. auch Broomfield (Ost-Berlin) an Major, 12.10.1989, in: DBPO 2010, No. 19, S. 51–56, hier S. 51. / **45** Landwehr 2016.

# Die Potsdamer Konferenz 1945 und die Deutschen

John Zimmermann

Zum Zeitpunkt der Potsdamer Konferenz war Deutschland nicht nur ein in vier Besatzungszonen aufgeteiltes Land, das als Staatswesen gar nicht mehr bestand. Auch die Bevölkerung war in vielerlei Hinsicht fragmentiert. Das begann schon mit der Frage des Kriegsendes: Für Deutsche aus dem Raum Aachen beispielsweise war der Krieg bereits im September 1944 vorbei, während Berlinerinnen und Berliner das Einstellen der Kampfhandlungen erst am 2. Mai 1945 erlebten. Insofern galt die Kapitulation der Wehrmachtführung für das Deutsche Reich den meisten nur als offizieller Beleg einer Realität, die mehr oder weniger lange schon existierte. Diese wesentliche Voraussetzung muss man sich vergegenwärtigen, ehe man sich mit der Situation »der Deutschen« nach dem Ende des Zweiten Weltkriegs beschäftigt. In diesem Kontext verstellte das Narrativ von der »Stunde null« über die Zeitläufte hinweg allzu oft den Blick auf die Diversität der Startbedingungen in der deutschen Kriegsfolgengesellschaft. Zwar hat die Geschichtswissenschaft die tatsächliche Existenz einer »Stunde null« allgemein widerlegt. Dem individuellen Empfinden der zeitgenössischen Deutschen entsprach diese Zuschreibung jedoch weitgehend.[1]

Gemeinsam war den meisten das Gefühl der Erleichterung, die Kampfhandlungen überlebt zu haben. Gleichwohl verbanden sich damit häufig Apathie sowie konkrete und diffuse Ängste vor dem, was kommen würde. Bis zum Schluss hatten die NS-Propaganda ebenso wie viele militärische Befehlshaber die Motivation zum Weitermachen auf eine »Endsieg«-Phraseologie gestützt und schürten die Furcht vor einer Rache der Sieger. Zeitgleich waren die letzten Monate des Krieges für die Deutschen selbst, die zuvor Not, Tod, Mord und Zerstörung über ihre Nachbarn gebracht hatten, die bei Weitem gewalttätigsten und blutigsten.[2]

Bis auf die von Deutschen oder in deutschem Namen Geknechteten und Gefolterten, Verschleppten oder auf andere Weise Entrechteten nahm die Mehrheitsbevölkerung das Kriegsende als Niederlage wahr, als Zusammenbruch des bisherigen Lebens, und fürchtete sich vor der Vergeltung der Sieger, insbesondere aus dem Osten Europas, vor einer ungewissen Zukunft. Zwar war man nicht mehr der ständigen Todesgefahr durch Kriegshandlungen ausgesetzt, aber die Lebensbedingungen hatten sich in den letzten Kriegsmonaten rapide verschlechtert. So ging der alltägliche Überlebenskampf vor dem Kriegsende auch nach diesem weiter: Es fehlte an allen existenziellen Dingen, von Lebensmitteln bis zu Wohnraum. Etliche Städte lagen in Trümmern, die Infrastruktur war größtenteils ebenso zusammengebrochen wie die Energieversorgung. Millionen Deutsche befanden sich auf der Flucht, allein elf Millionen weitere in Kriegsgefangenschaft. So stand in der direkten Nachkriegszeit für die meisten Deutschen das Überleben im Vordergrund. Politik war ein Geschehen, das sich für sie im Hintergrund oder über ihren Köpfen abspielte. In dieser Hinsicht wollte man sich außerdem schon deswegen nicht positionieren, weil dies womöglich Fragen nach der individuellen

← Zerstörtes Brandenburger Tor und der Reichstag, nach 1945

Generaloberst Alfred Jodl unterzeichnet das Dokument über die bedingungslose Kapitulation der Deutschen Wehrmacht am 7. Mai 1945 in Reims

Köln 1945 →

politischen Vergangenheit aufgeworfen hätte, nach der persönlichen Verantwortung für die Menschheitsverbrechen in den Vernichtungs- und Konzentrationslagern, für die Millionen Zwangsarbeiterinnen und Zwangsarbeiter, die nach ihrer Befreiung nach Hause strebten. Sich mit all dem nicht auseinanderzusetzen, gehörte auch zum Überlebenskampf – was im Übrigen gleichfalls gegen eine »Stunde null« spricht: Die deutsche Mehrheitsbevölkerung kümmerte sich individualisiert um sich selbst, allerdings nicht erst seit dem Kriegsende.[3]

## Die Deutschen am Ende des Krieges

Der Krieg kehrte im Herbst 1944 dorthin zurück, von wo aus er entfesselt worden war, nicht mehr »nur« aus der Luft, sondern nun auch am Boden. Mit der Zurückdrängung der Wehrmacht – auch in Westeuropa – geriet Deutschland in seiner Fläche in einen Bombenhagel, der etliche Deutsche erst jetzt den Krieg am eigenen Körper erfahren ließ. Hinzu kam der zunehmende Terror, den das NS-Regime inzwischen gegen alle in der Mehrheitsbevölkerung richtete, die nicht mehr weitermachen wollten. »Mein Gott, ist das ein grausamer Krieg! Jetzt spürt ihn aber jeder«, schrieb beispielsweise Theo Paschmann aus Erkelenz am 19. Februar 1945, nachdem sein Heimatort zur »Festung« ausgebaut worden und ins Visier der westalliierten Streitkräfte geraten war.[4]

Die Erosion der stets propagierten »Volksgemeinschaft« begann aber bereits im Wendejahr des Zweiten Weltkriegs, 1943, und setzte sich angesichts der Niederlagenserie der Wehrmacht und ihrer Verbündeten in den folgenden beiden Jahren allmählich fort. Als der Landkrieg das Heimatland erreichte, mutierte die deutsche Gesellschaft insgesamt, wie schon zuvor in den vom Bombenkrieg betroffenen Gebieten, in eine »Keller«- und »Trümmergesellschaft«. In ihr überlebte zunehmend nur, wer improvisieren und organisieren konnte, was die allgemeine Individualisierung beförderte. Zu den dringlichsten Wünschen dieser Zeit avancierten immer mehr das »Überleben« und das »Durchkommen« – an der Front ebenso wie in der Heimat. Dass sich zeitgleich die bis dato gültigen Sozialbeziehungen wegen der umfassenden Einziehungen zur Wehrmacht, steigenden Verlustraten, Evakuierungen, Flucht oder auch Kinderlandverschickung auflösten, katalysierte diese Individualisierungstendenzen. Mit der Zeit fokussierten sich die Deutschen ausschließlich auf die eigene Person und die engere Familie.[5]

Weil der Zuspruch der breiten Masse gerade von den Erfolgen des »Dritten Reiches« abhängig war und die Ideologie maßgeblich darauf beruhte, Erfolge durch Stärke erzwingen zu können, veränderte diese Entwicklung Charakter und Rolle des NS-Regimes maßgeblich. Dass gegenüber der Sowjetunion eine massive Furcht vor Vergeltung bestand, weist dabei auf ein sehr viel breiteres Wissen um die Verbrechen im Osten hin, als dies die meisten eingestanden haben. Auch deswegen äußerte sich in den letzten Monaten des Krieges in weiten Kreisen die Hoffnung, der Krieg möge bald durch die Besetzung der Westalliierten beendet werden. Ihnen gegenüber dominierte eine Mischung aus Neugier und Ungewissheit.[6]

Die Einstellung der Bevölkerung insgesamt kann im Zuge dieser Entwicklung als zunehmend kriegsmüde, aber nicht widerständisch beschrieben werden: »Im Großen und Ganzen sind die Menschen den Krieg herzlich leid. Die lange Arbeitszeit, die weiten Wege, die sie heute vielfach zu Fuß machen müssen, der Mangel an Waren usw. usw. Aber sie sind es einfach nur leid und **wünschen** sich es nicht. Nicht nur, weil keiner seinen Kopf hinhalten will, solange einer bereitsteht, um ihm mit dem Knüppel darüber zu schlagen, sondern auch, weil keiner weiß, **was** er tun könnte, **wie** er es tun könnte, **mit wem** es [sic!] tun könnte und **mit was**. Und er weiß vor allem nicht, **wozu** er etwas tun soll [Hervorhebungen im Original; J. Z.]«, berichtete der Sozialdemokrat Jupp Kappius einem Genossen.[7]

Der äußere Antrieb war zunächst auch relativ gering, solange es das meiste noch zu kaufen gab und ergo kein Hunger herrschte. Sogar die Ausgebombten versorgte das Regime so gut, dass sich deren Wut auf die bombenden Gegner richtete. Der deutschen Führung war es während des gesamten Krieges gelungen, die Ernährungs- und Versorgungslage der eigenen Bevölkerung auf einem deutlich höheren Niveau sicherzustellen als dies im Ersten Weltkrieg gelungen war, und wesentlich besser, als es in den Gesellschaften der anderen kriegführenden Mächten, ausgenommen den USA, gelang – freilich um den Preis der absoluten Ausplünderung der von der Wehrmacht eroberten Gebiete.[8] Auch die Kirche machte noch immer Stimmung für den Krieg. Der Freiburger Erzbischof Conrad Gröber rief noch in seinem Hirtenbrief vom 1. Februar 1945 dazu auf, auf jeden Fall »das kriegerische, heldenhafte Ringen um unser Dasein und unsere Zukunft nicht im mindesten an[zu]tasten oder [zu] schwächen […]. Der tobende Weltkrieg verlangt von der christlichen Bevölkerung aber nicht nur Kämpfer, die bereit sind zu leiden und zu sterben für das Volk. Er fordert auch in steigendem Maße von denen daheim die allergrößten Opfer, die überhaupt ein Volk zu bringen vermag.«[9]

Die meisten Deutschen kündigten Hitler und dem NS-Regime die Gefolgschaft tatsächlich erst in letzter Minute auf, als es an ihre eigenen Lebensgrundlagen ging, und nur dort, wo die Staatsorgane nicht mehr in der Lage waren, die gegebenen Befehle, Anordnungen und Erlasse durchzusetzen.[10] Bis dahin blieb für die große Mehrheit der »Führer« der einzige Rettungspunkt – »letzter Halt und letzte Hoffnung«, wie es noch dem letzten Bericht des Inlandnachrichtendienstes zu entnehmen war.[11] Auf Hitler allein wurde gehofft, während das eigene Schicksal frei von jeglicher Verantwortungsübernahme bejammert wurde. Für viele Menschen war die Situation in den letzten Kriegsmonaten angesichts der Gebietsverluste zunehmend existenziell. Der Wegfall der während des Krieges systematisch in die besetzten Gebiete verlagerten Produktion, auch des

Deutsche Kriegsgefangene in Aachen, Oktober 1944

zivilen Bedarfs, machte sich im letzten Jahr des Krieges besonders bemerkbar.[12] Doch auch der in den letzten Kriegsmonaten ausufernde Mangel an allem Lebensnotwendigen betraf nicht alle: Herrschte in den vom Krieg stark betroffenen Regionen mitunter blanker Hunger, so waren anderswo einige Zeitgenossen bass erstaunt über die Mengen an Lebensmitteln und Brennstoffen, die dort in den Kellern aufgestaut waren.[13]

Und wo immer die Westalliierten das Land besetzt hatten, begannen bereits im Frühjahr 1945 schon wieder einige Fabriken und Betriebe zu arbeiten.[14] Dabei konnten sie auf Maßnahmen aufbauen, die deutscherseits bereits während der Kriegsendphase getroffen worden waren. Entgegen der offiziellen Betriebsamkeit innerhalb der deutschen Industrie hinsichtlich immer neuer Aushilfen zugunsten der Fortführung des Krieges und des damit verbundenen Schindens von Millionen Zwangsarbeiterinnen und -arbeitern sowie Kriegsgefangenen hatten große Teile der deutschen Unternehmerschaft parallel dazu schon Monate zuvor Überlegungen über die Umstellung von der Kriegs- auf eine Friedenswirtschaft angestellt und dafür regelrechte Arbeitsgemeinschaften gebildet.[15] Sogar staatliche Stellen legten, wie ein Erlass des badischen Innenministeriums beweist, zeitig fest, welche Bereiche in Versorgung und Infrastruktur unbedingt zu erhalten waren.[16]

Dafür verantwortlich aber waren keine politischen, schon gar keine widerständischen Motive, sondern reiner Überlebenswille. Nach außen wurde der Schein aufrechterhalten, doch sobald die Besatzung durch gegnerische Truppen sicher anstand, wurde alles unternommen, um Verbindungen zum bisherigen Regime zu vernichten und sich auf das Leben danach vorzubereiten. Uniformen, Fahnen und ähnliches Material wurden verbrannt, Wertsachen vergraben und sogar Kartoffeln zu früh gepflanzt, um sie dem Zugriff der Besatzer zu entziehen. Wenigstens der Form nach die so verstandene Pflicht getan zu haben, ermöglichte es den Menschen, die Realität des Krieges einerseits und den persönlichen Wunsch, ihn zu überleben, andererseits in Deckung zu bringen. Frustriert meldete Saul Padover, Chef eines US-amerikanischen Vernehmungsteams, beispielsweise nach diversen Befragungen von Eisenbahnern in Krefeld im Frühjahr 1945 seinen Vorgesetzten, alle weiteren Appelle zur individuellen Aufgabe seien völlig sinnlos, »diese Leute würden bis zum letzten Moment für Hitler arbeiten und anschließend – mit dem gleichen blinden Gehorsam – für uns«.[17]

Dieser Prozess erleichterte es etlichen nach dem endgültigen Zusammenbruch von Staat und Regime, den Übergang vom Krieg zum Frieden als »Stunde null« wahrzunehmen. Mit den von Deutschen oder in deutschem Namen begangenen Verbrechen wollte man nichts zu tun gehabt, von der Ermordung der europäischen Juden bestenfalls vom Hörensagen etwas mitbekommen haben. Das Beschweigen der weitgehenden Zustimmung der deutschen Mehrheitsgesellschaft gegenüber den Zielen des Regimes nach dem Mai 1945 wurde von Norbert Frei als »Betriebsgeheimnis« eingestuft: Alle wussten darum, aber kaum einer sprach darüber, nur wenige fragten danach.[18] Dabei bewerteten allzu viele Deutsche den Nationalsozialismus noch bei Kriegsende durchaus positiv: 41 Prozent der von den Alliierten Vernommenen beantworteten die Frage, ob der Nationalsozialismus an sich eine gute Sache gewesen sei, die nur schlecht durchgeführt worden wäre, mit Ja – ein Anteil, der bezeichnenderweise bis 1948 gar auf 55 Prozent anstieg.[19]

Entsprechend vorsichtig begegnete die Bevölkerung den Besatzern anfänglich, mit einer Mischung aus Angst und Sorge vor dem, was nun kommen würde. Furcht hatte man mehrheitlich nur vor den Rotarmisten, während es im Westen größere Probleme nicht einmal mit schwarzen Soldaten gab, was angesichts der rassenideologischen Sozialisation während des Nationalsozialismus nicht unbedingt abzusehen war. Das Ende des Schreckens der letzten Kriegswochen war für die meisten wesentlicher als derartige Überzeugungen. Außerdem verhielten sich die Besatzer im Westen größtenteils anständiger als das Sammelsurium aus Wehrmacht, Waffen- und Allgemeiner SS sowie Volkssturm und Hitlerjugend, die meinten, den Krieg bis zur allerletzten Sekunde weiterführen zu müssen. Durch ihren sinnlosen Widerstand wurde so mancher Ort in das Kampfgeschehen einbezogen und dabei noch kurz vor Schluss zerstört.

### Die Deutschen und die Konferenz

So ist es schwer nachzuvollziehen, ob und wie sehr sich die Deutschen für die großen politischen Themen dieser Zeit wirklich interessierten. Deutschland hatte als Staatswesen aufgehört zu bestehen und war zum »Objekt alliierter Politik« avanciert.[20] Stalin, der selbstbewusste Gastgeber der Konferenz, beherrschte Osteuropa. US-Präsident Harry S. Truman war erst seit dem Tod Franklin D. Roosevelts im April 1945 im Amt, der britische Premierminister Winston Churchill wurde im Verlauf der Konferenz abgewählt und durch Clement Attlee ersetzt. Frankreichs Kriegsheld Charles de Gaulle war gar nicht eingeladen. Die Verhandlungen in Potsdam offenbarten indes, wie rissig die Anti-Hitler-Koalition längst geworden war, wie dezidiert bereits die jeweils eigene Interessenpolitik im Vordergrund der Gespräche stand.

Dennoch blieb der gemeinsame Umgang mit dem besiegten Feindstaat die Kernfrage auf der Konferenz, die schließlich mit den »4 D« beantwortet wurde: Demilitarisierung, Denazifizierung, Demokratisierung und Dezentralisierung. In der Reparationsfrage erreichte die Sowjetunion zunächst weitgehende Zugeständnisse, hinsichtlich der deutschen Ostgrenze wurde das nördliche Ostpreußen mit Königsberg vom Kreml annektiert, die vormals deutschen Gebiete jenseits der Oder und der Lausitzer Neiße polnischer Verwaltung unterstellt. Deutsche, die von dort nicht bereits in der Endphase des Krieges geflohen waren, wurden in der Folge jedoch entgegen der

Potsdamer Vereinbarung nicht »in humaner Weise« in andere deutsche Gebiete »überführt«, sondern gewaltsam vertrieben, dabei oft genug verbrecherisch drangsaliert.²¹

Auf der anderen Seite empfanden sich nicht wenige Deutsche – und ihre Zahl nahm beständig zu – ebenfalls als Opfer des Krieges: Sie waren Ausgebombte, Flüchtlinge, Vertriebene, hatten Haus und Hof, berufliche Existenz, körperliche Unversehrtheit oder Familienmitglieder verloren. Solche Zuschreibungen boten die Möglichkeit, sich als Not-Gemeinschaft zu definieren und die Ursache für diese Not zu verdrängen.²² Zumal die weitaus meisten Deutschen politisch nichts mitzubestimmen hatten. Einige wenige standen auf »Weißen Listen«, auf denen Washington zuverlässige Deutsche notiert hatte, denen man Aufgaben in der Verwaltung der US-Besatzungszone übertragen wollte. Der Kreml hatte seinerseits Exilkommunisten geschult, die nun Schlüsselpositionen besetzen sollten.²³

Zentrale deutsche Verwaltungsabteilungen entstehen zu lassen, wie in Potsdam vereinbart, scheiterte wiederum am Widerstand Frankreichs, das an der Konferenz gar nicht beteiligt gewesen war. Insofern verliefen die Fronten hinsichtlich der Behandlung Deutschlands nicht ausschließlich zwischen der Sowjetunion und den westlichen Mächten. Paris hatte immer wieder gänzlich andere Vorstellungen als London und Washington. Wiederholt schuf die eigenständige und mitunter eigensinnige Politik de Gaulles Vorlagen für die Sowjetunion, eigene Positionen und Zusagen zu revidieren oder zu relativieren. Bereits zum Jahreswechsel 1945/46 war Deutschland damit »vom Modellfall alliierter Kooperationsfähigkeit zum Testfall für den sich anbahnenden Ost-West-Konflikt geworden«. Doch auch innerhalb der westlichen Staaten differierten die Meinungen. George F. Kennan beispielsweise, seit Juli 1944 Gesandter an der US-Botschaft in Moskau, hielt von den in Potsdam getroffenen Beschlüsse zur Vier-Mächte-Kontrolle gar nichts. Er hatte bereits im Januar 1945 gefordert, die Zusammenarbeit mit dem Kreml aufzukündigen und Europa zwischen den USA und der Sowjetunion aufzuteilen. Zunächst fand er damit in der US-Regierung jedoch kaum Gehör.²⁴ Faktisch bildete die Überlegung allerdings den Kern der US-amerikanischen »Eindämmungspolitik«, wie sie dann 1947 mit der »Truman-Doktrin« verkündet wurde.

Nicht weniger abhängig vom Fortgang des politischen Weltgeschehens waren die innenpolitischen Festlegungen der Potsdamer Konferenz, wie die Zulassung politischer Parteien: Hatte die Sowjetische Militäradministration in Deutschland (SMAD) bereits mit ihrem Befehl Nr. 2 im Juni 1945 die Voraussetzungen zur Gründung »antifaschistisch-progressiver Parteien« in ihrer Besatzungszone geschaffen, gründeten sich im Sommer 1945 auch in den Westzonen politische Parteien.²⁵ Aber nicht sie waren es zunächst, welche sich als »Mandatsträger des wiedererwachenden politischen Willens und als Verbindungsinstitutionen zu den Militärregierungen herausbildeten«, sondern Verwaltungsgremien auf unterer und mittlerer Ebene.²⁶

Protestkundgebung wegen der katastrophalen Ernährungslage am 31. Juli 1947 in Krefeld

Dem in der Sowjetischen Besatzungszone (SBZ) ideologisch begründeten Elitenaustausch stand in den Westzonen ein Entwicklungsprozess gegenüber, der sich von der lokalen auf die regionale und schließlich die Länderebene vorarbeiten musste. Dass sich der deutsche Spielraum dort überhaupt bis zur Einrichtung von Länderparlamenten 1946 erweiterte, war neben der sich ab 1946 abzeichnenden bipolaren Weltordnung auch der dramatischen wirtschaftlichen Situation in Deutschland geschuldet.

Denn für die Besatzungsmächte war es angesichts der Kriegsfolgen in den eigenen Ländern alles andere als einfach, auch noch Millionen Deutsche mitzuversorgen. Statt der etwa 3 000 Kalorien, die ein arbeitender Mensch benötigte, erhielten die Deutschen im Schnitt lediglich 800 bis 1 000. Ohne »Hamsterfahrten« aufs Land und den

Deutsche Zivilisten werden an den exhumierten Leichen jüdischer Frauen vorbeigeführt, Volary (Wallern), Tschechoslowakei 1945

berüchtigten Schwarzmarkt wären die Lebensumstände noch drastischer ausgefallen. So regierte mitunter schon der Hunger in Deutschland, ehe der Winter 1946/47 einer der härtesten des gesamten Jahrhunderts wurde, dem dann noch ein heißer »Jahrhundert-Sommer« folgte. Freilich betraf dies nicht nur Deutschland, sondern ganz Europa. Allerdings hatten die Deutschen zuvor auf Kosten der von ihnen ausgeplünderten Länder ganz ordentlich gelebt und verbanden diese Hungerzeit deswegen mit der Niederlage und der Besatzung.[27]

Das konterkarierte in gewisser Weise die hoffnungsfrohen deutschen Kommentare zu den Potsdamer Beschlüssen, wie sie beispielsweise im Kölnischen Kurier vom 7. August 1945 zu lesen waren: »Deutschland wird seinen Platz in der europäischen Völkerfamilie einnehmen dürfen, sobald es seinen guten Willen bewiesen und den Weg zum Aufstieg beschritten hat. [...] Die Deutschen haben jetzt die Möglichkeit, ihre unmittelbaren Lebensbedürfnisse durch eigene Arbeit zu sichern. Dafür ist in Potsdam eine Reihe von Sofortmaßnahmen beschlossen worden. Potsdam hat den Weg vorgezeichnet und einige Hindernisse weggeräumt. Das deutsche Volk muss den Weg zum Aufstieg beschreiten.«[28]

Demgegenüber zeichnen die wenigen vorliegenden Stimmen ein differentes Bild, das zwischen Rezeption des politischen Geschehens auf der Weltbühne und scheinbarer Abkehr vom Politischen angesiedelt scheint. Eine nicht namentlich genannte »Verwaltungsangestellte« beispielsweise meinte seinerzeit, »[d]ie Sache spitzt sich immer mehr zu, weil der Gegensatz zwischen Ost und West doch zu groß ist [...] Über die weitere Entwicklung mache ich mir weiter keine Gedanken, da die Sorgen des Alltags den Menschen Tag und Nacht beschäftigen. Kommt ein neuer Krieg, ist sowieso alles aus, kommt keiner, haben wir Glück. Soll es kommen wie es will. Hauptsache, wir haben genug zu essen.«[29] Ähnlich äußerte sich ein »Schuhmacher«: »Am besten, man kümmert sich überhaupt nicht um Politik. [...] Ich habe nur die Hoffnung, dass es nicht noch einmal Krieg gibt.«[30]

Solche Einschreibungen zogen sich bis in Schulaufsätze hinein, wie beim damals zehnjährigen Winfried Schubarth, der im Frühjahr 1946 im Bezirk Prenzlauer Berg (SBZ) schrieb: »Heute sind wir zufrieden, dass alles vorbei ist und der böse Krieg ein Ende hat. Und wir wollen gar nichts mehr davon wissen.«[31] Die Kriegserinnerungen der Deutschen reduzierten sich so auf die letzten Kriegsmonate, in denen man selbst zum Opfer von Gewalt avancierte. Die ersten Jahre, in denen die Wehrmacht über ihre Nachbarn herfiel, die besetzten Länder ausplünderte und die Bevölkerungen im Osten ermordet oder versklavt hatte, gerieten darüber in den Hintergrund.[32] Die auf diese Weise selbst aufgestellte »Viktimisierungsfalle« (Thomas Kühne) generierte in der Folge fatale Konsequenzen für die sogenannte Vergangenheitsbewältigung der Deutschen.[33] Denn auch in der SBZ/DDR bildeten die Erlebnisse in der Besatzungszeit den Kern der Kriegsende-Erfahrungen – über die dort gleichwohl nicht offen geredet werden durfte.[34]

Auch die Entnazifizierungsmaßnahmen wurden von den Deutschen mehrheitlich abgelehnt. Inwieweit die rund 3,6 Millionen Verfahren angesichts des 95-prozentigen Anteils der Einstufungen als »Mitläufer« oder »entlastet« als Erfolg zu bewerten sind, ist bis heute umstritten.[35] Außerdem hatten die Vertreibungen von Deutschen aus den unter sowjetische und polnische Verwaltung gestellten Gebieten im Osten sowie aus der Tschechoslowakei eine Flüchtlingswelle zur Folge, die den Lebensmittel-, Energie- und Wohnraummangel noch erheblich verstärkte. Millionen Menschen mussten ihren Platz in den Besatzungszonen und dann beiden deutschen Staaten finden, der ihnen alles andere als freiwillig und schon gar nicht großherzig eingeräumt wurde. In manchen Gegenden, wie in Schleswig-Holstein oder Mecklenburg, verdoppelte sich durch diese Menschen die Bevölkerung, was die aufgezählten Probleme noch potenzierte.[36]

### Fazit

Die Rezeption des Potsdamer Abkommens in der deutschen Bevölkerung ist in mehrfacher Hinsicht eine zweigeteilte. Zunächst ist sie zeitlich in die Phasen vor und nach der doppelten deutschen Staatsgründung 1949 zu trennen. Danach ist eine in Ost- und Westdeutschland komplett unterschiedliche Haltung festzustellen, die nicht zuletzt ideologisch begründet ist. Während sich die Verantwortlichen in der SBZ und später in der DDR von Anfang an explizit zu den dort getroffenen Bestimmungen bekannten, galt für diejenigen in den Westzonen und der Bundesrepublik das genaue Gegenteil. Bis zur »Neuen Ostpolitik« der sozialliberalen Koalition Ende der 1960er Jahre wurden sie grundsätzlich abgelehnt und blieben hernach zumindest hinsichtlich der »deutschen Ostgebiete« Teil eines nicht mindermächtigen politischen Diskurses. Erst im Kontext der deutschen Einheit gelang hier die letztliche Anerkennung.

Dieser Weg war auch deswegen ein derart langer gewesen, weil bis in die 1970er Jahre hinein in der bundesrepublikanischen Öffentlichkeit insgesamt ein Geschichtsbild dominierte, das anstatt von geschichtswissenschaftlichen Erkenntnissen von den politischen Strategien des Kalten Krieges determiniert war. Schon 1951 galt 80 Prozent der befragten (West)-Deutschen die Zeit nach 1945 als diejenige, in der es Deutschland am schlechtesten ergangen sei. Am besten sei es ihm, mit 44 Prozent Zustimmung, bezeichnenderweise zur Zeit des »Dritten Reiches« ergangen. Die Potsdamer Konferenz, bei der unter Ausschluss der Deutschen über Deutschland weitreichende Regelungen getroffen worden waren, führten einige zur Legitimierung ihrer Positionen ebenso an wie die Nürnberger Prozesse: Auch in diesem Kontext sprachen nicht wenige den Alliierten, die den Bombenkrieg gegen Deutschland geführt hatten, die moralische Berechtigung ab, über andere zu Gericht zu sitzen.[37]

Beide Kontexte sind eklatante Beispiele dafür, wie wenig sich die deutsche Mehrheitsbevölkerung nach dem Ende des Zweiten Weltkrieges mit ihrer individuellen Verantwortlichkeit für die Menschheitsverbrechen in der Zeit des »Dritten Reiches« auseinandersetzen mochte. Was bis hierhin vielleicht menschlich noch nachvollziehbar erscheinen mag, wird angesichts der Leugnung jeder Mitwisserschaft von der Ermordung der europäischen Juden nachgerade beschämend.[38]

**Anmerkungen**

**1** Winkler 2014, S. 121. Siehe außerdem z. B. Görtemaker 1999 Bundesrepublik, S. 159f.; Schieder 2000, S. 3–18. / **2** Bessel 2007, hier S. 259. / **3** Thießen 2012, S. 319–334; Steber und Gotto 2014. / **4** Stadtarchiv (StA) Erkelenz 14/1755: Auszüge aus den Briefen von Theo Paschmann zwischen 17. 9. 1944 und 18. 2. 1945, Brief vom 19. 2. 1945, S. 22. / **5** Vgl. hierzu Reeken und Thießen 2013; Bajohr und Wildt 2009 sowie zum nationalsozialistischen Konzept des Volksgemeinschaftsgedankens Janka 1997, S. 172–216. / **6** Padover 2001, S. 87. / **7** Brief Jupp Kappius über die Situation im Ruhrgebiet am 31. 1. 1945, abgedruckt in: Rüther, Schütz und Dann 1998, S. 24–34, hier S. 28f. / **8** Müller 1999, hier S. 478–498. / **9** Zitiert nach Brief Jupp Kappius über die Situation im Ruhrgebiet am 31. 1. 1945, abgedruckt in: Rüther, Schütz und Dann 1998, S. 222–225, sowie die dort angegebene Literatur auf S. 24–34 und 33. / **10** Siehe dazu die mannigfachen Beispiele bei Padover 2001. / **11** Steinert 1970, S. 572f. / **12** ORR Dr. W. Tomberg/OKW/Fwi Amt vom November 1944: Wehrwissenschaftliche Erkenntnisse von 5 Kriegsjahren; Bundesarchiv-Militärarchiv Freiburg (BArch) RW 19/1460, fol. 46–55f. und 74. / **13** Vgl. die entsprechenden Berichte in Rüther, Schütz und Dann 1998, S. 156–159 und 490f., sowie die dort angegebene Literatur auf S. 492–494 und 277. VGD: Persönliches Tagebuch Leutnant Wingolf Scherer; BArch RH 26-277/11 oder Auszüge aus den Briefen von Theo Paschmann zwischen 17. 9. 1944 und 18. 2.945, Brief vom 11. 10. 1944; StA Erkelenz 14/1755, S. 4. / **14** Brief Werner Hansen aus Köln an Werner Eichler in Bonn am 27. 3. 1945, abgedruckt in: Rüther, Schütz und Dann 1998, S. 156–159, hier S. 159. / **15** Zur Verantwortlichkeit der Industriellen als tragender Säule des NS-Regimes siehe grundlegend Herbst 1982 sowie Herbert 1988. / **16** Schnabel 1985, S. 152–179, hier S. 157. / **17** Padover 2001, S. 252–255, hier S. 255. / **18** Frei 2001, S. 303. / **19** Kleßmann 1984, S. 91. / **20** Recker 2002, S. 11. / **21** Wolfrum 2007, S. 24–30. / **22** Dülffer 1996, S. 13–19; Bessel 2007, S. 254. / **23** Görtemaker 1999 Bundesrepublik, S. 31. / **24** Görtemaker 1999 Bundesrepublik, S. 34f., Zitat S. 35. / **25** Görtemaker 1999 Bundesrepublik, S. 31–33. / **26** Foerster 1982, S. 403–575, hier S. 405–407, Zitat S. 405. / **27** Wolfrum 2007, S. 30–33. / **28** Artikel im Kölnischen Kurier Nr. 21, 7. 8. 1945, in: Nübel 2019, S. 75, Dok. 2. / **29** Äußerungen in der Bevölkerung Treptows zum Ost-West-Konflikt. Schreiben der SED-Landesleitung Groß-Berlin, 6. 4. 1945, in: Nübel 2019, S. 78f., hier S. 78, Dok. 4. / **30** Nübel 2019, S. 78f. / **31** Zitiert nach Bessel 2007, S. 253. / **32** Bessel 2007, S. 260. / **33** Kühne 2000, S. 183–196. / **34** Wierling 2007, S. 237–251, hier S. 238f. sowie Morina 2012, S. 179–198. / **35** Siehe Winkler 2014, S. 119, sowie grundsätzlich Biddiscombe 2007 und Frei 1996. / **36** Schildt 2007, S. 223–236, hier S. 230f. / **37** Schildt 2007, S. 223–227. / **38** Longerich 2006.

# 1945 – der »bittere Sieg«. Polen und die »Befreiung«

Krzysztof Ruchniewicz

Unter dem Datum 8. Mai 1945 notierte der polnische Arzt Zygmunt Klukowski, während des Zweiten Weltkriegs Mitglied des polnischen Untergrunds und Historiker, in sein Tagebuch: »Die Deutschen haben kapituliert! In letzter Zeit hatten wir uns den Gedanken zu eigen gemacht, dass dies ihre letzten Tage sind. Die Nachricht von der endgültigen Niederwerfung des Erzfeindes hat auf uns nicht mehr den Eindruck gemacht, den wir uns erhofft haben. Mit den Gedanken sind wir anderswo: Kommt es zum Konflikt zwischen Russland mit England und Amerika? Alles scheint dafür zu sprechen, dass dieser Konflikt unvermeidlich ist. In welcher schwierigen Situation befinden wir uns jetzt? Obwohl, am Ende könnte das Polen große Vorteile bringen.«[1]

Ähnliche Äußerungen zu den letzten Kriegstagen finden sich zuhauf. Diejenigen, die die andauernden Geschehnisse in diesem weiteren Kontext begriffen, waren über das Ende des Zweiten Weltkriegs wenig euphorisch, wenngleich sie wegen des Endes der deutschen Okkupation durchaus eine gewisse Erleichterung empfunden haben. Von dieser Stimmung war es noch ein weiter Weg zur Freude über die Erlangung der Freiheit. Für Klukowski und viele Polen war klar, dass der Krieg mit Deutschland zwar beendet, die Situation in diesem Teil Europas aber nach wie vor von Konflikt und Gewalt gekennzeichnet war.

Die Zukunft war also unsicher, praktisch unvorhersehbar. Dieses Dilemma brachte der aus Zamość stammende Tagebuchautor Klukowski in seinem Tagebucheintrag des folgenden Tages zum Ausdruck. Unter dem Datum des 9. Mai konnte man Folgendes finden: »Um zwei Uhr weckte uns eine stürmische Schießerei – die Maschinenpistolen schossen reihenweise von unterschiedlichen Seiten, später waren einzelne Schüsse zu hören, Granaten, Salven aus den leichten Kanonen (...). Wir wussten nicht, was das bedeutet. Wir dachten, dass es sich vielleicht um einen größeren Überfall auf die Militär- und Flughafengebäude handelte. Erst am Telefon klärte sich die ganze Sache auf: es waren die Freudenschüsse auf das siegreiche Ende des Krieges gegen Deutschland (...). Auf diese Weise wendete sich das große Blatt der Geschichte. Es fällt schwer, sich bewusst zu machen, dass ein großes, stolzes und – wie es schien – unbesiegbares Deutschland zu Füßen der Sieger liegt und um Erbarmen bettelt. Wir beginnen jetzt eine neue Zeit. Für uns ist das eine große Unbekannte. Vielleicht wird diese Phase schwieriger sein als die vorangehende?!«[2]

Wie sehr unterscheidet sich die Stimmung dieses Eintrags von der bedingungslosen, spontanen Freude der Bewohner Westeuropas, die in diesen Tagen massenweise auf die Straßen gingen und den Sieg mit Gesang überschwänglich feierten? Wodurch lässt sich dieser distanzierte Eindruck des polnischen Arztes erklären? Woher kamen diese neuen Ängste?

Polen ging aus dem Krieg und der Okkupation mit großen Verlusten und unklaren Perspektiven für die Zukunft heraus. Etwa sechs Millionen Staatsbürger verloren ihr Leben, eine große Personenzahl blieb geistig und/oder körperlich lebenslang versehrt. Die Waisen-

← Polnische Jäger-Schwadron in der Royal Air Force, um 1945

Von deutschen Truppen zerstörter Marktplatz in der Altstadt nach dem Warschauer Aufstand 1944

häuser waren überfüllt. Über 90 Prozent der jüdischen Bevölkerung verloren ihr Leben, und die jahrhundertalte Koexistenz von Polen und polnischen Juden gab es nicht mehr. Fast ein Drittel der polnischen Intelligenz wurde ermordet.

In den ersten Kriegsjahren war Polen von zwei Besatzungsmächten, Nazi-Deutschland und der UdSSR (1939–1941), besetzt. Beide Staaten zwangen den besetzten Gebieten ihr eigenes gesellschaftliches und wirtschaftliches Regime auf, das von der jeweiligen totalitären Ideologie bedingt war. Gemeinsame Elemente waren Terror und Zwangsarbeit.

Der Großteil der Großstädte wurde zerstört. Polens Hauptstadt Warschau lag in Schutt und Asche, seine Bevölkerung war umgebracht oder vertrieben worden. Als im Januar 1945 die sowjetischen und polnischen Einheiten in Warschau einmarschierten, begrüßte sie nur Stille und die Leere der Ruinen. Nur allmählich kehrten die Einwohner zurück. Am 9. Mai 1945 notierte die Schriftstellerin Zofia Nałkowska in ihr Tagebuch: »Ein eigenartiges, weitreichendes Bild über den Sieg prägte sich mir ein in diesen Ruinen, die eigentlich eine Stadt, die Warschau waren. Als ob es von Utrillo fein gezeichnet worden war, eine leichte, bleistiftartige, schwarz-weiße Todesskizze. Man kann die Straßen noch erkennen. Aus einer entfernten Perspektive konnte man meinen, dass nichts geschehen sei, dass diese Gebäude noch mit Leben erfüllt waren.«[3]

Die Zerstörung Warschaus war nicht der einzige Verlust der urbanen und kulturellen Struktur Polens. Unwiederbringlich verlor Polen zwei wichtige Metropolen im Osten, Wilno/Wilnius und Lwów/Lemberg, die in der polnischen Geschichte seit alters von großer Bedeutung waren. Der Verlust dieser wichtigen Zentren war die Folge jener territorialen Veränderungen, die der Einmarsch der UdSSR in Polen verursacht hatte. Die Fläche Polens betrug vor der Aggression der UdSSR im September 1939 noch 388 000 km². Davon wurden rund 180 000 km² von der UdSSR besetzt. Sein heutiges Staatsgebiet verdankt Polen »Entschädigungen« von etwa 108 000 km², die dem westlichen Nachbarn und Kriegsverlierer Deutschland ab- und Polen zuerkannt wurden. Die polnische Grenze verschob sich dadurch um 200 bis 300 km weiter nach Westen.

Um die Ausmaße dieser Veränderungen zu verdeutlichen, schlug der polnische Zeithistoriker Włodzimierz Borodziej folgenden Vergleich vor: »Ein 1945 keineswegs abstraktes Gedankenspiel mag weiterhelfen: Es genügt sich vorzustellen, Stalin hätte beschlossen, die Slowakei zur 17. Sowjetrepublik zu machen. Tschechien hätte irgendwie entschädigt werden müssen, logischerweise mit fränkischen bzw. bayerischen Gebieten. Bamberg, Nürnberg oder Regensburg wären heute tschechisch – genauso selbstverständlich, wie Stettin und Breslau polnisch sind.«[4]

Der Verlust der Gebiete im Osten und die Grenzverschiebung nach Westen blieben auch für die nationale Zusammensetzung der Bevölkerung Polens nicht folgenlos. Die Juden waren größtenteils getötet. Litauer, Weißrussen und Ukrainer fanden sich zum Großteil außerhalb der neuen Grenzen Polens, in den nationalen sowjetischen Republiken wieder. Es blieb dort auch aus unterschiedlichen Gründen ein Teil der Polen hängen. Andere fuhren in den Westen und wurden zum Gegenstand des Bevölkerungsaustausches. Die im neuen Osten Polens übrig gebliebenen Vertreter der nationalen Minderheiten, darunter über 500 000 Ukrainer, wurden in den nächsten Monaten jenseits des Bug und San gebracht. Ein ähnliches Schicksal traf die Deutschen, die aus dem Gebiet Polens und sogenannten »wiedergewonnenen Gebiet« Polens vertrieben bzw. ausgesiedelt wurden. Polen mussten fast 3,5 Mio. Deutsche verlassen.

Zum ersten Mal in seiner Geschichte wurde Polen zu einem homogenen nationalen Staat. Die Zwangsaussiedlung als Instrument der Homogenisierung war nicht neu. Vorbilder waren NS-Deutschland und die UdSSR sowie ihre Politik der »ethnischen Säuberungen«. Nach dem Zweiten Weltkrieg und den Kriegserfahrungen wendete sich das Blatt völlig, und man hielt die zwangsweise Abschiebung der unerwünschten Minderheiten für notwendig. Proteststimmen in Polen gegen diese Politik und die Art ihrer Umsetzung sind nicht bekannt. Der Widerwille, die nationale Feindschaft feierte Triumphe, auch nach dem Krieg. Nicht nur die deutsche Bevölkerung hat diese Zeit negativ in Erinnerung, sondern auch andere Nationalitäten, wie etwa die Ukrainer. Die aus ehemals polnischen Ostgebieten

kommenden Polen wurden selbst im Westen mit Gewalt und Angst vor der sowjetischen Macht und vor den neuen Nachbarn konfrontiert.

Infolge des Zweiten Weltkrieges veränderte sich die Position Polens im internationalen Bündnissystem grundlegend. Zwar gehörte es von Beginn an zur Anti-Hitler-Koalition, jedoch bedeutete die deutsche Okkupation sowie der Eintritt der UdSSR in die Anti-Hitler-Koalition eine Schwächung Polens als Bündnispartner. Die Gründung eines sogenannten »Untergrundstaates« sowie der Einsatz eigener Streitkräfte an der Westfront vermochten nicht zu verhindern, dass das Land zum Spielball fremder, alliierter Interessen wurde. Nach

Wehrmachtspatrouille während des Warschauer Aufstands in der Innenstadt

1943 verschwand Polen schließlich als politisch selbständiger Akteur. Für die Westmächte war es nur noch unbequeme Last.

Auf krasse Weise wird diese Situation im Jahre 1945 sichtbar, als das Schicksal Polens auf der Waagschale lag. Polen war kein Teilnehmer der großen Konferenzen, vom Subjekt wurde es schon in Teheran zum Objekt der Entscheidungen.

Das Verschwinden Polens von der politischen Bühne war Absicht und Folge einer rücksichtslosen und gezielten Politik Stalins, der ab 1943 begonnen hatte, ein alternatives politisches Zentrum zu gründen, das in krasser Opposition zur bestehenden, legalen Struktur der polnischen Exilregierung stand. Der sich in die Länge ziehende Krieg erleichterte die Verwirklichung der expansiven Pläne Stalins. Der Westen war bereit, einen hohen Preis zu zahlen, um nur das Blut seiner Armeen zu schonen. Immer größere Verluste Polens im Kampf mit dem deutschen Okkupanten schwächte es angesichts des sich nähernden neuen Hegemon dieses Teils von Europa.

Schon im Juli 1944 gelang es Stalin, in Chelm den Grundstein der zukünftigen kommunistischen Macht in Polen zu legen. Von der internationalen Anerkennung seiner Maßnahmen hielt er nicht viel, er setzte auf vollendete Tatsachen. Ein bitteres Ereignis für die polnische Zukunft auf internationaler Ebene war die Niederschlagung des Warschauer Aufstandes und der Tod von fast 200 000 Menschen, Soldaten ebenso wie ziviler Bevölkerung Warschaus. Der militärische Widerstand noch vor Ankunft der Roten Armee war zwecklos und zum Misserfolg verurteilt. Auch die Zusammenarbeit bei den militärischen Aktionen war sinnlos, wovon sich die Divisionen der Heimatarmee in den Kresy, den polnischen Ostgebieten, sehr schnell überzeugen konnten.

Mit der Roten Armee ging die polnische Kosciuszko-Division zusammen, die in der UdSSR formiert worden war. Nach dem Überschreiten der polnisch-sowjetischen Vorkriegsgrenze wurden zusätzliche Einheiten aufgestellt. Sie sollten ein Nachweis für die Existenz von Milieus sein, die sich für die enge Zusammenarbeit mit der UdSSR einsetzten. Sie nahmen an den Kämpfen um Kolberg, Bautzen und schließlich Berlin teil. Vom militärischen Gesichtspunkt aus spielten diese Einheiten aber keine große Rolle. Es ist jedoch zu betonen, dass die einfachen Soldaten tapfer und mit Aufopferung gekämpft haben, ohne zu wissen, zu welchem politischen Projekt ihre Anstrengung und Opfermut missbraucht wurde.

»Die Sowjets machten alles« – schlussfolgerte Jan Szkudlinski, Historiker – »um den Polen und der Welt zu zeigen, dass nun sie Polen regieren, dass die legale polnische Regierung auf den von der Roten Armee besetzten Gebieten tätig ist und nicht in London. Die Teilnahme der polnischen Einheiten an der Eroberung Berlins war ein Element dieser Kampagne. Man muss diese politische Frage aber unterscheiden von dem Kampf der einfachen polnischen Soldaten gegen die Deutschen seit 1939. Für diese einfachen Soldaten war das ein großer Sieg.«[5]

Polnische Pfadfinder kämpfen im Warschauer Aufstand, 2. September 1944

Von Monat zu Monat begann die Gruppe der polnischen Kommunisten, geschützt durch die Bajonette der Roten Armee und des NKWD, die Macht in Polen zu festigen. Schnell wurde der Terrorapparat geschaffen, und die ersten grundlegenden politischen Reformen wurden durchgeführt. Die politischen Gegner und die alten Eliten wurden eliminiert oder ausgeschaltet. Die Konferenzen der »Großen Drei« in Jalta und später in Potsdam bestätigten die Politik Stalins in Ostmitteleuropa. Tatsächlich verlor Polen seine Unabhängigkeit in Jalta (»die Tragödie von Jalta«).[6] Die UdSSR erhielt die Bestätigung der Ostgrenze Polens weitgehend entlang der sogenannten Curzon-Linie, was den Verlust von einem Drittel des polnischen Vorkriegsgebietes bedeutete. Schlimmer noch, die Mächte konnten sich nicht auf eine gemeinsame Position zur Westgrenze Polens einigen, nur vage wurde festgestellt, dass Polen dort einen »deutlichen Zuwachs« erhalten würde.

Zu dieser Zeit begann die Umsiedlung von Polen aus den Gebieten, die dem östlichen Nachbarn zugeschlagen wurden. Die UdSSR, deren Armeen weite Teile, darunter die östlichen Gebiete Deutschlands, inzwischen kontrollierte, wurde zum einzigen Garanten für eine neue Ordnung in Ost- und Mitteleuropa. Auch das Schicksal Polens hing davon ab. Im Frühjahr 1945 übergab Moskau das von ihm und einigen wenigen polnischen Kommunisten kontrollierte Land östlich der Oder und der Lausitzer Neiße offiziell an die polnischen Behörden.

Das Problem der Westgrenze Polens erforderte jedoch eine internationale Regelung. Diese Frage wurde während der Potsdamer Konferenz behandelt.[7] Die polnische Seite legte dazu ein Memorandum vor, in dem sie die Festlegung der westlichen Grenze an Oder und Lausitzer Neiße postulierte.[8] Die mangelnde Einigkeit zwischen den Alliierten war der Grund für die Einladung einer polnischen Delegation unter der Leitung des Präsidenten des Landesnationalrates, Bolesław Bierut, nach Potsdam. Damals gab es bereits eine Regierung, zu der auch ein Vertreter aus dem Exil, der Bauernparteiler Stanisław Mikołajczyk, gehörte. Die polnische Delegation brachte am 24. Juli 1945 ihre Argumente vor und behandelte in ihrer Stellungnahme nicht nur territoriale, sondern auch demografische und wirtschaftliche Fragen sowie solche zur künftigen Sicherheit.

Herr Bierut sagte – so wurde im amerikanischen Protokoll des Außenministertreffens vom 24. Juli 1945 in Potsdam unter Beteiligung der polnischen Delegation festgehalten, dass der Krieg in Polen begonnen habe und dass Polen immense menschliche und materielle Verluste erlitten habe. Polen verliere 180 000 Quadratkilometer im Osten durch die Errichtung einer neuen polnischen Grenze. Polen glaube, dass die neue Ostgrenze, die nach dem Staatsangehörigkeitsprinzip festgelegt wurde, die richtige sei, aber es sei auch der Meinung, dass ihm im Westen Territorien gegeben werden sollten. Die Polen betrachten die Angelegenheit unter dem Gesichtspunkt der Sicherheit und der Wirtschaft.[9]

Wenige Tage später, am 1. August, wurde nach vielen Gesprächsrunden die polnische Position akzeptiert und das Land östlich der Oder und der Lausitzer Neiße sowie Stettin offiziell an Warschau übergeben. Gleichzeitig wurde festgestellt, dass das Land bis zur endgültigen Bestätigung während einer Friedenskonferenz »polnischer Verwaltung« übertragen werde. Die in diesen Gebieten lebende deutsche Bevölkerung sollte in den Folgejahren ausgesiedelt werden. Darüber hinaus wurde vereinbart, dass Polen aus dem der UdSSR überlassenen Teil Deutschlands Reparationen erhalten sollte.

Die Entscheidungen der Alliierten in polnischen Angelegenheiten verstärkten die Abhängigkeit Polens von der UdSSR noch weiter. Da eine abschließende Friedenskonferenz nicht stattfand, schien der Kreml der einzige Garant für die Erhaltung des neuen Territoriums zu sein. Für die nationale Existenz Polens, das so viele materielle und personelle Kriegsverluste erlitten hatte, waren die neuen Gebiete eine Voraussetzung für das Überleben.

In den folgenden Jahrzehnten wurde der Verlauf der Westgrenze durch die SBZ / DDR (bis 1950)[10] und die Bundesrepublik Deutschland (bis 1970)[11] in Frage gestellt. Ihre dauerhafte Akzeptanz war mit der Entwicklung der sogenannten deutschen Frage verbunden. Das vereinte Deutschland unterzeichnete 1990 schließlich ein Grenzabkommen mit Polen und beendete den jahrzehntelangen Streit um die Festlegung der deutsch-polnischen Grenze an Oder und Lausitzer Neiße. Darüber hinaus waren die Vertreibung bzw. Aussiedlung der deutschen Bevölkerung und das Schicksal des deutschen Kulturerbes in den Nord- und Westgebieten Polens Gründe, die die Normalisierung der deutsch-polnischen Beziehungen nach 1945 behinderten. Die Frage der Reparationszahlungen ist bis heute noch umstritten.

Generell wurde und wird jedoch das Potsdamer Erbe in Form der neuen Grenzen akzeptiert. Dies zeigte sich bereits in den späten 1940er Jahren. Der Revisionismus im Zusammenhang mit den Forderungen nach Wiederherstellung der Ostgrenzen war im Nachkriegspolen nie von besonderer Bedeutung. Es spricht vieles dafür, dass die nachstehend dargelegte Sichtweise eines Experten, der während der Potsdamer Konferenz mit den polnischen Machthabern zusammenarbeitete, schnell zur allgemein akzeptierten Meinung wurde. Andrzej Bolewski, Mitglied der polnischen Delegation in Potsdam, Mineraloge und Professor an der Akademie für Bergbau und Hüttenwesen in Krakau, nahm folgende Einschätzung in seine Memoiren: »Z drogi do Poczdamu« (Aus dem Weg nach Potsdam) auf: »Es wurde ein optimales Ergebnis erzielt. Obwohl die Fläche unseres Landes kleiner geworden ist, wurde sie von der Umwandlung der multinationalen Republik Polen in die Volksrepublik Polen begleitet, deren Einwohner fast ausschließlich Polen sind. Ein einfacher Vergleich der Anzahl der Polen und der Fläche der Volksrepublik Polen führt zu dem Schluss, dass wir als Nation keinen territorialen Verlust erlitten haben. Ein Teil des Gebietes ging verloren, ebenso wie nationale Minderheiten, die in den östlichen Teilen der Republik Polen lebten. Wir haben jedoch eine bessere Struktur erhalten, deren Skelett das Weichsel- und Odertal mit seinen Nebenflüssen und Mündungen ins Meer ist. Dies schafft günstige Bedingungen, um das Binnenschifffahrtsnetz auszubauen sowie ein besseres Eisenbahn- und Straßennetz aufzubauen. Große Ost-West- und Nord-Süd-Verkehrswege müssen sich in unserem Gebiet kreuzen.«[12]

Obschon Polen nominell zu den Sieger-Staaten gehörte, nahm es an der UN-Gründungskonferenz in San Francisco am 27. Juni 1945 nicht teil (erst einige Monate später haben die Vertreter der Vorläufigen Regierung der Nationalen Einheit die UN-Charta unterschrieben). Die Abwesenheit polnischer Vertreter auf dieser wichtigen internationalen Konferenz war die Bestätigung der unklaren Situation Polens. Die polnische Exilregierung verlor die Anerkennung der Westmächte. Die neue Koalitionsregierung, der in Übereinstimmung mit den Jalta-Beschlüssen auch Vertreter der Exilregierung angehörten – abgesehen von den Kommunisten und ihren Satelliten umfasste sie einige wichtige Exilpolitiker, an der Spitze der ehemalige Premierminister Stanisław Mikołajczyk –, wurde einen Tag nach der Unterzeichnung der UN-Charta gegründet. Doch trotz dieses Scheins einer breiten Vertretung der politischen Richtungen zeigte die Praxis rasch, dass in Polen die Kommunisten – unterstützt durch Moskau – die Macht uneingeschränkt ausübten.

Symbolischer Ausdruck des Verlustes der internationalen Position Polens war die Abwesenheit von Vertretern der polnischen Armee während der Siegesparade in London im Jahre 1946.[13] Obgleich sich der Westen politisch immer mehr von der Sowjetunion entfernte, vertrat er nach wie vor die Meinung, dass eine öffentliche Betonung des polnischen Beitrags zum Sieg über Nazi-Deutschland eine unnötige Provokation Stalins darstellte.

Alliierte Siegesparade
London, 1946

Die polnische Gesellschaft war im Frühling des Jahres 1945 kriegsmüde. Die Rückkehr zur Normalität war zweifelsohne ein großer Traum. Allerdings gab es oft keinen Weg zurück in die gute alte Zeit. Millionen von Menschen hatten ihre Nächsten verloren, ihre Häuser, Wohnungen waren zerstört, ihre Einnahmequellen versiegt, viele hatten schließlich ihre Heimat verloren. Sich neu zu orientieren, war notwendig. Auf den Straßen konnte man damals zahlreich die Aus- und Umsiedler, Marodeure und Schieber treffen wie auch die Durchschnittsbürger, die nach einem besseren Leben suchten. Staatsorgane, die lenkend hätten aufbauen können, waren schwach oder korrumpiert.

Die Komplexität der Situation, in der sich die Polen 1945 wiederfanden, gibt ein Gedicht des Dichters und Auschwitz-Häftlings Tadeusz Borowski, dessen Sprache von Siegeseuphorie weit entfernt ist, treffend wieder: Und wir – einzeln, bei Nacht und Nebel / Über die grüne Grenze auf verbotenem Weg / Träumen wir uns ins Heimatland / Nach Hause zu den Gräbern / Wir suchen und finden niemanden / Wir schauen und schauen in fremde Gesichter / Wir schweigen, doch jeder weiss es / Ja ... / Leise flüstert jemand: NKWD / Angst ... [14]

Marcin Zaremba, ein Zeithistoriker der mittleren Generation, machte aus dem Gefühl der tiefen Angst, sogar Furcht, ein Leitmotiv seines neuen Buches.[15] Auf überzeugende, erschütternde Art und Weise zeigte er die Einstellungen der Polen in dieser Zeit der Wende und des Aufkeimens einer neuen Welt. Erst nach vielen Jahren nahm die Kriegs- und Nachkriegsangst wieder ab. Nun aber kamen andere, neue Ängste und Furcht hinzu, die mit dem Leben im sogenannten Realsozialismus verbunden waren.

Obschon die polnischen Kommunisten die Macht übernommen und durchgesetzt hatten, gelang es ihnen nicht, ein politisch und wirtschaftlich gut funktionierendes System zu etablieren und ihr Versprechen von Gleichheit und Gerechtigkeit einzulösen. Das Modell des sowjetischen Kommunismus erwies sich als Vereinigung von politischer Unterdrückung und beklagenswerter wirtschaftlicher Unfähigkeit.

Trotz des Verlustes der Souveränität für die nächsten Jahrzehnte, leistete die polnische Gesellschaft in regelmäßigen Abständen Widerstand gegen die Politik der Machthaber, wobei der militärische Kampf gemieden wurde.[16] Die durch wirtschaftliche Misserfolge geschwächte Regierungsmacht fühlte sich zur Liberalisierung ihrer Politik gezwungen, konnte aber jeder Zeit Gewalt zu ihrem Erhalt anwenden; zu diesem Zweck wurden auch in der Propaganda noch in den 1980er Jahren die antideutschen und antifaschistischen Parolen forciert. Das Jahr 1945 dauerte auf unterschiedlichen Ebenen viele Jahrzehnte lang an.

Das Jahr 1989 muss daher als ein großer Erfolg der polnischen Gesellschaft angesehen werden, in dem endlich das große Ziel erreicht wurde, um das man seit 1939 gekämpft hatte: ein freies Polen. Auf eine friedliche Art und Weise gelang es, die kommunistische Regierung abzulösen. Der polnische Kommunismus wurde in die Rumpelkammer der Geschichte verbannt, zusammen mit dem ganzen Nachkriegssystem. Polen erlangte seine Unabhängigkeit, und seine Rolle in Europa nimmt seither ständig zu. Dank des Einsatzes unzähliger Personen, wie zum Beispiel des verstorbenen Władyslaw Bartoszewskis, und Institutionen wie der Katholischen Kirche, ist es noch in der Zeit der Volksrepublik Polen gelungen, einen konstruktiven Dialog mit den ehemaligen Feinden zu beginnen und mit ihnen nach Wegen der Versöhnung und Verständigung zu suchen. Heute hat Polen keine offenen Grenzfragen mehr mit seinen Nachbarn, mit den meisten von ihnen arbeitet es freundschaftlich zusammen. Die vergangenen 30 Jahre waren, wenn es auch Schatten gegeben hat, die glücklichste Zeit der Geschichte Polens in den vergangenen 200 Jahren.

Das Jahr 1945 kann aus polnischer Sicht resümierend als »bitterer Sieg« betrachtet werden. Doch darf man dabei nicht die Bedingungen vergessen, in denen sich Polen befand, nicht, dass die deutsche Okkupation in der Konsequenz die biologische und kulturelle Vernichtung der Nation bedeutet hätte. Sehr ausgewogen schrieb darüber der verstorbene Zeithistoriker, Jerzy Holzer: »Man kann den polnischen Sieg in Anbetracht der Situation als kleineres Übel betrachten, aber in bestimmten historischen Konstellationen ist sogar das Erreichen des kleineren Übels ein Erfolg. Häufig sind Meinungen zu hören, die solchen Erfolg gering schätzen, aber für die polnische Nation war nichts wichtiger als die Erhaltung des Lebens und Befreiung aus der physischen Unterdrückung, teils erfahren durch die Besatzer, teils geplant für die Zukunft.«[17]

Die Frage ist nicht leicht zu beantworten, ob Polen aus diesem Konflikt als Sieger oder Verlierer hervorgegangen ist. Die Historiker meiden die eindeutige Antwort, sie ziehen, wenn möglich, gern eine ausgewogene Bilanz von Gewinnen und Verlusten. Zweifelsohne aber prägte das Jahr 1945 das heutige Polen enorm: sein Territorium, seine Bevölkerung, aber auch die politischen Programme und Ideen.

**Anmerkungen**
**1** Vgl. Klukowski 2007, S. 183. / **2** Vgl. Klukowski 2007, S. 183. / **3** Nałkowska 2000, S. 53. / **4** Borodziej 2015, 37. / **5** W rogatywkach z orłem bez korony. Polacy w operacji berlińskiej. Adam Leszczyński rozmawia z dr. Janem Szkudlińskim, in: »Gazeta Wyborcza«, 1.5.2015. / **6** Vgl. Ruchniewicz 2012, S. 89–101. / **7** Über die Potsdamer Konferenz aus polnischer Sicht siehe Borodziej 2012, S. 360–380. / **8** Vgl. Rysiak 1970, S. 9–23. / **9** Rysiak 1970, S. 86–87. / **10** Vgl. ferner: Ihme-Tuhel 1998 und Tomala 2000. / **11** Vgl. ferner: Lehmann 1979 und Binden 1998. / **12** Bolewski 2004, S. 180–181. / **13** Vgl. Polityka 2018. / **14** Zit. nach Holzer 2010, S. 164. / **15** Vgl. Zaremba 2016. / **16** Vgl. ferner: Borodziej 2010 und Krzoska 2015. / **17** Holzer 2010, S. 168.

# Chiffre Heimatlos: Potsdam 1945

Andreas Kossert

»Nacheinander geht alles nur, solange man am Leben ist, um einem Kind einen Splitter aus dem Fuß zu ziehen, den Braten rechtzeitig aus dem Ofen zu nehmen oder ein Kleid aus dem Kartoffelsack zu nähen, aber von Schritt zu Schritt wird auf der Flucht das Gepäck weniger und das, was man zurückläßt, mehr, und irgendwann hält man an und sitzt nur noch, und dann ist gerade noch das Leben vom Leben übrig, und alles andere liegt in vielen Gräben vieler Straßen…«[1]
Jenny Erpenbeck, *Heimsuchung*

Potsdam, Sommer 1945. Im Schloss Cecilienhof treffen sich drei Herren im fortgerückten Alter. Sie stehen jenen Nationen vor, die den Krieg über Hitlers Deutschland gewonnen haben. Wir alle kennen das Foto jener »Großen Drei« – Churchill, Truman und Stalin –, die in bequemen Korbsesseln im Garten des Potsdamer Schlosses sitzen. Sie entscheiden nicht nur über Deutschlands Zukunft, sondern teilen zugleich die Welt neu auf. Es ist eine Welt, die durch den Zweiten Weltkrieg und den nationalsozialistischen Zivilisationsbruch aus den Fugen geraten ist. Potsdams Beschlüsse sind allein deshalb möglich geworden, weil der von Deutschland entfesselte Eroberungs- und Vernichtungskrieg alles bislang Vorstellbare übertroffen hatte. Doch machen wir uns nichts vor: Kurz nach Kriegsende in Europa steht nicht allein der Sieg über Hitlers Deutschland im Fokus. Vielmehr zeichnet sich bereits in diesen Sommerwochen die alte und während des Krieges nur vorübergehend verstummte Rivalität zwischen den beiden großen Siegermächten USA und Sowjetunion ab. Potsdam dient als Vorspiel zu einem neuen Konflikt, der jahrzehntelang als »Kalter Krieg« bekannt sein wird. Für die einen heißt das gefrorene Schockstarre zwischen zwei ideologischen Systemen und Eiserner Vorhang, für viele Teile der Welt verbergen sich hinter diesem heimtückischen Begriff jedoch unzählige blutige, »heiße« Kriege.

  Deshalb sitzen diese Herren in Cecilienhof nicht nur zu Gericht, sondern sie reisen mit handfesten Interessen an. Jeder will sich ein Stück des Kuchens sichern. Argwöhnisch beäugen sie sich und mit ihnen die angereisten Delegationen. In diesem Augenblick werden sie zu Schreibtischtätern, denn sie spielen bei Zigarren und Whiskey das ewige Spiel, eine Welt nach ihren geopolitischen, strategischen und ideologischen Interessen neu aufzuteilen. Für jene drei Herren ist zu keinem Zeitpunkt maßgeblich, dass hinter ihren Planspielen Millionen Menschen stehen. Die Betroffenen sind nicht mehr als Manövriermasse und – ein schreckliches Wort – allenfalls Kollateralschäden ihrer Machtpolitik. Potsdam bildet in dieser Hinsicht den Abschluss als eine der letzten Konferenzen der Moderne, auf der Großmächte ihre Interessensphären sichern. Diese Tradition reicht in die Frühe Neuzeit zurück und erlebt im kolonialen Zeitalter bis weit ins 20. Jahrhundert ihren Höhepunkt. Auf solchen Konferenzen werden willkürlich Grenzen neu gezogen, korrigiert, erneut verschoben, und am Ende betrifft es Millionen Menschen. Aufgrund der Potsdamer Entscheidungen, bei musikalischen Soireen und festlichen Diners, verlieren Millionen Europäer für immer ihre Heimat.

← Mit dem Pferdefuhrwerk auf der Flucht vor sowjetischen Truppen, Anfang 1945

»So sind die Ereignisse in diesem Oderdorf in der Mitte des 20. Jahrhunderts gewiß nur ein winziger Tropfen im unendlichen Meer der Geschichte«, erinnert sich der Brandenburger Karlheinz Gleß, als er 1945 als Folge jener Beschlüsse seine Heimat Peetzig verliert. Ein kleines Dorf an der Oder, das mitten in Brandenburg liegt und – mitten in Deutschland. Niemand ahnt bei Kriegsende, dass dieses Dorf bald polnisch werden und fortan Piasek heißen würde. Für seine Bewohner bedeutet die Neuvermessung Europas in Potsdam den unwiederbringlichen Verlust ihrer angestammten Heimat, ihrer vertrauten Lebenswelten und von allem, was gestern noch wichtig war. Die drei in Potsdam tagenden Politiker haben nie von Peetzig gehört, für sie ist das Schicksal der Dorfbewohner nur jener winzige Tropfen im unendlichen Meer der Geschichte, aber für die Peetziger bedeutet es die Zäsur ihres Lebens, die alles in ein Davor und Danach teilt. Denn mit ihrer in Potsdam beschlossenen Vertreibung endet für sie »das Leben, das unwiederbringliche, unersetzbare Leben«, wie Karlheinz Gleß zurückblickend sagt.[2] Kaum hundert Kilometer östlich von Schloss Cecilienhof fließt die Oder, an deren Ufer das brandenburgische Peetzig liegt.

Menschen verlieren ihre Heimat. Auch die Schriftstellerin Christa Wolf gehört zu ihnen. »Man läßt den Auszug aus der Heimat nicht unbeweint«, weiß die Protagonistin Nelly in ihrem autobiografischen Roman »Kindheitsmuster« zu sagen. Christa Wolf stammt ebenfalls aus einem Brandenburg, das in der Geschichte versunken ist. Ihren Geburtsort Landsberg, eine neumärkische Stadt an der Warthe, würde heute wohl kaum ein Brandenburger mehr auf der Landkarte verorten können. Die Stadt liegt heute in Polen und heißt Gorzów Wielkopolski. Auch Christa Wolfs Biografie zeigt, wie sehr die dramatischen Zeitläufte in der Mitte des 20. Jahrhunderts Brandenburg verändert haben: Krieg, Zivilisationsbruch und schließlich Vertreibung. Grenzen werden verschoben, Millionen Menschen in Europa verlieren ihre Heimat, unter ihnen 14 Millionen Deutsche.

Einer von ihnen ist Friedrich Biella. Am frühen Morgen des 21. Januar 1945 bricht er mit seiner Familie und zwei Pferdewagen aus einem kleinen Dorf in Masuren auf. In seinem Notizbuch steht für diesen 21. Januar der knappe Eintrag: »Befehl zum Verlassen meines Hofes«. Ungelenk formulierend, kündigt der Bauer in diesem Moment den Generationenvertrag mit seinen Vorfahren. Er muss alles zurücklassen, was gestern noch wichtig war. Auch die Tiere. »Unsere Hündin ›Senta‹ hat uns ein Stück Weges begleitet. Je weiter wir uns vom Dorf entfernten, wurde sie immer unsicherer. Sie ist dann schließlich auf unser Anraten wieder nach Haus gelaufen.« Wochenlang finden sich dann keine Einträge im Notizbuch, weil die Anstrengungen einer Flucht alle Kräfte abverlangen. Die Aufzeichnungen setzen erst im März 1945 wieder ein, als Friedrich Biella nach einer wochenlangen Odyssee im Herzogtum Lauenburg strandet. Täglich fragt er bei der dortigen britischen Militärkommandantur nach, wann er zurückkehren kann. Immer wieder vertrösten sie den alten Mann. In seinem

Karte ehemaliger deutscher Siedlungsgebiete und deutscher Flüchtlings- und Vertriebenenströme 1945–1949

Notizbuch verzeichnet er ihre stets gleichlautende Antwort »Mit der Rückfahrt noch warten«. Sein Leben in der Britischen Zone, zwangseinquartiert bei fremden Menschen, erträgt der einstige Bauer nur schwer. Als Friedrich Biella kurz darauf erfährt, dass eine Rückkehr in seine masurische Heimat unmöglich ist, stirbt er ein Jahr später, mit 73 Jahren, an Heimweh.³

Manche Vertriebene kommen nie an, leben in der inneren Emigration und trauern um ihre verlorene Heimat. Nach 1945 fehlt insbesondere alten Menschen – gleich Friedrich Biella – die Kraft zu einem Neuanfang. Viele von ihnen können den Heimatverlust nicht verkraften und zerbrechen regelrecht daran, seelisch und körperlich. Heimweh als Todesursache, davon erzählt Christa Wolf: »Für die Alten – für die, die seit Jahren vom Tod gebrabbelt hatten, um den Widerspruch der Jüngeren zu hören – wurde es Zeit, zu schweigen; denn was jetzt vor sich ging, das war ihr Tod, sie wußten es gleich, sie alterten in Wochen um Jahre, starben dann, nicht schön der Reihe nach und aus den verschiedensten Gründen, sondern alle auf einmal und aus ein und demselben Grund, mochte man ihn Typhus nennen oder Hunger oder ganz einfach Heimweh, was ein überaus triftiger Vorwand ist, um daran zu sterben.«⁴ Auf den Friedhöfen in Deutschland künden Grabinschriften von dieser Sehnsucht: die Heimatorte der Verstorbenen – Stettin, Schwerin an der Warthe, Königsberg, Reichenberg, Breslau – unterstreichen in Stein gemeißelt ihre irdische Heimatlosigkeit.

Friedrich Biella

Das Jahr 1945 sieht den größten Flüchtlingsstrom in Europa seit Menschengedenken. Ein Kontinent liegt in Trümmern, ausgelöst durch Hitlers Krieg, der die Barbarei zur Staatsräson erhoben hatte. Die nationalsozialistischen Menschheitsverbrechen erschüttern Europa in seinen Grundfesten. Seit Kriegsbeginn gehören Vertreibungen zum Alltag: Polen und Juden werden bereits ab September 1939 aus den von Deutschen besetzten Gebieten vertrieben, willkürliche Umsiedlungen ethnisch unerwünschter Gruppen sind an der Tagesordnung. Emigration und Exil von politisch und rassistisch Verfolgten erlangen seit 1933 traurige Realität. 1945 bricht sich die Erkenntnis Bahn: Konventionelle Kriege, die einst regional verortet werden konnten, während andere sich fernab in Sicherheit wiegen können: diese überkommene Gewissheit war mit dem Zweiten Weltkrieg außer Kraft gesetzt.

Vertreibungen unerwünschter ethnischer oder religiöser Gruppen waren allerdings bereits lange vor dem Zweiten Weltkrieg ein verbreitetes Mittel zur Durchsetzung politischer Ziele. Das 20. Jahrhundert gilt als Höhepunkt von Zwangsumsiedlungen, als politische und demografische Grenzen in Übereinstimmung gebracht werden sollten. Dabei fungiert der Erste Weltkrieg als Generalprobe für die folgenden Bevölkerungsverschiebungen. Nach 1918 sehen auch demokratische Staaten in der ethnischen Entflechtung ein Konfliktlösungsmittel. Nach dem Abkommen von Lausanne 1923 führt der griechisch-türkische »Bevölkerungsaustausch« das kleine

Griechenland mit einem Anteil von mehr als einem Viertel Vertriebener an die Grenzen seiner Belastbarkeit. Auch die Sowjetunion perfektioniert ethnische Säuberungen in ganz eigener Weise, indem Stalin Deportationen ganzer ethnischer Gruppen – unter ihnen vor allem Polen, Deutsche, Finnen, Balten, Koreaner – als kollektive Bestrafung umsetzt.

Der nationalsozialistische Eroberungs- und Vernichtungskrieg schafft jedoch eine völlig neue Dimension von Vertreibungen. Seit Kriegsbeginn sind sie in nie gekanntem Ausmaß an der Tagesordnung. Das Szenario in Mittel- und Osteuropa verdeutlicht diese Langzeitkonsequenz der NS-Rassenpolitik. Millionenfaches Sterben und industrieller Massenmord zerstören die Lebensgrundlagen eines gesamten Kontinents. Die Zahl der Flüchtlinge, Vertriebenen und Deportierten für den Zeitraum des Zweiten Weltkriegs wird auf 50 bis 60 Millionen Menschen geschätzt, was zehn Prozent der europäischen Bevölkerung entsprach. Hinzu kommen noch einmal bis zu 25 Millionen Flüchtlinge und Vertriebene nach Kriegsende – die wohl größte Bevölkerungsverschiebung der europäischen Geschichte. Der Zweite Weltkrieg versetzt ganz Europa in Bewegung. Millionen Menschen unterschiedlicher Herkunft sind unterwegs: Soldaten, Kriegsgefangene, Emigranten, Zivilisten, Evakuierte, Deportierte, Zwangsverschleppte, Umsiedler, Flüchtlinge, Vertriebene. Karl Schlögel und Götz Aly sprechen von einem »Verschiebebahnhof Europa« in der ersten Jahrhunderthälfte.[5] »Aus einem Verschiebebahnhof unter Kriegsbedingungen wurde Europa nach 1945 zu einem Verschiebebahnhof in Abwesenheit des Krieges«, so der Historiker Mathias Beer, aber »unter den Voraussetzungen seiner Hinterlassenschaften – heute Grenzziehungen, Zerstörung, Entwurzelung, Tod«.[6]

»Ordnungsgemäße Überführung« nennt das Potsdamer Abkommen die Verschiebung von Millionen Deutschen aus der Mitte Europas. Churchill (später ersetzt durch Attlee), Stalin und Truman einigen sich am 2. August 1945 im Schloss Cecilienhof auf eine Neuordnung der mitteleuropäischen Landkarte. Ziel ihrer Nachkriegsplanungen ist es, eine weitgehende ethnische Homogenisierung zu erreichen. Zu diesem Zweck sollen die Deutschen im östlichen Europa verschwinden. Churchill fordert bereits am 15. Dezember 1944 in einer Rede im britischen Unterhaus die Vertreibung der Deutschen, denn sie sei das »befriedigendste und dauerhafteste Mittel«, es müsse »reiner Tisch« gemacht werden. Der Schriftsteller George Orwell als linker Mahner entgegnet auf diese Pläne seines Landes: »Das entspricht der Umsiedlung der gesamten Bevölkerung Australiens oder von Schottland und Irland zusammen. […] Ich nehme an, […], dass dieses gewaltige Verbrechen gar nicht durchgeführt werden kann, obwohl man es in Gang setzen könnte, wobei Unordnung, Leid und unversöhnlicher Hass entstehen würden. Bis dahin sollte man dem britischen Volk mit so vielen konkreten Einzelheiten wie möglich klarmachen, für welche Maßnahmen ihm seine Staatsmänner die Verantwortung aufbürden.«[7]

»Ordnungsgemäße Überführung«, so lautet der euphemistische Beschluss der Alliierten im Sommer 1945. Vertreibungen, ethnische Säuberungen, Zwangsmigrationen – wie immer wir sie nennen wollen – laufen jedoch nie »geordnet und human« ab. Eigentlich eine Binsenweisheit. Mit der Forderung nach Umsiedlungen versucht das Potsdamer Abkommen eine Lawine aufzuhalten, die schon längst losgetreten war. In Polen und der Tschechoslowakei schafft man nämlich bereits im Vorfeld der Potsdamer Konferenz Fakten durch sogenannte wilde Vertreibungen unmittelbar nach Kriegsende, die – so der Historiker Raymond Douglas – »einen gewaltigen Ausbruch staatlich geförderter Gewalt bedeuteten, der nach vorsichtigen Schätzungen Hunderttausende von Opfern forderte. Als solche sind sie einzigartig in der Geschichte der Friedenszeiten im Europa des 20. Jahrhunderts«.[8]

Nach dem Ende des Zweiten Weltkriegs müssen deutsche Zivilisten in der Tschechoslowakei und in Teilen Polens Armbinden oder weiße Stofffleckchen mit einem aufgezeichneten »N« (für Nemec/Niemiec) tragen. Diese kennzeichnen sie öffentlich als Deutsche. Dorothea Koch-Thalmann erlebt als junges Mädchen in Schlesien, was diese Anordnung bedeutet. »Jemand kam auch mit der Nachricht, dass wieder ein neuer Anschlag an der Gemeinde hing: ›Alle Deutschen müssen weiße Armbinden tragen, kein Deutscher darf abends nach 20.00 Uhr auf der Straße sein. Wer ohne Armbinde angetroffen wird und sich nach 20.00 Uhr auf der Straße zeigt, wird erschossen!‹ Mutter nähte für alle auf dem Hof aus weißen Taschentüchern weiße Armbinden. Mit Sicherheitsnadeln wurden sie am linken Ärmel festgesteckt«.[9] Schließlich kommt der 19. August 1946. Dorothea wird mit ihrer Familie aus dem schlesischen Wüstewaltersdorf im Eulengebirge vertrieben. »In diese Aufregung hinein kommen zwei dunkle Gestalten die Straße herunter und öffnen die Gartentür. Erstaunt halten wir inne. Eigentlich sehen sie zerlumpt aus, verbeulte Hüte auf dem Kopf. Keine Milizer diesmal. ›So ein Gesindel!‹, zischt Vater. ›Sei still‹, kommt's leise von Mutter. Sie haben weiße Papiere in der Hand. Mit schwerem Akzent rufen sie unsere Namen auf und machen einen Haken in ihrer Liste. Dann gehen sie ins Haus und schließen die Türen zu. Gut, dass wir schon alles aus dem Haus haben«. Dorothea erinnert sich. »Ich hab' meinen Rucksack aufgeschnallt und mich nicht mehr umgedreht. ›Ihr raus hier!‹, sagen sie zu uns. Überall haben sie wieder ihre weißen Zettel hingeklebt. Sie warten, bis wir das Letzte aus dem Flur geholt haben. Dann kommt der weiße Zettel über die Haustür. Den Haustürschlüssel haben sie abgezogen. ›Zuplombiert‹, geht es mir durch den Kopf«.[10] Die Familie verlässt ihr Haus, sie muss zusehen, wie das Türschloss für neue Bewohner versiegelt wird.

Nicht weit entfernt vom Eulengebirge erlebt die 16-jährige Katharina Elliger den Aufbruch aus Wölfelsdorf in der Grafschaft Glatz. »Da, irgendwann Mitte März 1946, es war wieder früh in der Dämmerung, krachten Gewehrkolben gegen die Haustür«, erinnert sich Katharina Elliger. »Heisere Schreie brachen sich an der Hauswand, und schwere Schritte stapften durch den Schnee. Sie kommen! Schon waren sie vor unserem Fenster. ›Aufmachen! Raus‹ Wieder stiegen wir hastig in die Kleider, suchten ein paar Sachen und etwas zu essen zusammen, da splitterte schon eine Scheibe. Keine zehn Minuten, und wir standen auf dem Weg vor dem Haus. Mein Bett, in dem ich gerade noch geschlafen hatte, war noch warm, da trieben sie uns schon vor sich her zur Straße«. Schließlich stehen sie auf der Straße. »Dort wartete bereits ein langer Zug armseliger Gestalten mit Bündeln und Taschen, Rucksäcken und Koffern. Wieder zu viert oder fünft nebeneinander, wieder flankiert von Soldaten mit aufgepflanztem Bajonett. Wieder schrien sie herum, schlugen auf jeden ein, der nicht eng in der Reihe ging, traten mit Füßen, stießen mit dem Gewehr. Ich schlängelte mich wieder in die Mitte der Reihen. Meiner Tante, die das alles noch nicht kannte, stand das blanke Entsetzen ins Gesicht geschrieben, und sie reagierte auf die Tritte eines Soldaten mit den Worten: ›Bitte, ein bisschen freundlicher!‹ Da schlug er so zu, dass sie in den Schneematsch fiel und ihr das Blut über das Gesicht lief. Schnell half ihr jemand auf und stützte sie. Denn schon drängten die anderen von hinten nach, von Peitschenhieben getrieben.«[11]

Auch für Mieczysław Tankielun aus dem Dorf Daszyszki kommt die Zeit der Trennung und des Aufbruchs. Am 14. April 1946 muss er gemeinsam mit seiner polnischen Familie seine Heimat verlassen. »Es kam der Augenblick des Abschiednehmens. Meine Mutter rief uns Kinder zu sich. Wir weinten alle, ergriffen von Verzweiflung und Wehmut. Sie ging mit uns zu einem großen Kreuz aus Eichenholz mit einem Bild des gekreuzigten Christus, das bei uns schon ewig im Garten stand und vor dem unsere Familie zusammen mit den Nachbarn an den Maiabenden Gebete sprach. Auch Vater kam zu dem Kreuz. Dort sprach die ganze Familie kniend ein Gebet und bat Gott darum, uns und unser zurückgelassenes Haus zu behüten. Wir küßten alle andächtig das Kreuz, und dann füllte meine Mutter ein paar Handvoll Erde von dort in ein Säckchen (diese Erde hat sie heute noch). Danach gingen wir noch einmal in die Wohnung, wo wir auf Anweisung meiner Mutter die zwei dort zurückgelassenen Heiligenbilder, den Tisch, die Türschwelle und die Eingangstür küßten. Aus der Entfernung von einigen hundert Metern, etwa dort wo unser Feldweg endete, habe ich noch für einen Augenblick unseren Hof gesehen; die hohe Ziehstange des Brunnens und die alte Linden- und Ahornallee vor unserem Haus.«[12]

Was Mieczysław Tankielun als Jugendlicher erlebt, ist ein Abschied für immer. Seine Heimat liegt heute in Weißrussland, denn Stalin hat in Potsdam auf ganzer Linie gesiegt. Er weiß um seine Beute, das östliche Europa. Neben den Deutschen, die ein Viertel ihres Territoriums verlieren, trifft es vor allem Polen, das seit 1939 zunächst von Hitler und Stalin überfallen und in gemeinsamer Komplizenschaft besetzt und annektiert wird, und nach sechsjähriger Besatzungsherrschaft wiederum zum Spielball internationaler

Mächtekonstellationen wird. Polen selbst wird kaum gefragt, kann seine Nachkriegsgeschicke nicht selbst in die Hand nehmen. Das Land wird auf Drängen Stalins radikal nach Westen verschoben, zu seinen Gunsten, denn große Teile Vorkriegspolens fallen an die Sowjetunion. Die kommunistisch dominierte polnische »Provisorische Regierung der nationalen Einheit« beugt sich schließlich den Machtverhältnissen und unterstützt diese »Westverschiebung«. Für polnische Vertriebene ist es gleichfalls ein Abschied von einem Leben, das sie in diesem Augenblick für immer zurücklassen. »Morgen fahren wir weg. Das ist der letzte Abend in Lemberg. Ich schreibe im Eßzimmer auf einer Kiste. Ein Gewitter nähert sich, von weitem hört man den Donner. Heute habe ich zum letzten Mal das Hohe Schloß gesehen. Das kann nicht wahr sein, daß ich nie wieder hierher zurückkehren soll. [...] In dem Zimmer, in dem jetzt unsere Tochter schläft, wurde ich geboren. Jetzt muß ich hier weg. Sie vertreiben uns von unserer heimatlichen Erde«. Alma Heczko vertraut diese Zeilen ihrem Tagebuch am 18. Mai 1945 an, als sie ihre Heimat Lemberg für immer verlassen muss.[13]

Mindestens 1,6 Millionen Polen verlieren durch die Machtpolitik Stalins im Rahmen der sogenannten Westverschiebung ihre Heimat in Ostpolen, den sogenannten Kresy. Lemberg, Wilna und Grodno fallen an die damalige Sowjetunion. Zu den Betroffenen zählt Familie Kurowski. Ihr Heimatdorf Dukszty Pijarskie bleibt für mehrere Generationen nach ihrer Vertreibung ein Fixpunkt. Für die älteren Familienmitglieder Julian und Janina Kurowski symbolisiert der Ort ihren konkreten Verlust, für die Nachgeborenen lebt er in Erzählungen weiter. Bis 1939 gehört Dukszty Pijarskie zur Zweiten Polnischen Republik, heute liegt es in Litauen. Julian und Janina Kurowski heiraten 1937 in der katholischen Pfarrkirche von Dukszty Pijarskie, im nahen Dorf Maluny besitzen sie einen Bauernhof von zwanzig Hektar. Im Herbst 1946 müssen die Kurowskis ihre Heimat für immer verlassen, nachdem sie der Sowjetunion zugeschlagen wird. Sie brechen auf ins Ungewisse, in ein Polen, das sie nicht kennen. Nach ihrer Vertreibung leben sie im einst deutschen Bartenstein. Bis zu ihrem Tod leben Janina und Julian Kurowski zwischen beiden Welten. Wenn sie sprechen, klingt die singende Melodie des Wilnaer Polnisch durch, erinnert sich ihr Sohn Józef. »Meine Eltern, obwohl sie den größten Teil ihres Lebens in Barten [einer ostpreußischen Landschaft, A. K.] verbrachten, hörten nie auf, mit ihrem Herzen und ihrer Seele, mit all ihrem Dasein Kinder ihres geliebten Wilnaer Landes zu sein – Heimat ihrer Vorfahren. Jeder Tag im Leben von Julian und Janina in Bartenstein an der Alle war erfüllt von Gedanken an die heimatliche Erde, wo sie Kindheit und Jugend an den Flüsschen Duksztanka und Wilia verbrachten.«[14]

Ulrike Draesner erzählt in ihrem Roman *Sieben Sprünge vom Rand der Welt* von einer schlesischen Familie über mehrere Generationen. Sie beschreibt zugleich in der Person des polnischen Psychologen Boris Nienalt das doppelte Dilemma der polnischen Vertriebenen. Diese verlieren nicht nur ihre Heimat, sondern sie müssen sich

Janina und Julian Kurowski, 1943

überwiegend in den ehemals deutschen Ostgebieten ansiedeln. Boris erklärt, dass sich seelische Landschaften von einer Generation in die nächste hinüber stempelten. Boris ist selbst Spross einer Vertriebenenfamilie – allerdings einer polnischen. Seine Mutter Halka wird von den Sowjets aus Lemberg vertrieben in das neue Westpolen, das ehemals deutsche Breslau. Sie leben in den Trümmern einer deutschen Vergangenheit. »Wie Pioniere seien wir in ein Vakuum gefallen voller Leichen, Dreck, Schande, Müll und Gefahr, in Stadt- und Dorfreste, die Lebens- und Lügenreste unserer Vorwohner«, erzählt Boris' Mutter Halka, »eine Stadt, nicht völlig leer, sondern bestreut mit Asche und hässlichen Träumen. Da hätten wir uns in Menschen ohne Geschichte verwandelt, wir durften keine haben, und der Raum, den wir betraten, hatte ebenfalls keine Geschichte mehr oder nur eine zerschlagene und eine erfundene, die 1000 Jahre zurücklag, ein Propagandabild.«[15] Das Ankommen im Westen bleibt für polnische Vertriebene eine schwierige Gratwanderung. Zugleich müssen sie als Opfer Stalins, der in Potsdam seinen Willen durchsetzt, über ihre eigene Vertreibung schweigen. Offiziell gelten sie – so die Staatsdoktrin – als »Repatriierte«, ein Begriff, der die menschliche Katastrophe einer Vertreibung beschönigend verkleistern soll. Jede öffentliche Trauer bleibt untersagt. »Unsere Vertreibung gab es offiziell nicht. Wir waren heimgeholt worden. Wie also klagen!«, meint Halka.[16]

Karelien, Istrien, Siebenbürgen, Bukowina, Galizien, Schlesien, Böhmen, Wolhynien, Masuren, Gottschee: Landschaften, deren ursprüngliche Bewohner Opfer von Zwangsmigrationen wurden. Städte wie Fiume, Grodno, Lemberg, Wilna oder Breslau ändern ihr Antlitz, die ethnische und sprachliche Vielfalt verschwindet. Nüchterne Zahlen stehen exemplarisch für Millionen Schicksale: 90 000 Magyaren verlassen bis 1949 ihre Heimat in der Südslowakei Richtung Ungarn. Bis 1950 kommen über 200 000 Tschechen und Slowaken aus Gebieten des einstigen Habsburger Reiches in die neue Tschechoslowakei, unter ihnen 40 000 aus dem nunmehr sowjetischen Wolhynien. Sie lassen sich vor allem in den böhmischen Gebieten nieder, aus denen zuvor die deutsche Bevölkerung vertrieben worden war. Der Krieg und seine Folgen verursachen Flüchtlingsströme, deren Kontexte unterschiedlicher Natur sind und Europa auf Jahre und Jahrzehnte herausfordern.

Nach dem Potsdamer Abkommen erhalten Millionen Menschen die dramatische Gewissheit, dass sie ihre Heimat und damit vertraute Räume und soziale Bindungen für immer verlieren. Zugleich beschleicht sie ein Gefühl von Fremdheit. Fremd zu sein ist ein Schicksal, das Vertriebene nicht selbst bestimmen können. Universale Erfahrungen verbinden sie, auch nach 1945. »Es gab keine Bilder, keine Decken, keine Briefe, keine Fotos, keine Urkunden, keinen überkommenen Weihnachtsschmuck, keine einzige alte Puppe, keinen Topf, kein Taschentuch mit Monogramm, von Möbeln ganz zu schweigen. Nichts Althergebrachtes, kein Erbe, kein Geschenk über Generationen hinweg.«[17] Zugleich gestaltet sich ihr Ankommen nach der Vertreibung schwierig, denn Flüchtlinge sind nie willkommen.

Nach 1945 fallen 14 Millionen deutsche Vertriebene ein wie eine biblische Plage, ohne die Möglichkeit ihrer Rückkehr. In Reinhard Jirgls Roman *Die Unvollendeten* protestiert eine Einheimische gegen die Aufnahme einer sudetendeutschen Familie im Januar 1946 in der Altmark: »Flüchtlinge u Dünnschiß kann eben niemand aufhalten. Schnauzte die Witwe & räumte aus dem Zimmer das 1zige Bettgestell raus.«[18] Willkommen sind sie nicht. »Verschwinds, damisches Gesindel«, entgegnet man im Chiemgau einem kleinen Flüchtlingsjungen aus Ostpreußen, manchmal lässt man die Hunde von der Kette.[19] Allein auf sich gestellt, sind sie auf das Mitleid fremder Menschen in einer fremden Umgebung angewiesen. »Die drei großen Übel, das waren die Wildschweine, die Kartoffelkäfer und die Flüchtlinge«, sagte man nach dem Krieg im Emsland.[20] Zwangseinquartierungen von Vertriebenen in die Häuser der Einheimischen, an die Günter Grass erinnert, gefährden mancherorts die soziale Ordnung. Maschinenpistolen der Besatzungsmächte müssen häufig unter Androhung von Gewalt die Aufnahme der Obdachlosen erzwingen. 1946 trifft Grass Eltern und Schwester im Bergischen Land nach fast zwei

Jahren Trennung wieder. Er erlebt persönlich die erzwungene Einquartierung bei einer eingesessenen Bauernfamilie: »Vor mir standen Vertriebene, als einzelne zwar, doch unter Millionen von nur statistischem Wert. Ich umarmte Überlebende, die, wie es hieß, mit dem Schrecken davongekommen waren. [...] Die zuständige Behörde hatte die Eltern und die Schwester bei einem Bauern eingewiesen. Dieser Zwang war üblich, denn freiwillig wurden Flüchtlinge und Vertriebene selten aufgenommen.«[21]

»Das Wegenetz einer Flucht zieht man ein Leben lang hinter sich her.«[22] Wer sich seiner Heimat stets sicher sein konnte, braucht sich nie Fragen nach Identität zu stellen. Wer sie verloren hat, muss sie sich ständig stellen. Erzwungener Heimatverlust bringt die Gewissheit vom geschützten Raum, vom Elternhaus, vom Dialekt der Kindheit, den Gerüchen der Küche, diese von frühester Kindheit geprägte Gewissheit von Zugehörigkeit durcheinander. Diese Erfahrung ist millionenfach überliefert und eingebettet in eine große europäische Erzählung von Vertreibungen, deren vorläufiger Höhepunkt das 20. Jahrhundert war. Über weite Strecken des 20. Jahrhunderts galt Vertreibung als legitimes Mittel der Politik, von Lausanne bis Jugoslawien. Eine Zäsur in Europa gab es erst, als die internationale Staatengemeinschaft in den 1990er Jahren nicht mehr willens war, »ethnische Säuberungen« in Jugoslawien zu legitimieren. Europas historische Topografie ist die von Massenmord, von Gewaltherrschaft, Besatzung und Vertreibung. Die Schriftstellerin Olga Tokarczuk, 1962 als Tochter vertriebener Polen in Niederschlesien geboren, beschreibt etwas Allgemeingültiges, das auch für das 21. Jahrhundert gilt: »Der Mensch, der seinen Ort verlassen muss, gibt einen wesentlichen Teil seiner selbst auf, er wird Opfer einer brutalen Amputation. Phantomschmerzen werden ihn bis ans Lebensende quälen.«[23] Die Potsdamer Konferenz löst mit ihren beschlossenen Vertreibungen humane Katastrophen aus, die den Kontinent ethnisch langfristig verändern sollen. Die Entscheidungen der »Großen Drei« im sommerlichen Cecilienhof werfen lange Schatten weit bis ins 21. Jahrhundert.

**Anmerkungen**
**1** Erpenbeck 2008, S. 132. / **2** Gleß 2008, S. 83. / **3** Biella 1946, 21.12.1946. / **4** Wolf 2002, S. 412. / **5** Aly und Schlögel 2002, SZ Nr. 70 (23./24.3.2002). / **6** Beer 2011, S. 9. / **7** Douglas 2012, S. 113–114. / **8** Douglas 2012, S. 167. / **9** Koch-Thalmann 2000, S. 158. / **10** Koch-Thalmann 2000, S. 294. / **11** Elliger 2006, S. 169–170. / **12** Tankielun 2006, S. 373–374. / **13** Kochanowski 2001, S. 104. / **14** Im Original: »Moi Rodzice, chociaż większość życia spędzili na terenie Barcji, nigdy nie przestali być sercem i duszą, całym swoim jestestwem dziećmi ukochanej Wileńszczyzny – ojczyzny ich antenatów. Każdy dzień życia Juliana i Janiny w Bartoszycach nad Łyną był przepełniony myślami o rodzinnej ziemi, dzieciństwie i młodości spędzonej nad Duksztanką i Wilią« (Übersetzung durch den Verfasser), in: Kurowski 2018, S. 78. / **15** Draesner 2014, S. 453. / **16** Draesner 2014, S. 486. / **17** Draesner 2014, S. 17. / **18** Jirgl 2007, S. 8. / **19** Ihlau 2014, siehe dazu etwa die Erinnerungen von Olaf Ihlau. Er wählt für seine Autobiografie insgesamt den Bollerwagen als Begleiter durch sein Leben, vom ostpreußischen Königsberg bis schließlich auf seine Finca auf Ibiza. / **20** Eiynck 1997, Interview mit Manfred Meißner, S. 495. / **21** Grass 2006, S. 272–273. / **22** Draesner 2014, S. 27. / **23** Tokarczuk 2004, S. 9.

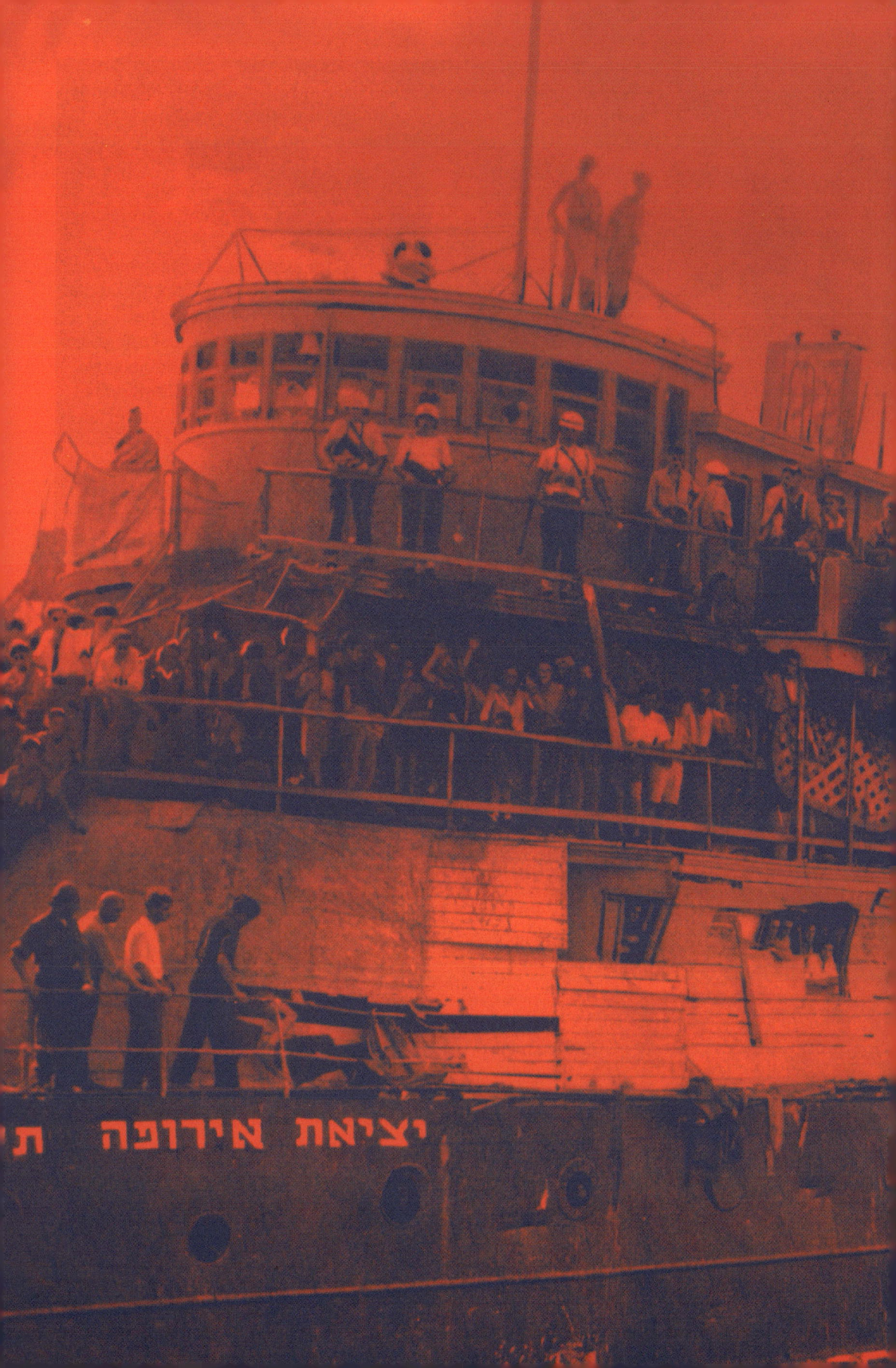

# Die Potsdamer Konferenz und die jüdischen Organisa- tionen

Thomas Brechenmacher

Die Vernichtung fast des gesamten europäischen Judentums durch das nationalsozialistische Deutschland bildete für die Verhandlungen der »Großen Drei« bei Weitem kein zentrales Thema – sondern eher eine Fußnote. »Jüdische Fragen« mussten sich am Ende des Zweiten Weltkriegs in die jeweiligen Interessenlagen einordnen lassen; danach entschied sich, ob sie überhaupt zur Sprache kamen. Weder die Vereinigten Staaten noch Großbritannien noch gar die Sowjetunion schwangen sich jenseits ihrer eigenen Kalküle zu Fürsprechern der Juden auf, wenngleich sie auch hin und wieder behaupteten, genau dies zu sein.

So blieb es den jüdischen Organisationen und Gruppierungen überlassen, die jüdische Katastrophe in Europa im Rahmen der »Neuordnung der Welt« ins Blickfeld zu rücken und Lösungen für die mit ihr verbundenen Konsequenzen anzumahnen.[1] Tonangebend war dabei der Zionismus, der in den Jahren unmittelbar vor der Gründung des jüdischen Staates auch in großen Diaspora-Organisationen wie dem World Jewish Congress (WJC) und dem American Jewish Committee (AJC) eine zentrale Rolle spielte. Freilich stand die Idee einer jüdischen Staatsgründung beim AJC in einer universalistischen Gesamtperspektive; diese zielte auf umfassendes Lebensrecht und Minderheitenschutz für Juden überall auf der Welt, garantiert durch die Akzeptanz der allgemeinen Menschenrechte. Mit denjenigen Zionisten – etwa beim WJC –, die ausschließlich in einem jüdischen Staat die Zukunft des Judentums sahen, lagen die »Universalisten« in teils heftigem Streit.[2] Die Jewish Claims Conference indessen, jene Formation aus 23 nationalen und internationalen jüdischen Vereinigungen, die sich unabhängig von zionistischen Zielen der Aufgabe widmen sollte, jüdische Restitutionsansprüche gegenüber dem Rechtsnachfolger des Deutschen Reiches zu verhandeln, etablierte sich erst 1951, nachdem sich Bundeskanzler Konrad Adenauer zur Verpflichtung der jungen Bundesrepublik bekannt hatte, »moralische und materielle Wiedergutmachung« zu leisten.[3]

Die jüdischen Akteure von 1945 beschäftigten drei Problemkreise, die auf verschiedene Weise in Überschneidung gebracht werden konnten: erstens die Frage nach dem Schicksal der in Europa überlebenden Juden, der jüdischen *Displaced Persons* (DPs), zweitens die Frage nach der Rückerstattung bzw. nach Entschädigungsleistungen und deren Adressaten, drittens die Frage nach der Neuordnung Palästinas und der Gründung eines jüdischen Gemeinwesens – in der Auffassung der Hardcore-Zionisten – eines Staates.

Die Flüchtlingsfrage betraf vor allem jene vorwiegend osteuropäischen Holocaust-Überlebenden, die als Versprengte, Vertriebene, Geflohene und aus den Konzentrations- und Vernichtungslagern Befreite in den DP-Camps der westlichen Alliierten aufgefangen wurden. Unter den Millionen der *Displaced Persons* insgesamt war die jüdische DP-Gruppe aber quantitativ relativ klein (50 000–75 000).[4] In der amerikanischen Besatzungszone entstanden seit

← Das Schiff Exodus liegt mit illegalen jüdischen Flüchtlingen im Hafen von Haifa, 22. März 1947

Ende 1945 eigene Lager für jüdische DPs, in denen amerikanisch-jüdische Hilfsorganisationen tätig wurden. Das in Jalta ausgehandelte DP-Rückführungsabkommen mit der Sowjetunion erwies sich als schwierig und für jüdische DPs nicht anwendbar. Deshalb musste zum Zeitpunkt der Potsdamer Konferenz über die Zukunft dieser Personengruppe nachgedacht werden. Zumindest wurde die Problematik seitens der Zionisten dazu genutzt, weiteren Druck auf Großbritannien aufzubauen, seine hoch restriktive Einwanderungspolitik ins Mandatsgebiet endlich zu revidieren. Seit dem sogenannten Weißbuch (White Paper) von 1939 ließen die Briten faktisch keine jüdischen Immigranten mehr ins Mandatsgebiet. Dagegen liefen die zionistischen Organisationen Sturm. Die Abschlusserklärung des zionistischen »Ersatzkongresses« von 1942 im New Yorker Biltmore Hotel sprach direkt das Unglück der »Juden in den Ghettos und Konzentrationslagern des von Hitler beherrschten Europa« an und appellierte an die Briten, die »Tore Palästinas« endlich für jüdische Einwanderer zu öffnen.[5]

Nicht nur die Mandatsmacht, auch die führenden Politiker des Jischuw, der vorstaatlichen jüdischen Gemeinschaft in Palästina, waren an einer jüdischen Masseneinwanderung während der Kriegsjahre wenig interessiert, allen in der Regel von außerhalb Palästinas erhobenen zionistischen Appellen zum Trotz.[6] Der die Shoah überlebende Rest des europäischen Judentums in den DP-Lagern blieb in dieser Perspektive zunächst nur Argumentationsstoff, um die Forderung nach einem jüdischen Staat oder – begrifflich weniger eindeutig, aber diskursiv flexibler – einem »jüdischen Commonwealth« zu untersetzen. Knapp ein Jahr nach der Potsdamer Konferenz begann sich die Problematik der jüdischen DPs noch zu verschärfen, als nach dem Kielce-Pogrom vom 4. Juli 1946 von Polen aus die Fluchtbewegung eines Großteils der dort noch verbliebenen Juden in Richtung Westen einsetzte. Deren Zahl stieg in Deutschland, vor allem in der amerikanischen Zone, bis zum Sommer 1947 auf etwa 170 000.[7]

In der Entschädigungsfrage ging es den »Großen Drei« in erster Linie um Reparationsleistungen für die Schäden, die sie selbst durch den von NS-Deutschland provozierten Krieg erlitten hatten. Ein Bewusstsein für Entschädigungsansprüche auch der jüdischen Opfer musste erst geschaffen und durch harte politische Lobbyarbeit durchgesetzt werden. Mit diesen Bemühungen war die überaus heikle Frage verbunden, wer der Träger dieser Ansprüche sein sollte, ob es Individual- oder Kollektiventschädigungen geben sollte, und welches Kollektiv denn in die Rechte der Millionen Ermordeten eintreten sollte.

Die Palästinafrage barg reichhaltiges, nicht nur regionales Konfliktpotenzial, im weltpolitischen Rahmen vor allem zwischen Großbritannien und den Vereinigten Staaten. Beide Mächte lavierten, Großbritannien zeigte sich zunehmend erschöpft und konzeptionslos. Spätestens seit dem arabischen Aufstand von 1936 war die Mandatsmacht in einen Kriegs- und Bürgerkriegszustand verwickelt und versuchte, zwischen den Forderungen der Araber und den Ansprüchen der Zionisten zu manövrieren, ohne zu einer konsistenten Politik zu finden. Das Ende des Weltkriegs, das Erstarken der Vereinigten Staaten und das Heraufziehen der bipolaren Ordnung verlieh der nahöstlichen Region zusätzlich eine globalpolitische Bedeutung. Während der Kontrollverlust der Briten in Palästina immer greifbarer wurde, brachten sich die USA und die Sowjetunion in Stellung.

### Die »Großen Drei« und die Interessen jüdischer Organisationen vor der Konferenz

Auf der Krim wurde über die Palästinafrage nicht offiziell verhandelt.[8] Präsident Roosevelt legte sich nicht auf eine eindeutige Haltung zur Idee eines jüdischen Staates fest. Aus ökonomischen wie geostrategischen Gründen hielt er es für geboten, das Verhältnis seines Landes zum saudischen Königreich nicht zu belasten. Den Gegenvorstellungen amerikanischer Zionisten begegnete Roosevelt – »ein Meister der Mehrdeutigkeit«[9] – elastisch. Mehr als zu einer jüdischen Staatsgründung neigte er zum Modell einer treuhänderischen Verwaltung der Region unter Einbindung der großen Ethnien und der drei monotheistischen Religionsgruppen.

Nachdem Roosevelt am 12. April 1945 gestorben war, versuchten die Zionisten so schnell wie möglich in Kontakt zum neuen Präsidenten zu treten. Truman empfing Rabbiner Stephen S. Wise, den Präsidenten des Jüdischen Weltkongresses (WJC) und Co-Vorsitzenden des American Zionist Emergency Council, bereits eine Woche nach seiner Amtsübernahme, am 20. April.[10] Wise schilderte ihm das Problem der jüdischen DPs und wies auf die Dringlichkeit hin, die sich daraus für die Forderung nach unbeschränkter Einwanderung und Errichtung eines jüdischen Staates in Palästina ergebe. Doch Truman war von den Fachleuten aus dem State Department bereits »gebrieft« und auf die Roosevelt'sche Linie eingeschworen worden: Die Palästinafrage berühre »vitale Interessen« der Vereinigten Staaten, sei hochkomplex und beinhalte Aspekte, die weit über die Notlage der Juden in Europa hinausgingen.[11] Truman sah – seinen späteren Erinnerungen zufolge – diese größeren Interessenzusammenhänge zwar ein und bekannte sich Wise gegenüber dazu, die Politik seines Vorgängers fortzusetzen. Freilich habe er manche der Überlegungen der »Jungs« im State Department auch skeptisch beurteilt: »Ich hatte den Eindruck, es müsse möglich sein, die längerfristigen Interessen unseres Landes zu berücksichtigen, gleichzeitig aber diesen unglücklichen Opfern der Verfolgung dabei zu helfen, eine neue Heimat zu finden. Als Rabbi Wise aufbrach, glaubte ich, ihm dies deutlich gemacht zu haben.«[12]

Dass Truman den jüdischen Belangen in Palästina mit einer gewissen Sympathie gegenüberstand, ist bereits aus seiner Zeit als Senator für Missouri belegt.[13] Als Präsident musste er daneben andere Aspekte im Blick haben. Dazu zählte nicht zuletzt das Verhältnis zur Mandatsmacht. Deren Premierminister Churchill agierte verzögernd und beschied den Präsidenten der Zionistischen Weltorganisation (WZO) Chaim Weizmann nach der Jalta-Konferenz, die Palästina-Angelegenheit könne überhaupt erst nach dem Ende des Krieges im Rahmen eines Friedenskongresses im internationalen Maßstab behandelt werden.[14] Trotzdem, so Churchill Anfang Juli 1945 in einem internen Vermerk, könne man ja in Potsdam darüber reden. »Ich glaube nicht, daß wir die Verantwortung, diese sehr schwierige Region zu verwalten, allein auf uns nehmen sollten, während die Amerikaner sich zurücklehnen und Kritik üben.« Vom Mandat schien Churchill zu diesem Zeitpunkt endgültig genug zu haben. »Ich kann nicht den geringsten Nutzen erkennen, den Großbritannien jemals aus dieser schmerzvollen und undankbaren Aufgabe gezogen hätte.« Jemand anderes solle sich nun damit herumschlagen.[15]

Die Position der Sowjetunion blieb undurchsichtig. Natürlich wollte Stalin gefragt werden und witterte eine britisch-amerikanische Verständigung im Nahen Osten zu seinen Ungunsten. In der Palästinafrage tendierte er, wie der US-Präsident, zum Treuhand-Modell.[16] Roosevelt war im März 1945 der Auffassung, Stalin sei zwar weder Pro- noch Anti-Zionist, jedenfalls aber nicht der Judenhasser, als der er manchmal gelte.[17]

Vor dem Hintergrund dieser tatsächlichen oder auch nur angenommenen Dispositionen der »Großen Drei« versuchten sich die jüdischen Interessenorganisationen mit Blick auf die kommenden Verhandlungen Gehör zu verschaffen. Nach außen – beispielsweise am Rande der internationalen Konferenz in San Francisco zur Vorbereitung der UN-Charta zwischen April und Juni und bei zahlreichen öffentlichen Kundgebungen – entfalteten sie Aktivitäten, um der Forderung nach schnellstmöglicher Gründung eines jüdischen Staates und ungehinderter jüdischer Einwanderung nach Palästina Gehör zu verschaffen.[18] In den entscheidenden *inner circles* jedoch schien alles zu stagnieren. Der US-Botschafter in London berichtete Anfang Juli an Außenminister Stettinius, Weizmann sei derart frustriert, dass er daran denke, von all seinen Ämtern zurückzutreten, sollten nicht bald Fortschritte erzielt werden. »Ich bin mir sicher, daß er dies nicht sagte, um zu drohen. Der Mann ist erschöpft und krank und völlig entmutigt angesichts der Tragödien, die sein Volk getroffen haben.«[19]

Neben WJC, WZO, AJC und der Jewish Agency for Palestine (JA) – Verwaltungsagentur des Jischuw und jüdischer Ansprechpartner der Mandatsmacht – setzten sich auch nichtjüdische Gruppierungen für eine Lösung der Palästinafrage ein. Das American Palestine Committee, eine Initiative vor allem nichtjüdischer US-Senatoren, sammelte ab Mitte Mai 1945 Unterschriften unter den Mitgliedern beider Häuser des US-Parlaments. Die schließlich von mehr als fünfzig Senatoren und 250 Abgeordneten unterzeichnete Petition an Truman forderte den Präsidenten auf, schnellstmöglich Einfluss auf die Briten zu nehmen, Palästina für unbeschränkte jüdische Einwanderung und Kolonisation zu öffnen und außerdem zu versuchen, weitere

Stephen S. Wise, um 1920

Mächte für die Einrichtung eines »jüdischen Commonwealth« zu interessieren.[20] »At the earliest possible time«[21] bedeutete: auf der unmittelbar bevorstehenden Potsdamer Konferenz. Truman empfing die Petition Anfang Juli.

Schon vorher war dem US-Präsidenten freilich vom State Department eine zurückhaltende Verhandlungslinie für Potsdam empfohlen worden. Palästina sei ein Problem der Briten, und es läge in deren Verantwortung, hierzu in nächster Zeit eine Entscheidung zu treffen. Anders als die Zionisten wünschten, sei es nicht Aufgabe des US-Präsidenten, dazu im Gespräch mit Churchill während der Konferenz in Potsdam in detaillierte Erörterungen einzutreten oder gar selbst irgendwelche Entscheidungen zu treffen. Den jüdischen Forderungen gegenüber solle sich der Präsident auf die Grundposition zurückziehen, dass die Siedlungsfragen für Palästina nach dem Kriegsende durch die Vereinten Nationen gelöst würden, und zwar stets in voller Abstimmung sowohl mit den Arabern als auch mit den Juden.[22] Ausgestattet mit einem entsprechenden »Briefing Paper« reiste Truman nach Potsdam.[23]

So entspannt, wie das State Department suggerierte, war seine Lage aber keineswegs. Das amerikanische Judentum war eine starke, öffentlichkeitswirksame Lobbygruppe; allein die Unterstützung durch das nichtjüdische American Palestine Committee zeigt, welche Mobilisierungseffekte es erzielen konnte. Die Geheimdienste registrierten vor der Potsdamer Konferenz eine wachsende »Militanz« der Zionisten, verbunden mit zunehmender Enttäuschung, ja Zorn über die zurückhaltende Politik der US-Regierung.[24] Je mehr das ganze Ausmaß der Vernichtung des europäischen Judentums erkennbar wurde, umso dringlicher wurden auch die Anfragen an die Siegermächte: Hatten diese nicht während des Krieges viel zu wenig unternommen, die jüdische Katastrophe zu verhindern? Standen sie deshalb jetzt nicht umso mehr in der Verantwortung, die Überlebenden mit größtem Nachdruck zu unterstützen?[25]

### Jüdische Überlegungen zur Entschädigungs- und Palästinafrage

Neben der Forderung nach Einwanderung, Land, »Gemeinwesen« oder Staat formulierten die internen Überlegungen der großen jüdischen Institutionen folgerichtig auch die Frage der Rückerstattung und Entschädigung, noch bevor die Siegermächte verstanden hatten (oder verstehen wollten), dass hier ein weiteres schwieriges Thema auf sie zukam. Im April 1945 arbeitete der beim Institute of Jewish Affairs des WJC tätige Völkerrechtler Nehemiah Robinson ein Positionspapier zu dieser Problematik aus. Robinson, der 1940 aus Litauen geflüchtet und damit selbst ein Überlebender des Holocaust war, avancierte in den Folgejahren zu einem der wichtigsten Experten für Entschädigungs- und Reparationsfragen beim WJC; bei den späteren Verhandlungen zwischen der Claims Conference und der Bundesrepublik über das Luxemburger Abkommen wirkte er als juristischer Hauptberater mit.[26] Sein Positionspapier von 1945 und all seine weiteren Stellungnahmen zur Entschädigungsproblematik fußten auf seinem bereits 1944 erschienenen Buch »Indemnification and Reparations. Jewish Aspects«.[27]

Zwischen Jalta und Potsdam fasste Robinson zunächst den »gegenwärtigen Stand des Problems« zusammen, um dann für den WJC Überlegungen zum weiteren Vorgehen anzustellen. Der Erklärung der Krimkonferenz zufolge sei die in Moskau tagende alliierte Reparationskommission ausschließlich für die Anliegen der alliierten Mächte zuständig. Der Leiter der US-Delegation in dieser Kommission, Lubin, habe geraten, »die Regierungen der Vereinigten Staaten, Großbritanniens und Russlands aufzufordern, der Reparationskommission zu gestatten, bestimmte Entschädigungsbeträge auch zugunsten des jüdischen Volkes vorzusehen.« Lubin glaube, die Kommission werde eine solche Entscheidung dann bereitwillig ausführen. Der WJC müsse sich also, so Robinsons Resümee, bei den Regierungen einsetzen, »etwas für die Rückgabe jüdischen Eigentums und die Befriedigung jüdischer Ansprüche zu unternehmen. Bei unzureichenden Maßnahmen könnten Vorschläge für eine bessere Behandlung unterbreitet werden. Wird nichts unternommen, kann keine mehr oder weniger einheitliche Lösung [...] erreicht werden.«[28]

Mitte Juli, jetzt schon im unmittelbaren Vorfeld der Potsdamer Konferenz, intensivierten sich die Überlegungen. Die Zeit drängte, denn es wurde angenommen, dass das Reparationsproblem in Potsdam »high on the agenda« stehen werde. Im Anschluss an ein Telefongespräch mit Nahum Goldmann, dem Gründer und Präsidenten des WJC, informierte Robinson diesen am 17. Juli, dem Tag des Beginns der Konferenz, über die Überlegungen einer eigens eingerichteten Arbeitsgruppe. Deren Mitglieder hatten zunächst die Idee entwickelt, in einer konzertierten Aktion zusammen mit der Jewish Agency ein Telegramm »im Namen des jüdischen Volkes« an die in Potsdam versammelten Regierungschefs abzusetzen, »ohne jedoch bereits den Zweck festzulegen, für den die Reparationen, falls sie bewilligt würden, eingesetzt werden sollten«.

Nach genauerem Nachdenken rückte Robinson jedoch von diesem Gedanken wieder ab. Das Telegramm würde sehr wahrscheinlich in Potsdam gar nicht ankommen. »Doch auch wenn es ankäme, würde es kaum Beachtung finden, weil nicht einer der Teilnehmer der Konferenz so sachgerecht vorbereitet sein dürfte, um auf die vielen Fragen eine Antwort geben zu können, die sich aus einer derart vagen Forderung ohne seriöse Dokumentation ergeben.« Leider habe man in den einschlägigen Gremien des WJC mehr als ein halbes Jahr lang kein großes Interesse für die Problematik gezeigt, »und ein ganz oberflächliches Telegramm kann, bestenfalls, für das Ergebnis unseres Bemühens nur wirkungslos bleiben«.[29]

Robinson ahnte wohl, welche Strategie das State Department Präsident Truman empfohlen hatte. Davon abgesehen zeigen seine Aufzeichnungen, wie relativ unvorbereitet und angesichts der Komplexität der Entschädigungsfrage ratlos eine Großorganisation wie der WJC den Verhandlungen der Siegermächte gegenübertrat. Insbesondere die Verbindung von Entschädigungsforderungen mit dem Ziel einer Staatsgründung bereitete den jüdischen Funktionären Kopfzerbrechen und führte zu Uneinigkeit. Vehement wies Robinson einen Vorschlag Bernard Josephs vom Planungskomitee der Jewish Agency zurück. Dieser hatte angeregt, eine Globalentschädigung für das jüdische Volk zu fordern, die für den Aufbau eines »Commonwealth« an die JA ausbezahlt und von dieser verwaltet werden sollte. Eine solche Forderung, so Robinson, könne sich kontraproduktiv auswirken und würde lediglich die Feinde einer Staatenlösung in Palästina anstacheln; zum gegenwärtigen Zeitpunkt dürfe nichts unternommen werden, was zu den schon bestehenden Schwierigkeiten weitere hinzufügen könne. Im Übrigen stehe sehr in Frage, ob Palästina in Potsdam überhaupt auf die Tagesordnung komme; in jedem Falle könne man nicht den zweiten Schritt vor dem ersten gehen.[30]

Der entscheidende Punkt bei dieser Argumentation gegen den Vorschlag der JA war die Vorstellung der Entschädigung eines »ganzen Volkes«. Robinson fragte, wodurch diese Idee gerechtfertigt werden könne? Außer »Palästina« gebe es keinen, zumal keinen von einer territorialen Basis abgelösten, Rechtfertigungsgrund. Deshalb müsse sehr genau überlegt werden, wie ratsam es sei, »Reparationen für ein Volk« zu reklamieren, das noch gar keinen Staat habe. Geld zu fordern aufgrund der Notwendigkeit, einen Staat zu gründen, ließ Robinson als Rechtstitel für Entschädigungen nicht gelten. »Wir haben bessere Ansprüche als diesen.«[31] Abseits von taktischen Erwägungen zeichnete sich in dieser Opposition des WJC-Vertreters gegenüber einem Repräsentanten der JA schon die spätere, für die »Wiedergutmachungsverhandlungen« mit der Bundesrepublik kennzeichnende Konfliktlage von Diaspora- und israelischem Judentum ab.[32]

### »Jüdische Fragen« – kein Thema der Konferenz

Robinson wiederholte seine Lagebeurteilung in einem weiteren Memorandum für Goldmann vom 24. Juli. Ganz Völkerrechtler, deklinierte er darin durch, für welche Ansprüche der jüdischen Opfer internationale jüdische Organisationen überhaupt einzutreten befugt seien. Legitimerweise schien ihm dies nur für solche Vermögens- oder Eigentumswerte der Fall zu sein, die aufgrund des von den Achsenmächten ausgeführten Massenmords »erbenlos« waren. Da der Massenmord auf die Vernichtung des jüdischen Volkes zielte, sei folgerichtig das jüdische Volk auch der Träger der Ansprüche auf das erbenlose Vermögen.[33] Wiederum warnte Robinson aber davor, Probleme zu vermengen, die ihrer Natur nach auseinanderzuhalten seien. Er riet zur Zurückhaltung: keine Intervention in Potsdam, keine Kopplung der Reparations- an die Palästinafrage. Stattdessen solle beim WJC eine Kommission eingesetzt werden, mit dem Auftrag, die ganze Thematik im Detail zu durchdringen und vor einem endgültigen Lösungsversuch sorgfältig aufzubereiten.

Die Frage der Entschädigung der jüdischen Opfer blieb in Potsdam außen vor, während das Thema der Reparationsleistungen an die Siegermächte in der Tat »high on the agenda« stand. Ebenso wenig verhandelt wurde das Palästinaproblem.[34] Am 24. Juli – dem Tag, an dem Robinson sein zweites Memorandum für Goldmann niederschrieb – sandte Truman in Potsdam eine Note an Churchill, in der er die britische Regierung ersuchte, »ohne Verzögerung« Schritte zu ergreifen, die restriktiven Einwanderungsbestimmungen des Weißbuchs aufzuheben.[35] Das Interesse in Amerika an dieser Frage sei groß. Diese Wortmeldung war ebenso Ausdruck von Trumans eigener Sympathie für das Anliegen eines »jüdischen Commonwealth« (wenn auch nicht unbedingt Staates) wie Reflex auf Aktionen der amerikanisch-prozionistischen Lobbyorganisationen; sie lag nicht ganz auf der Linie des State Departments und bestätigte sicherlich Churchill in seiner Auffassung von den sich zurücklehnenden, aber Kritik übenden Amerikanern. Im Schlussabsatz seiner Note bekräftigte Truman, dass auf der gegenwärtigen Konferenz keine Zeit bleibe, das Palästinaproblem angemessen zu diskutieren. Jedoch solle die Angelegenheit auch nicht auf die lange Bank geschoben werden; er hoffe, Churchill werde ihm bald seine Auffassungen dazu unterbreiten, sodass sie zu einem späteren, aber doch baldmöglichsten Zeitpunkt »in concrete terms« angegangen werden könne.[36]

Churchill war als Premierminister nicht mehr in der Lage, dem US-Präsidenten zu antworten. Stattdessen bestätigte sein Nachfolger Clement Attlee am 31. Juli den Empfang der Note, bat um Verständnis, dass er dazu zunächst keine Stellungnahme abgeben könne, und versicherte, die neue Regierung werde sich bald und eingehend mit Trumans Vorschlägen befassen.[37] Die Regierungsübernahme durch die als zionismusfreundlich geltende Labour-Partei löste beim American Palestine Committee nachgerade Euphorie aus. Anders als der bedächtige Robinson für den WJC sahen sich die nichtjüdischen Lobbyisten für ein »jüdisches Commonwealth« in Palästina sehr wohl in der Lage, telegrafisch direkt in Potsdam zu intervenieren. Sie appellierten an Truman, die vermeintliche Gunst der Stunde sofort zu ergreifen und die neue britische Regierung zu drängen, uneingeschränkte Immigration und das »jüdische Commonwealth« zuzulassen.[38]

Die Euphorie sollte bald abebben. Vor allem der neue Außenminister Ernest Bevin geriet in die Kritik der jüdischen Politiker. Stephen S. Wise erinnerte sich seiner nur wenige Jahre später in allergrößter Bitterkeit. »Balfour brachte Ehre über Großbritannien, Bevin Schande.«[39] Diese Enttäuschung verhielt sich wohl komplementär zu den anfangs überschießenden Erwartungen. In der Regierungsverantwortung standen die Labour-Politiker in anderen Handlungszusammenhängen denn als Oppositionelle. Faktisch passten sich Attlee und Bevin an die Churchill-Linie an, zumal in der Auffassung, dass die Vereinigten Staaten mehr Verantwortung in Palästina übernehmen sollten.

Zunächst blieb es aber bei jenem bloßen Reden der Amerikaner, das schon Churchill erzürnt hatte: Truman, aus Potsdam zurück, trat am 16. August vor die Presse und erläuterte die US-Position: So viele Juden wie möglich sollten nach Palästina einreisen dürfen; das ganze Thema solle diplomatisch auf einer friedvollen Basis zusammen mit den Briten und den Arabern geregelt werden, denn er – Truman – habe kein Bedürfnis, »eine halbe Million amerikanischer Soldaten zu entsenden, um den Frieden in Palästina zu bewahren«.[40] Dieses Vorpreschen an die Öffentlichkeit erfreute die Zionisten und verärgerte die Briten, die auch unter Labour weit davon entfernt blieben, Palästina für großangelegte jüdische DP-Einwanderung aus Europa zu öffnen.[41] Ein verwickelter Abstimmungsprozess zwischen Großbritannien und den Vereinigten Staaten im Spätsommer und Herbst 1945, der um Trumans dann präzisierte Forderung kreiste, 100 000 Juden die Einwanderung zu gewähren, führte schließlich zur Gründung einer gemischten angloamerikanischen Untersuchungskommission (»Truman-Bevin-Kommission«). Diese bereiste monatelang nicht nur den Nahen Osten, sondern auch Europa, um sich ein Bild von der Situation der Juden hier wie dort zu machen.[42]

Was aber hatte Potsdam für die Frage der jüdischen Reparationsansprüche gebracht? Obwohl diese in den Verhandlungen ausgespart blieben, vermeinte Robinson doch nun wenigstens größere Klarheit vermerken zu können. Bereits am 27. Juli hatte er für das Office Committee die Auffassung formuliert, dass die Juden von der interalliierten Reparationskommission nichts zu erwarten haben dürften. »Die Russen benehmen sich überall, wie sie wollen«, und gingen in den von ihnen besetzten Gebieten einen eigenen (von den Westalliierten akzeptierten) Weg. In erster Linie seien deshalb die Vereinigten Staaten sowie, bedingt, Großbritannien die Ansprechpartner, denen gegenüber »das jüdische Volk seine Forderungen« werde artikulieren müssen.[43] Dieser Eindruck bestätigte sich ihm Anfang August in einer Analyse des mittlerweile vorliegenden Potsdamer Protokolls.[44] Die Juden müssten zusehen, einen Teil der aus Deutschland – dessen mobilen wie immobilen, in- wie ausländischen Vermögenswerten – zu generierenden Reparationsmasse zugesprochen zu bekommen. Da die Sowjetunion durch den Sonderweg aus der weiteren Debatte faktisch ausgeschieden sei, blieben ausschließlich die USA und Großbritannien als Adressaten.

Einerseits, fasste Robinson zusammen, seien die »Chancen auf Reparationen zugunsten des jüdischen Volkes« durch die Konferenz »etwas gestiegen«. Andererseits seien die verfügbaren Summen deutlich geringer als ursprünglich angenommen, da durch den der Sowjetunion zugestandenen Sonderweg die beiden anderen Mächte auf die Erträge aus den westlichen Besatzungszonen Deutschlands beschränkt worden seien. Aufgrund der Fristenbestimmungen des Protokolls sei es angezeigt, eine »jüdische Aktion« gegenüber der Regierung der Vereinigten Staaten »sofort zu beginnen.«[45]

### Nachgelagerte Bewertung

Anfang Februar 1946 fasste das Committe on Peace Problems des AJC die Überlegungen seiner zweiten Tagung für die Arbeit der kommenden großen Friedenskonferenz (in Paris) in einem Positionspapier zusammen. Im Zentrum des Papiers stand, der »universalistischen« AJC-Grundhaltung entsprechend, die Menschenrechtsfrage.[46] Bestrafung von Kriegsverbrechern, Entschädigung auch von Individuen und freie Emigration erschienen hier nicht nur als spezifisch

David Ben-Gurion verliest die Unabhängigkeitserklärung des Staates Israel am 14. Mai 1948 in Tel Aviv

»jüdische Probleme«, sondern als Erfordernisse eines allgemeinen Strebens nach Menschenrechten, deren Missachtung auch sanktioniert werden sollte. In keinem dieser Punkte wurde den »Erklärungen der Alliierten von Moskau, Teheran, Jalta und Potsdam« ein wirklich befriedigendes Zeugnis ausgestellt. Zwar sei bereits einiges erreicht worden, aber »vieles bleibt noch zu tun«.[47]

Am 9. Dezember 1946 eröffnete Chaim Weizmann in Basel den 22. Zionistenkongress, den ersten der Nachkriegszeit, mit einer flammenden Ansprache, die im Grunde eine einzige Anklage war – gerichtet gegen die Briten. In der größten Not, so Weizmann, hätte der Träger des Mandats, auf dem seit der Balfour-Erklärung die größten Hoffnungen lagen, die Pforten der Einwanderung verschlossen. Noch immer, so Weizmann, sei die Schande des Weißbuchs, von geringfügigen Ausnahmeregelungen abgesehen, nicht beseitigt und warte der klägliche überlebende Rest des europäischen Judentums auf die Erlaubnis zur Einreise nach Palästina; noch immer sei das »Jewish National Home« nicht eingerichtet, obwohl die Katastrophe des Völkermordes nichts dringender fordere als dies. In dem Maße, in dem er Großbritannien kritisierte, lobte er den Einsatz der USA und ihres Präsidenten.[48] Dahinter freilich verbarg sich mehr politisches Kalkül als die Anerkennung bereits unternommener wirksamer Schritte. Weizmann hoffte inständig (aber vergeblich), die Vereinigten Staaten würden die ersehnten Ziele herbeiführen.

Die Potsdamer Konferenz markiert einen eher unbedeutenden, die jüdischen Interessengruppen – ob radikal, ob gemäßigt zionistisch, ob »universalistisch« – wenig befriedigenden Punkt auf dem Zeitstrahl des Weges hin zur Gründung des jüdischen Staates, zur Lösung der DP-Frage und zur Regelung der Entschädigungsproblematik. Für Robert Weltsch, den deutsch-jüdischen Emigranten, Zionisten und zeitweiligen London-Korrespondenten der Zeitung *Ha'aretz*, war Potsdam schon 1946/47 nichts mehr als ein Signum für eine verfehlte Politik der Alliierten in Europa und speziell gegenüber Deutschland: Potsdam habe die Teilung der Welt in zwei Hälften zementiert, ohne dass die Konsequenzen daraus bisher (September 1946) wirklich verstanden worden wären. »Potsdam hat keinen Ausweg gezeigt und keine Möglichkeit eines Wiederaufbaues von Europa.«[49] Nennenswerte Ergebnisse der Konferenz für die jüdischen Fragen sah Weltsch nicht.

Immerhin, Trumans sanfter Druck auf Churchill und Attlee während der Konferenz, seine Presseverlautbarung unmittelbar danach – beides zweifellos mitveranlasst durch die Aktivitäten der prozionistischen amerikanischen Lobbyisten – führte mittelbar zur Einrichtung der Truman-Bevin-Kommission und damit zu einer ersten bilateralen, ernsthaften Befassung mit der Palästina-Problematik.[50] Wirkliche Bewegung kam freilich erst im Herbst 1947 in die Angelegenheit, als die Briten aufgaben und das Mandat an die UN überantworteten, deren Vollversammlung im November schließlich den berühmten Teilungsplan annahm.

Auch das Problem der jüdischen DPs blieb unter der britischen Mandatsherrschaft ungelöst; jüdische Einwanderung in größerem Maßstab wurde erst nach der Staatsgründung und dem israelischen Unabhängigkeitskrieg 1948/49 möglich.[51] In der Entschädigungsfrage sollte sich der verhaltene Optimismus Robinsons unmittelbar nach dem Potsdamer Protokoll nicht erfüllen. Im Gegenteil, in Potsdam bahnte sich schon an, was Robinson dann 1952, nach dem Abschluss des Luxemburger Vertrages, resümieren sollte: »Selbst bei blühender Phantasie« könne dieses mit der jungen Bundesrepublik geschlossene Abkommen über Entschädigungsleistungen an die Claims Conference und den Staat Israel »nicht als durch Anweisungen oder Druck der alliierten Regierungen angestoßen oder im weiteren Ablauf herbeigeführt gelten«.[52]

**Anmerkungen**

**1** Dank an Jürgen Matthäus (US Holocaust Memorial Museum) und Juliana Witt (The Jacob Rader Marcus Center of the American Jewish Archives) für wertvolle Hilfe. / **2** Loeffler 2018, bes. S. 134–140. / **3** Adenauer im Bundestag, 27.9.1951; zu Claims Conference: Lillteicher 2011, S. 511–514. / **4** Überblick mit weiterführenden Literaturhinweisen bei Wetzel 2013. / **5** Timm 2017, S. 102–103; in der Erklärung v. a. Punkt 2 und 8. / **6** Vgl. Segev 2018, S. 349, 353, 354, 362, 373. / **7** Gross 2012, S. 345–350; die Zahl nach Wetzel 2013. / **8** Hoskins an Alling, 5.3.1945, in: FRUS 1945, The Near East and Africa, S. 690–691 – grundlegend: Ovendale 1989, hier S. 41–50. / **9** Ovendale 1989, S. 49. / **10** Truman 1955, S. 71–72; vgl. auch Ovendale 1989, S. 67. / **11** Stettinius an Truman, 18.4.1945, in: FRUS 1945, The Near East and Africa, S. 704/705. / **12** Truman 1955, S. 72; (alle Übersetzungen aus dem Englischen durch den Verfasser). – Dem AJC-Präsidenten Blaustein gegenüber monierte Truman im September 1945, Rabbi Wise und seine Anhänger führten sich auf »wie Fanatiker«, zit. nach Loeffler 2018, S. 134. / **13** Ovendale 1989, S. 66. / **14** Weizmann 1950, S. 539; US-Botschafter Winant (UK) an Stettinius, 9.7.1945, in: FRUS 1945, The Conference of Berlin (The Potsdam Conference), Bd. 1, S. 977–978; Ovendale 1989, S. 65–66. / **15** Churchill an Colonial Secretary und Chiefs of Staff Committee, 6.7.1945, in: Churchill 1953, S. 764. / **16** Ro'i 1974, S. 22. / **17** Hoskins an Alling, 5.3.1945, in: FRUS 1945, The Near East and Africa, S. 690–691. / **18** Vgl. Ovendale 1989, S. 67–75. / **19** Winant an Stettinius, 8.7.1945, in: FRUS 1945, The Conference of Berlin (The Potsdam Conference), Bd. 1, S. 977–978. / **20** Ovendale 1989, S. 69–70. / **21** Ovendale 1989, S. 70. / **22** Memorandum Grews für Truman, 16.6.1945, in: FRUS 1945, The Near East and Africa, S. 709. / **23** Briefing Book Paper, Palestine, 22.6.1945, in: FRUS 1945, The Conference of Berlin (The Potsdam Conference), Bd. 1, S. 972–974. / **24** Ovendale 1989, S. 72–75. / **25** Ovendale 1989, S. 73. / **26** Zu Nehemiah Robinson vgl. Perlzweig 2007, S. 356; außerdem Hansen 2004, S. 107 und 156. / **27** Robinson 1944. / **28** Memo Robinsons für Goldmann, Problems of Indemnification an Reparations, 24.7.1945, 11 S., Robinson 1945 msl. (AJA, WJC), die Zitate S. 5 und 8. / **29** Memo Robinsons für Goldmann, The Big Three and Reparations, 17.7.1945, 2 S. msl. (AJA, WJC), Robinson 1945, die Zitate S. 1. / **30** Memo Robinsons ..., The Big Three and Reparations, 17.7.1945, S. 2. / **31** Memo Robinsons ..., The Big Three and Reparations, 17.7.1945, S. 2. / **32** Vgl. Zweig 2009, hier S. 235. / **33** Memo Robinsons ..., Problems of Indemnification and Reparations, 24.7.1945, Robinson 1945, hier S. 2. / **34** Byrnes an Pinkerton, 18.8.1945, in: FRUS 1945, The Conference of Berlin (The Potsdam Conference), Bd. 2, S. 1407. / **35** Truman an Churchill, 24.7.1945, in: FRUS 1945, The Conference of Berlin (The Potsdam Conference), Bd. 2, S. 1402. Die sowjetische Seite wurde protokollarisch von dieser Note in Kenntnis gesetzt. / **36** Truman an Churchill, 24.7.1945, in: FRUS 1945, The Conference of Berlin (The Potsdam Conference), Bd. 2, S. 1402. / **37** Attlee an Truman, 31.7.1945, in: FRUS 1945, The Conference of Berlin (The Potsdam Conference), Bd. 2, S. 1406. / **38** Telegramm American Palestine Committee an Truman, 27.7.1945, zit. nach Ovendale 1989, S. 81. / **39** Wise 1949, S. 301–302: »Die Führung des Foreign Office fiel an einen Mann, dessen Mangel an Sympathie, Vorstellungskraft und Takt den Juden und dem jüdischen Palästina schwere Kränkungen zufügte, ja mehr noch, der Ehre Großbritanniens unheilbaren Schaden zufügte.« – Vgl. auch Weizmann 1950, S. 540–541. / **40** Byrnes an Pinkerton, 18.8.1945, in: FRUS 1945, The Conference of Berlin (The Potsdam Conference), Bd. 2, S. 1407. / **41** So z. B. Bevin im britischen Parlament am 14.11.1945: Das Ziel sei zunächst lediglich, »die gegenwärtige [minimale, ThB] Einwanderungsrate der Juden aufrechtzuerhalten«, Der Kurier, 14.11.1945, S. 1. / **42** Vgl. Weizmann 1950, S. 541–542; Crossman 1947; die Vorgänge im Detail bei Ovendale 1989, S. 77–105. / **43** Robinson an WJC Office Committee, 27.7.1945, 2 S. msl. (AJA, WJC), Robinson 1945. / **44** Verhandlungsprotokoll der Konferenz von Potsdam, 2.8.1945, in: Biewer 1992, S. 2149–2173. / **45** Memo Robinsons, Implications for the Jewish People of the Decisions on Reparations from Germany reached at Potsdam, 6.8.1945, 5 S., msl. (AJA, WJC), Robinson 1945, Zit. S. 5. – Fristenbestimmung gem. Potsdamer Protokoll III.5. / **46** Vgl. Loeffler 2018. / **47** AJC, Committee on Peace Problems, 2nd session, Jan 31 – Feb 1, 1946: Proposed Provisions for the Peace Treaties, bes. S. 16 und 21–22. / **48** Presidential Address by Dr. Chaim Weizmann, 9th December 1946, Twenty-second Zionist Congress, Basle, London 1946, ND Frankfurt/M. 2001, bes. S. 9 und 12. / **49** Robert Weltsch, Artikelmanuskripte aus London für Ha'aretz, in: LBI Archives, Robert Weltsch Collection 1770–1997, hier: Palestine Conference in the Balance, London September 17th [1946], und Bevin fährt nach Moskau, 8. März [1947]. / **50** Dieses vermeintliche »agreement« verärgerte wiederum die Sowjetunion, die sich in der Palästinafrage übergangen fühlte; vgl. Ro'i 1974, S. 22. / **51** Von 1946 bis zur Staatsgründung wanderten aus Europa nur 48 451 Juden, weitgehend illegal, in den *Jischuw* ein; von der Unabhängigkeitsproklamation (15.5.) bis zum Jahresende 1948 waren es (legal) 76 554; 1949 folgten 121 963 sowie 1950–1951 weitere 128 000; Wolffsohn und Grill 2016, S. 179. / **52** Robinson 1953, zit. nach Balabkins 1971, S. 141.

# Potsdam und Japan, etwa 1945

Robert Kramm

Während sich Winston Churchill, Josef Stalin und Harry S. Truman im Schloss Cecilienhof in Potsdam trafen, um die Nachkriegsordnung zu diskutieren, dauerte der Zweite Weltkrieg in Asien und im Pazifik weiterhin an. Die Alliierten hatten Nazideutschland und das faschistische Italien besiegt, und die Kampfhandlungen in Europa waren bereits eingestellt. Die letzte Achsenmacht Japan hatte hingegen noch nicht kapituliert. Zwar bekräftigten die Vereinigten Staaten, Großbritannien und China mit der Potsdamer Erklärung vom 26. Juli 1945 noch während der Konferenz im Schloss Cecilienhof ihre Forderung nach bedingungsloser Kapitulation an die kaiserliche Regierung Japans; die Erklärung wurde sowohl im Radio verlesen als auch auf Flugblättern gedruckt über Japan abgeworfen. Jedoch blieb sie bis zum Ende der Konferenz von japanischer Seite unbeantwortet, sie wurde gar ignoriert. Erst acht Tage nach dem Ende der Konferenz, am 10. August, entschied das japanische Kabinett mit Premierminister Suzuki Kantarō an der Spitze, die Potsdamer Erklärung anzunehmen, und die Entscheidung, tatsächlich zu kapitulieren, traf Kaiser Hirohito sogar erst am 14. August, knapp zwei Wochen nach dem Potsdamer Treffen. Sie wurde am 15. August in einer Radioansprache öffentlich verkündet.

Mit dem Ende dieses »gnadenlosen« Krieges in Ostasien, Südostasien und im Pazifik endete auch eine tragische Geschichte massenhafter Tötung und Gewalt. Schätzungen zufolge starben zwischen 1937 und 1945 über 60 Millionen Männer, Frauen und Kinder. Hunderte Millionen Menschen litten unter Japans Angriffskrieg, seiner imperialen Expansion und kolonialen Herrschaft, waren von Vertreibung, Zwangsarbeit und Sexsklaverei betroffen.[1]

### Potsdam und das Ende des Krieges in Japan

Über Anfang, Verlauf und Ende des Zweiten Weltkriegs in Asien sowie über die Bedeutung der Potsdamer Konferenz und die Potsdamer Erklärung in Japan wird heftig debattiert. Denn mit jeder einzelnen Datierung sind bestimmte Interpretationen verbunden und mit diesen meist starke politische Positionen. Eine konservative, von Japans Regierungen in der Nachkriegszeit geförderte und damit politisch etablierte Lesart des Krieges setzt mit dem Angriff auf Pearl Harbor am 7. Dezember 1941 einen scheinbar klar definierten Beginn des Krieges. Diese Perspektive auf den Zweiten Weltkrieg schließt Japans aggressive imperiale Expansion in Ostasien weitgehend aus. Das tut sie sehr bewusst, denn dadurch kann die Frage nach der Verantwortlichkeit für Kriegshandlungen wie für Kriegsverbrechen und Gräueltaten der Kaiserlich Japanischen Armee, der japanischen Kolonialbeamten wie auch der berüchtigten Militärpolizei Kempeitai in Ost- und Südostasien vor 1941 von deren Verhalten und Vorgehen nach dem japanischen Überfall auf Pearl Harbor geschieden werden.

← Kapitulation Japans auf der USS Missouri, Tokyo Bay, 2. September 1945

Kritiker dieser Periodisierung bemühten sich daher, mit der Bezeichnung des »Fünfzehnjährigen Krieges« (*jūgonen sensō*) den eigentlichen Beginn des Zweiten Weltkriegs in Ostasien auf 1931 zu datieren – das Jahr des Mukden-Zwischenfalls und der Mandschurei-Krise.[2] Nahe der Stadt Mukden (heute Shenyang) verübten japanische Offiziere der nach Japans Sieg über Russland seit 1906 in Nord-China stationierten Guandong-Armee in der Nacht vom 18. auf den 19. September 1931 einen Bombenanschlag auf die Südmandschurische Eisenbahn, den sie als terroristischen Akt des chinesischen Militärs inszenierten. Den Anschlag nutzten sie als Vorwand, um eine japanische Invasion der Mandschurei einzuleiten. In Hinblick auf die darauf folgende aggressive Expansion und forcierte Bildung eines japanischen Imperiums in Ostasien können die Ereignisse von 1931 also als Auftakt für den Zweiten Weltkrieg in Ostasien bewertet werden, wodurch auch die massenhaften Exzesse körperlicher und sexueller Gewalt bei der Eroberung Chinas durch die Guandong-Armee in den Fokus rücken.[3]

Diese politisch progressivere Interpretation verliert jedoch die historischen Entwicklungen zwischen den frühen und späten 1930er Jahren aus dem Blick, die ausschlaggebend für eine Kultur des »totalen Krieges« waren. Damit sind strukturelle Veränderungen in Politik und Wirtschaft Japans gemeint, die sich auf Menschen aller sozialen Schichten auswirkten, so beispielsweise der Ausbau des japanischen Polizeiapparats, der zunehmende Einfluss des Militärs in Politik und Gesellschaft und die übermäßige Fokussierung der japanischen Führung auf kriegswichtige Industrieproduktion für die Invasion in China, die langsam die Konsumkultur der 1920er und 1930er ablöste. Dazu zählen aber auch die Verschärfung von Massenmobilisierung und Kriegspropaganda an der Heimatfront, was die Allgegenwärtigkeit des Krieges insinuierte, die sich aber auch ganz konkret in Maßnahmen wie der Rationierung von Lebensmitteln äußerte. Auf Grundlage dieser Betrachtung plädiert die Geschichtswissenschaft zunehmend dafür, den Zweiten Weltkrieg in Ostasien im Jahr 1937 beginnen zu lassen, was zwar die anfängliche Kolonisierung der Mandschurei durch Japan ausklammert, jedoch die gewaltsame Unterwerfung und Besetzung Chinas und damit beispielsweise das von der japanischen Armee begangene Nanjing-Massaker von 1938 einschließt.[4]

Das Ende des Krieges ist ebenso umstritten. Lange herrschte die Meinung vor, dass hauptsächlich äußere Einflüsse wie die Atombombenabwürfe auf Hiroshima und Nagasaki am 6. und 9. August 1945 sowie der Kriegseintritt der Sowjetunion gegen Japan am 8. August entscheidend für die Kapitulation des Kaiserreichs waren.[5] Diese Auslegung vernachlässigt jedoch die Handlungen, die Kompetenzen sowie die Verantwortung der japanischen Führungseliten. Denn einige Eliten wie General Umezu Yoshijirō, Oberbefehlshaber der japanischen Armee und ehemaliger Kommandeur der Guandong-Armee, waren gewillt, den Krieg bis zuletzt fortzuführen, um Bedingungen bei der Kapitulation zu stellen und vor allem die Institution

Kaiser Hirohito, Ausschnitt aus ABCA-Map No. 71, Vorderseite

Angriff auf Pearl Harbor,
7. Dezember 1941

Hiroshima-Atombombe
»Little Boy«

des Kaisers aufrechtzuerhalten. Nach der Logik hochrangiger Militärs erschien die Zukunft des Kaisers (*tennō*) und des gesamten imperialen Systems (*tennōsei*) nämlich aufgrund der Alliierten-Forderung nach einer bedingungslosen Kapitulation mit anschließender militärischer Besetzung Japans, wie sie in der Potsdamer Erklärung formuliert worden war, ungewiss.[6] Ebenso ist die Zurückhaltung des Kaisers selbst zu berücksichtigen, der trotz der absehbaren Niederlage Japans die Chancen zur Beendigung des Krieges, die ihm sogar Möglichkeiten geboten hatten, Bedingungen gegenüber den Alliierten zu stellen, mehrfach nicht nutzte – ein Versäumnis, das tausende Menschen das Leben kostete.[7]

Neuere kritische Analysen des Entscheidungsprozesses in den letzten Kriegstagen argumentieren, dass ein Zusammenspiel außenpolitischer Ereignisse mit innenpolitischen Gegebenheiten ausschlaggebend für die Kapitulation gewesen sei. Auf der Grundlage japanisch-sprachiger Dokumente der japanischen Führungsriege wird offenbar, dass interne Machtkämpfe zwischen verschiedenen Fraktionen der japanischen Eliten in Politik und Militär für den Entscheidungsprozess mindestens ebenso wichtig waren wie die Atombombenabwürfe und der sowjetische Kriegseintritt.[8]

Eine Kombination innen- und außenpolitischer Faktoren manifestierte sich nicht zuletzt in einem angeblichen »Gespenst der Revolution«, einer von japanischen Eliten fortwährend imaginierten Bedrohung durch eine kommunistische Unterwanderung und Revolution. Bereits seit dem Beginn des 20. Jahrhunderts entwickelten vor allem Japans konservative Führungseliten eine beinahe obsessive Angst vor einer sozialen Revolution. Diese äußerte sich in einer Fülle medialer Anschuldigungen und Verunglimpfungen sowie polizeilicher Überwachung und Verfolgung von überwiegend sozialistischen und anarchistischen Gruppen, Parteien und Gewerkschaften. Höhepunkte staatlicher Repressionen waren massenhafte Verhaftungen und Schauprozesse wie bei dem Vorfall von Yokohama 1942 oder, noch prominenter, in der Hochverratsaffäre (*taigyaku jiken*) von 1910/11. In beiden Fällen wurden Journalisten, Kritiker und Aktivisten teilweise mit gefälschten Beweisen und mit unter Folter erzwungenen Geständnissen wegen Spionage, Verbreitung kommunistischer Propaganda oder gar der Planung politischer Attentate angeklagt und verurteilt – selbst gegen Unschuldige wurden langjährige Gefängnisstrafen und Todesurteile vollstreckt. Diese Ereignisse und die fortwährende mediale Hetze und polizeiliche Verfolgung linker Gruppen befeuerten dabei die angebliche Allgegenwart einer Revolution, obwohl ein derartiges Szenario keineswegs im Bereich des Möglichen lag und schon gar nicht der Wirklichkeit entsprach. Das Japanische Kaiserreich stand während des gesamten Krieges niemals am Rand des Umsturzes durch organisiert revoltierende Massen oder eine von Moskau gesteuerte fünfte Kolonne. Dennoch waren Japans Eliten davon überzeugt, die für sie unmittelbar bevorstehende Revolution unbedingt verhindern zu müssen. Und weil sie meinten, dass sozialistische und anarchistische Aufrührer die ungewisse Situation und Schwäche staatlicher Institutionen am Ende des Krieges ausnutzen könnten, habe die Angst vor diesem »Gespenst« maßgeblich dazu beigetragen, die Entscheidung zur Kapitulation zu beschleunigen.[9]

Dieses »Gespenst der Revolution« geisterte nicht allein durch die höchsten Kommandoebenen. Nach der Bekanntmachung von Japans Kapitulation, die der Kaiser nicht als Niederlage (*haissen*), sondern lediglich als Ende des Krieges (*shūsen*) bezeichnete, sorgten sich auch die – überwiegend männlichen – Mitarbeiter in verschiedenen japanischen Behörden und Verwaltungen um die Aufrechterhaltung der öffentlichen Ordnung, die sie durch eine Vielzahl von Kräften bedroht sahen. Denn obwohl die Mehrheit der japanischen Bevölkerung mitmachte, sich mit dem zunehmend militaristischen, gar faschistischen Regime des *tennō*-Systems der ersten Hälfte der Shōwa-Ära arrangierte und dieses aus Überzeugung oder anderen Beweggründen unterstützte, äußerten immer mehr Menschen ihren Unmut, so etwa in Graffitis, die den Krieg kritisierten und teilweise selbst den Kaiser verunglimpften.[10]

Die Polizeieinheit Tokubetsu Kōtō Keisatsu, kurz Tokkō, die wegen ihrer Überwachung politischer Bewegungen auch »Gedankenpolizei« (*shisō keisatsu*) genannt wurde, erstellte massenhaft Berichte zu regimekritischen Vorkommnissen, die sie als Ausdruck der Stimmung in der Bevölkerung während der letzten Kriegstage wertete. Schwerpunkte der Berichterstattung betrafen vor allem sozialistische und anarchistische Gruppen, denen unterstellt wurde, die ungewisse Situation auszunutzen, um die Bevölkerung zur kommunistischen Revolution aufzuwiegeln. Daran zeigt sich sehr deutlich, wie eng die Tokkō in der Logik der japanischen imperialen Ideologie verhaftet war, die auch über das Ende des Krieges hinaus wirkte, jede Form von Kritik und politischer Betätigung als Fremdkörper im japanischen Gemein- und Staatswesen (*kokutai*, wörtlich: »nationaler Körper«) klassifizierte und von vornherein ausschließen wollte.[11]

Folglich sahen die Mitarbeiter der Tokkō auch in den alliierten Besatzungstruppen, die mit der Kapitulation in Japan einfallen würden, eine Bedrohung für die innere Sicherheit und die öffentliche Ordnung des Landes. Dennoch mobilisierte die Tokkō einen Großteil des etablierten Propagandaapparats, um einen reibungslosen Übergang von der Kriegs- zur Besatzungszeit vorzubereiten, allerdings mit dem Ziel, Autoritäten vor dem Unmut der japanischen Bevölkerung zu schützen, zu erhalten und zu sichern.[12] Um das Regime vor der Verfolgung von Kriegsverbrechen durch die Alliierten zu bewahren, vernichtete die Tokkō, wie auch andere japanische Behörden, tonnenweise Dokumente, die als belastendes Material in Kriegsverbrechenstribunalen hätten herangezogen werden können.[13]

Als Bedrohung oder Herausforderung für die Bevölkerung fassten auch lokale Polizeieinheiten und Verwaltungsbehörden die bevorstehende Ankunft der Besatzungstruppen auf. Polizei und Verwaltung

Das zerstörte Stadtzentrum
Hiroshimas vier Wochen
nach dem Abwurf der amerikanischen Atombombe,
6. September 1945

wurden besonders in den zwei Wochen zwischen Japans Kapitulation und der Ankunft der ersten alliierten Soldaten am 28. August bzw. nach dem offiziellen Beginn der Besatzung am 2. September 1945 aktiv. So notierte etwa ein Beamter der Tokioter Polizeibehörde (*keishichō*) in einem geheimen Bericht vom 20. August 1945, dass die öffentliche Meinung von einer »aufrührerischen Unsicherheit« (*fuan dōyō*) zeuge, die vor allem auf Gerüchten über gewalttätige Racheakte der Besatzer basiere. Die Begriffe, mit denen dieser Polizist in seiner Aufzeichnung Akte körperlicher Gewalt bezeichnete, sind *bōkō* und *ryōjoku*, die beide im Japanischen auch Vergewaltigungen beschreiben können, um auf diese Weise eine Bedrohung gegen Frauen hervorzuheben.[14] Ganz ähnlich schätzten auch lokale Behörden in der benachbarten Präfektur Kanagawa, an deren Pazifikküste, so wurde angenommen, die Besatzungstruppen zuerst landen würden, die Situation ein. Die Behörden rieten Frauen und Kindern, sich besser in das Hinterland zurückzuziehen. Die Stadtverwaltungen und Eisenbahngesellschaften in Yokohama und Yokosuka entließen aus Furcht vor Vergewaltigungen durch alliierte Soldaten sogar ihr weibliches Personal.[15]

Über die Anweisungen und Maßnahmen der Behörden wurde die Öffentlichkeit durch eine Vielzahl von Zeitungsartikeln informiert. Die Tageszeitung Yomiuri Hōchi etwa empfahl Frauen, besonders nachts nicht mehr allein das Haus zu verlassen, keine »unzüchtige Kleidung« zu tragen und sich in der Öffentlichkeit bestenfalls nur in der kriegszeitlichen Arbeitskleidung *monpe* mit mehreren Schichten Unterwäsche zu bewegen, um ja keine Körperformen erkennen zu lassen.[16] In einem Kommentar in der gleichen Zeitung forderte allerdings Horikiri Zenjirō, früherer Gouverneur der Präfektur Kanagawa und Mitglied des Oberhauses (*kizokuin*), nicht in Hysterie zu verfallen. Vielmehr mahnte er an, dass die japanische Bevölkerung sich mit ihrer Angst vor den Besatzungstruppen nicht zum Gespött der Welt machen solle. Sie habe nichts zu befürchten, weil die Besatzung durch die Potsdamer Erklärung legitimiert sei.[17]

Horikiris Kommentar ging jedoch in der Woge der Verunsicherung weitgehend unter. Überwiegend hallte in der Berichterstattung die Angst vor den Besatzungstruppen wider, die sich nach ihrer Ankunft an der japanischen Bevölkerung rächen würden. In den extremsten Szenarien stellten sich die Menschen vor, dass die Besatzungssoldaten alle Frauen vergewaltigen und alle Männer versklaven, kastrieren oder töten würden. Derartige Gerüchte kursierten insbesondere in der Kantō-Region um Tokio, Yokohama, Kanagawa und Chiba, wo die Besatzungstruppen zuerst landen sollten. Zwar erwies sich diese Angst vor Vergewaltigung und Tötung im Nachhinein als unbegründet. Jedoch veranlasste sie im August 1945 Menschen im Großraum Tokio, in Massen vor den nahenden Besatzungstruppen aufs Land zu fliehen: Schon ab dem 16. August sollen die Bahnhöfe Tokio und Ueno vollkommen überfüllt gewesen sein.[18]

Das Ende des Krieges mit der vom Kaiser verkündeten Kapitulation und den Forderungen der Potsdamer Erklärung lösten also in Japan eine Vielzahl von Reaktionen aus, von den höchsten Kommandoebenen der japanischen Eliten bis hinunter zu den vielen Menschen der unteren politischen und sozialen Schichten. Die Reaktionen offenbaren, dass die Menschen am Ende des Krieges, in einer Zeit, in der der Alltag vor allem in Japans Metropolen von Zerstörung, Entbehrung und Hunger geprägt war, die im Schloss Cecilienhof verordneten Beschlüsse über ihr Land nicht passiv und als gegeben aufnahmen, sondern nach Möglichkeiten suchten, damit umzugehen. Manche Menschen bemühten sich, den historischen Prozess jetzt mitzugestalten; in der alltäglichen Erfahrung der meisten war die Potsdamer Erklärung jedoch zu abstrakt und deshalb für sie kaum von Bedeutung.

### Die Potsdamer Erklärung aus postkolonialer und globalgeschichtlicher Perspektive

Die Potsdamer Erklärung hat, wenn auch sehr vage, die Bedingungen für Japans Kapitulation definiert. Zudem erlaubt sie Einblicke in die Art und Weise, wie die alliierten Unterzeichner der Erklärung – USA, Großbritannien und deren »Juniorpartner« China – ihre eigene Position wahrnahmen und wie sie sich die Nachkriegsordnung vorstellten.[19] Der Text der Potsdamer Erklärung ist geprägt von einer auffällig starken, geradezu pathetischen, fast apokalyptischen Sprache. Freilich hatten die Repräsentanten Amerikas, Chinas und Großbritanniens allen Grund, stark aufzutreten, schon um, wie sie es nannten, ihre »Entschlossenheit« zum Ausdruck zu bringen, »den Krieg gegen Japan fortzuführen, bis Japan aufhört sich zu wehren.«[20] Denn die japanische Führung sollte sich, so die Absicht, darüber im Klaren werden, dass mit der Niederschlagung Nazideutschlands nun alle militärischen Kräfte gegen Japan eingesetzt würden. Diese militärische Übermacht der Alliierten, lautete die Drohung, könne nicht nur Japans Militär niederwerfen, sondern notfalls auch Japan als Ganzes verwüsten. Sprachlich lassen derartige Formulierungen der Potsdamer Erklärung also keinen Zweifel daran, dass das Ende des Krieges ein welthistorisches Ereignis sein solle, denn die einzige Alternative Japans zur bedingungslosen Kapitulation sei Japans »unverzügliche und völlige Zerstörung«.[21] Japan werde »die Möglichkeit [ge]geben, diesen Krieg zu beenden«. Die japanische Führung solle sich gründlich überlegen, sich der Verirrungen der Kriegsjahre zu besinnen und sich der Kontrolle der »eigenwilligen militärischen Berater« zu entziehen. Diese hätten Japan nur an die Schwelle der Vernichtung gebracht; nun gelte es aber, wieder dem »Weg der Vernunft« – »the path of reason« – zu folgen.[22]

Vor allem aus Sicht der Sieger USA und Großbritannien sowie deren Vorstellungen von einer neuen Weltordnung konnte nur die westliche Moderne notwendige Errungenschaften wie etwa die Men-

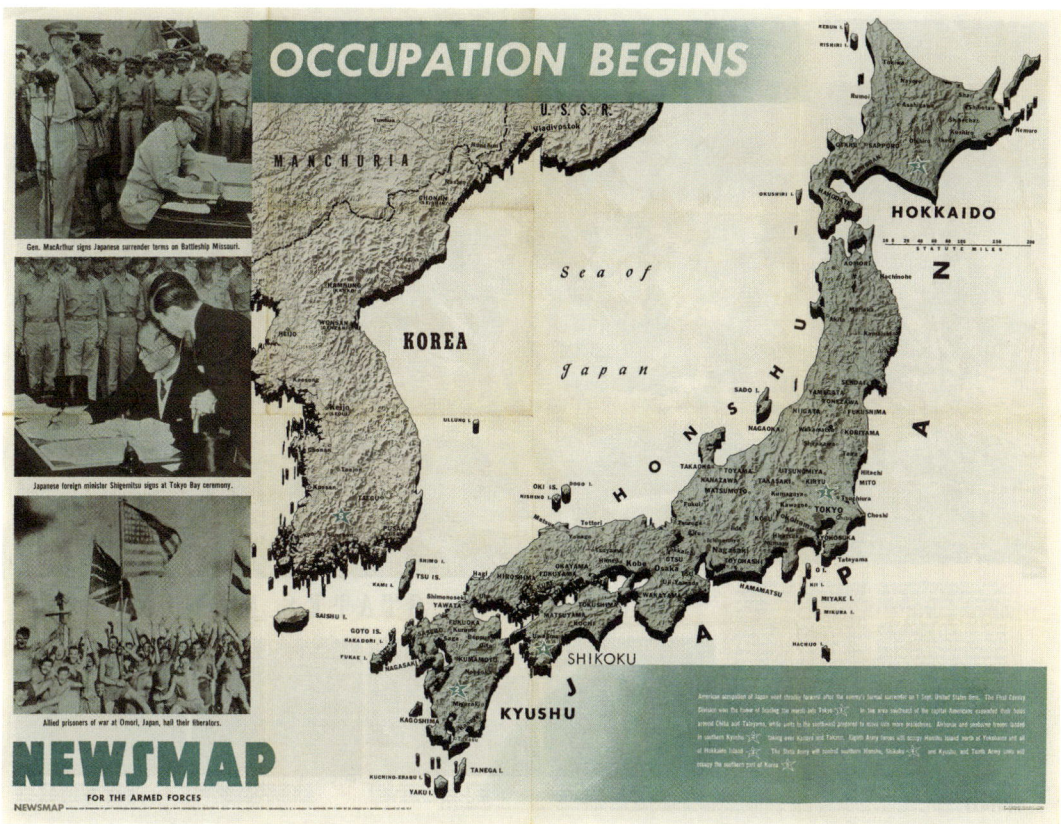

Newsmap, Vol. 4, No. 21, 10. September 1945, »Die Besetzung beginnt«

schenrechte – die Potsdamer Erklärung benennt explizit Meinungs- und Religionsfreiheit – als Säulen einer funktionierenden Demokratie hervorbringen. Um diese zu erlernen bzw. die »demokratischen Tendenzen des japanischen Volkes wiederzubeleben«, das heißt, um Japan und die japanische Bevölkerung auf den angeblich einzig richtigen Pfad der Modernisierung nach westlichem Vorbild zu bringen und um sich schlussendlich als »friedfertig« und »verantwortungsvoll« – das meinte auch: mündig – selbst zu regieren, sei eine militärische Besatzung nach Japans Kapitulation notwendig.[23] Bis dahin habe Japan auszuharren, in einem quasi »imaginären Warteraum der Geschichte«, verbannt in einen Status des »noch nicht« modern und reif genug für Selbstbestimmung.[24]

Die Potsdamer Erklärung forderte das »Empire of Japan« zur Kapitulation auf, ein klarer Verweis auf Japans imperiale Geschichte, Herrschaft und Expansion. Denn einig waren sich die Siegermächte darüber, dass das japanische Empire entmachtet werden müsse und dessen Grenzen neu gezogen werden müssten. Die Potsdamer Erklärung sah daher vor, dass Japan auf die Inseln Honshu, Hokkaido, Kyushu und Shikoku begrenzt werden solle, sowie auf »solche kleinen Inseln wie wir [die Alliierten] sie festlegen«. Bis heute sorgt diese vage Formulierung für diplomatische Spannungen zwischen Japan

US-Ssgt. Robert M. Gongos übergibt ein Päckchen mit Süßigkeiten an ein japanisches Waisenkind des Katholischen Waisenhauses Hiroshima

und China (Diaoyu/Senkaku-Inseln), Japan und Korea (Dokdo/Takeshima/Liancourt-Felsen) und Japan und Russland (Südkurilen) – ganz zu schweigen von den Spannungen zwischen Japan und den USA auf der Insel Okinawa, einst ein unabhängiges Königreich (Ryūkyū). 1879 von Japan annektiert, nach dem Krieg vom US-Militär besetzt und erst 1972 als Präfektur wieder an Japan angegliedert, wird Okinawa bis heute wegen der Omnipräsenz amerikanischer Streitkräfte oftmals als »Militärkolonie« der USA bezeichnet.[25]

Die Erfahrung der Menschen auf Okinawa, die nach 1945 plötzlich zwischen zwei Mächten – zwischen Japan und den USA – standen, verdeutlicht zudem sehr gut, dass der Zweite Weltkrieg in der Asien-Pazifik-Region in erster Linie ein Konflikt zwischen Imperien war. Während des Krieges stieß Japans imperiale Expansion unter anderem auf die Subzentren westlicher Kolonialmächte, so etwa in Hongkong und Singapur. Dort griff das japanische Empire auch die »weiße Vormachtstellung« (white supremacy) im British Empire direkt und ausdrücklich an.[26] Die Rückeroberung der im Krieg von Japan besetzten Gebiete im Pazifik und in Südostasien war also auch deutlich durch den vermeintlichen Anspruch der westlichen Kolonialmächte motiviert, wieder Kontrolle über diese zu Beginn der Kampfhandlungen verlorengegangenen Gebiete zu erlangen. Mit dem Ende des Zweiten Weltkriegs erreichte dann das US-Imperium in dieser Hinsicht seinen Höhepunkt als wichtigste militärische, politische, ökonomische und kulturelle Macht in dieser Region. Die Besetzung Japans war, so betrachtet, ein integraler Bestandteil für Amerikas globales »empire of bases«, um sich als internationale Supermacht zu etablieren und zu behaupten.[27]

Die kontinuierliche US-amerikanische Militärpräsenz in Asien wird aus diesem Grund auch als eine »Verlängerung des Kolonialismus« bezeichnet, um zum Ausdruck zu bringen, dass sich die USA als Besatzungsmacht kolonialer Herrschaftsstrukturen des japanischen Empires bedienten.[28] Diese »Verlängerung des Kolonialismus« äußerte sich etwa in der Art und Weise, wie die USA die Besetzung Japans organisierten, im unkritischen Umgang der Amerikaner mit den alten japanischen Eliten in Politik und Wirtschaft sowie in der von den USA vertretenen Sicherheitspolitik und dem grassierenden Antikommunismus. Zudem deuten besonders die besatzungszeitlichen rassistischen Hierarchisierungen und Geschlechterverhältnisse darauf hin, dass das Besatzungsregime bestimmte Muster von Imperialismus und Kolonialismus reproduzierte. Diese äußerten sich beispielsweise in Vorstellungen weißer Vormachtstellung der Besatzer im Umgang mit der japanischen Bevölkerung und dem benevolenten Paternalismus, der auch in Demokratisierungsprogrammen wie etwa bei der Einführung des Frauenwahlrechts allgegenwärtig war.[29]

Die Erfahrungen der Menschen auf den Pazifischen Inseln wie Okinawa, aber auch an vielen anderen Orten des japanischen Empires demonstrieren, dass Forderungen und Perspektiven, wie sie in Potsdam diskutiert, beschlossen und durch die Potsdamer Erklärung auch festgeschrieben wurden, nicht für alle Menschen gleichbedeutend waren. Aus den Konferenzstühlen des Schlosses Cecilienhof heraus schienen die Verhältnisse in Asien und dem Pazifik klar definierbar zu sein. Diese Vogelperspektive der alliierten Eliten in Militär, Politik und Diplomatie verliert jedoch an Schärfe, sieht man sich den Alltag in Japans ehemaligen Kolonien an. Denn was für die Entscheidungsträger in Potsdam das Ende des Zweiten Weltkriegs bedeutete, war für die meisten Menschen in Asien auch und manchmal zuerst das Ende einer Kolonialherrschaft.

Die Beschlüsse von Potsdam brachten für die Bevölkerung in den Ländern Asiens eine ganze Reihe von Problemen mit sich. Nicht nur, dass die japanische Kolonialherrschaft an vielen Orten durch eine andere Fremd- und/oder autoritäre Herrschaft ausgetauscht wurde – so etwa in den britischen Kronkolonien Hongkong und Singapur, aber auch in Indonesien und Papua-Neuguinea. Vielmehr, so zeigen Studien zu Taiwan, hat nicht zuletzt die Potsdamer Erklärung mit der Forderung nach einem abrupten Ende des japanischen Empires maßgeblich dazu beigetragen, dass Japan sich der Verantwortung eines Dekolonisationsprozesses entziehen konnte. Denn da die alliierten Siegermächte das Ende der Kolonialherrschaft in Taiwan und anderenorts im japanischen Empire erklärten, und eben nicht Japan selbst, sahen sich die nachkriegszeitlichen Regierungen Japans sowie auch die japanische Gesellschaft nicht zu einer umfassenden Auseinandersetzung mit Japans kolonialer Vergangenheit verpflichtet. Die politischen, wirtschaftlichen und auch sozialen und kulturellen Konsequenzen dieses plötzlichen Verschwindens kolonialer Herrschaft und deren Erinnerung und Verantwortung scheinen die ehemals kolonisierten Gesellschaften allein tragen zu müssen.[30] Sinnbildlich für das abrupte Ende und sogar das Vergessen von Japans kolonialer Herrschaft und imperialer Expansion ist auch die Erinnerung an die Atombombenabwürfe in Hiroshima. Die Gedenkstätte in Hiroshima erzählt den globalgeschichtlich erstmaligen Einsatz von Nuklearwaffen am 6. August 1945 lediglich als Höhe- und Endpunkt des Pazifikkrieges (1941–1945), der eingebunden in die Ereignisse im August 1945 – Potsdamer Erklärung, Atombombenabwürfe, Kapitulation – ein scheinbar eindeutiges Ende des Krieges benennen soll. Diese stark nationalistische Erinnerungspolitik klammert nicht nur die vorangegangene Aggression Japans in Ostasien vollkommen aus, sondern ermöglicht es sogar, Japan als Opfer atomarer Kriegsführung zu stilisieren.[31]

Für viele Menschen in Asien bedeutete der Spätsommer 1945 jedoch nicht zwangsläufig das Ende kriegerischer Auseinandersetzungen, keine Friedensordnung. In China dauerte der Bürgerkrieg zwischen der Guomindang, dessen Anführer Chiang Kai-shek die Potsdamer Erklärung mit unterzeichnet hatte, und der Kommunistischen Partei Chinas unter Mao Zedong noch bis 1949 an. In Vietnam begann im Dezember 1946 ein neuer Krieg, der die nächsten 30 Jahre währte, erst kämpfte man gegen die Kolonialmacht Frankreich, dann ab 1964 gegeneinander und gegen die Vereinigten Staaten. Auch auf der koreanischen Halbinsel brach ein Krieg aus, in dessen Verlauf bis 1953 mindestens drei Millionen Menschen starben.

Der 15. August 1945 markiert also innerhalb des ehemaligen japanischen Empires nicht das Ende eines Krieges im Singular, etwa gleich einer japanischen »Stunde null«, sondern er ist ein historischer Zeitpunkt unter vielen, der verschiedene Geschichten mit multiplen Verläufen, Ereignissen, Erfahrungen und Erinnerungen, aber auch Perspektiven, für eine ungewisse Zukunft bündelte.[32]

### Fazit

Eine Untersuchung des Endes des Zweiten Weltkriegs in Japan, die die Handlungsweisen und Erfahrungen der Betroffenen im japanischen Empire berücksichtigt, sollte etablierte Periodisierungskonzepte kritisch hinterfragen. Wesentlich ist dabei, den Kapitulationsprozess und die Bedeutung der Potsdamer Konferenz und der Potsdamer Erklärung in Japan im Jahr 1945 und danach nicht allein aus der geläufigen europäischen und amerikanischen Sichtweise zu erzählen, sondern die vielfältigen Stimmen in Japan sowie in den ehemaligen japanischen Kolonien mit einzubeziehen. Dazu gilt es zu erkennen, dass Beginn und Ende des Zweiten Weltkriegs in Ostasien und im Pazifik nicht mit der aus europäischer Sicht freilich sehr eindeutigen Datierung übereinstimmen, sondern dass der Krieg dort schon vor dem deutschen Überfall auf Polen am 1. September 1939 durch Japans Aggressionen in China spätestens ab 1937 bereits in vollem Gang war und auch nach der Kapitulation des Deutschen Reiches weiter andauerte.

Der Zweite Weltkrieg in Ostasien war in erster Linie Teil einer längeren imperialen Vergangenheit. Japans gewaltsame Expansion überschritt nicht nur politische, völkerrechtliche und moralische Grenzen, sie überschritt auch von den europäischen Staaten und den USA gezogene imperiale Grenzen und forderte mit pan-asiatischen Vorstellungen die imperiale Weltordnung und mit ihr die Vormachtstellung des »weißen Mannes« heraus, die seit dem späten 15. Jahrhundert die Welt dominierte. Ein genauer Blick auf die Potsdamer Konferenz und die Potsdamer Erklärung und ihre Wirkung in Japan erlaubt, Kontinuitäten, Brüche und Veränderungen imperialer Machtverhältnisse zu fokussieren, die in der Asien-Pazifik-Region weiter fortdauerten und vielfach noch bis zum heutigen Tag währen. Denn die Niederlage Japans im Zweiten Weltkrieg und die darauffolgende Besetzung Japans waren zentral für die Entwicklung neuer Formen von Hegemonie in Asien und im pazifischen Raum, die die Welt und deren internationale Ordnung nach 1945 bis heute prägen.

**Anmerkungen**
**1** Die Bezeichnung des »gnadenlosen« Krieges ist übernommen von Dower 1985. Siehe ebenfalls Dower 1985, S. 3, für Zahlen und eine Einordnung der massenhaften Tötungen während des Zweiten Weltkriegs in Asien. Dazu auch Tanaka 1996 und Yoshiaki 2000. / **2** Zu den nunmehr klassischen Arbeiten japanischer Historiker zum »Fünfzehnjährigen Krieg« zählen Keiichi 1986; Saburō 1985 und Yoshiaki 1987. / **3** Young 1998, S. 40–51. / **4** Uchiyama 2018, S. 5–9. / **5** Bernstein 2007, S. 9–64; Hasegawa 2005. / **6** Butow 1954, S. 132 und 231. / **7** Bix 1996, S. 80–115. / **8** Suzuki 2011; Furukawa 2012. / **9** Yellen 2013, S. 205–226. / **10** Dower 1993, S. 124–140. / **11** Umemori 2013, S. 63. / **12** Kushner 2006, S. 169–175. / **13** Dower 1999, S. 39. / **14** Keishichoō: »Tōmen no mondai ni taisuru shominsō no dōkō«, in: Awaya 1980, S. 149–151. / **15** Kanagawa-ken keisatsu: »Shinchū ni taisuru hankyō to taisaku«, in: Awaya und Kawashima 1994, S. 170 und 174. / **16** »Hikaeyo fujoshi no hitori aruki: fushidarana fukusō wa tsutsushimō,« Yomiuri Hōchi, 23.8.1945. / **17** Horikiri Zenjirō: »Dema ni odoru wag u: Yatara ni konran sureba sekai no monowarai«, Yomiuri Hōchi, 20.8.1945. / **18** Duus 1985, S. 19–20; Inoue 1995, S. 10. / **19** Siehe Beitrag von Thoralf Klein in diesem Band. / **20** Zitiert aus Potsdamer Erklärung 1945, 2. Artikel vom 26.7.1945. / **21** Potsdamer Erklärung 1945, Artikel 13. / **22** Potsdamer Erklärung 1945, Artikel 4. / **23** Potsdamer Erklärung 1945, Artikel 10. / **24** Die Formulierung des »imaginären Warteraums der Geschichte« stammt von Dipesh Chakrabarty und ist eine immer wiederkehrende rhetorische Figur des kolonialen Diskurses. Chakrabarty 2000, S. 8. / **25** Asato 2003, S. 299. / **26** Horne 2004. / **27** Lutz 2009. / **28** Shigematsu und Camacho 2010, xv. / **29** Cumings 1993 und Koikari 2008. / **30** Ching 2000, S. 769. / **31** Yoneyama 1999, S. 3. / **32** Dirlik 2001, S. 301–302.

# Die Potsdamer Konferenz und China

Thoralf Klein

China war auf der Potsdamer Konferenz nicht vertreten. Es war auch, mit Ausnahme der Potsdamer Erklärung, nicht Gegenstand des offiziellen Konferenzprogramms. Dennoch waren die Ergebnisse der Konferenz wichtig genug, um sie einem interessierten chinesischen Publikum als kleine Broschüre in der offiziellen Landessprache zugänglich zu machen, die zum Preis von 200 Yuan bzw. 40 US-Cent vertrieben wurde.[1] Dies hängt zweifellos weniger mit den im Schloss Cecilienhof unmittelbar erzielten Ergebnissen zusammen, sondern spiegelt einerseits ein globales Interesse der chinesischen Eliten wider und reflektiert andererseits den Wandel des internationalen Status der Republik China, den der Zweite Weltkrieg herbeigeführt hatte. Das noch immer unter imperialistischer Kontrolle stehende China gewann im Laufe des Krieges seine formale Souveränität zurück, allerdings vorläufig noch mit Einschränkungen. Darüber hinaus gestanden die »Großen Drei« dem Land den Status einer Siegermacht zu, behandelten es jedoch zugleich als bloßen Juniorpartner. In Potsdam wurden keine entscheidenden Weichen mehr gestellt, sondern im Wesentlichen zuvor gefasste Beschlüsse bestätigt.

### Die Ausgangslage

Als im Schloss Cecilienhof die Potsdamer Konferenz begann, führte China bereits seit 15 Jahren Krieg gegen Japan. Die japanische Invasion in der Mandschurei im September 1931 hatte zunächst nur eine schon lange bestehende politische und militärische Krisensituation verschärft, denn seit dem Sturz der Monarchie 1911 hatte in China fast ununterbrochen Krieg geherrscht, wenn auch nicht in allen Teilen des Landes gleichermaßen. War die republikanische Revolution selbst ein kurzer Bürgerkrieg zwischen radikalen und konservativen Eliten gewesen, so zerfiel die junge Republik ab 1916 in einander befehdende Warlord-Herrschaften, die erst Mitte der 1930er Jahre durch das 1928 gebildete nationalistische Regime unter Chiang Kai-shek eingedämmt werden konnten. Andererseits löste dieser neue Führer im Frühjahr 1927 den Bürgerkrieg gegen den ehemaligen Bündnispartner der Nationalpartei (Guomindang, GMD), die Kommunistische Partei Chinas, aus. Trotz massiver antijapanischer Proteste im ganzen Land gab Chiang zunächst der Bekämpfung der kommunistischen Stützpunkte Vorrang, bis ihn Mitte der 1930er Jahre eine Kombination aus innen- und außenpolitischen Faktoren umschwenken ließ und eine bis 1941 bestehende zweite, wenn auch lose nationalistisch-kommunistische Einheitsfront gegen Japan gebildet werden konnte.[2]

Zur inneren Fragmentierung Chinas gesellte sich seine äußere Schwäche. Im Verlauf des 19. Jahrhunderts hatten imperialistische Staaten dem Land wichtige Bereiche seiner staatlichen Souveränität entzogen, insbesondere unter dem Stichwort der Exterritorialität die Gerichtsbarkeit über westliche Ausländer sowie die Hoheit über Zoll-

← Chinesischer Soldat vor einer Reihe P-40-Jäger der »Flying Tigers«

Chiang Kai-shek, 1943

fragen. Ende der 1890er Jahre pachteten mehrere Großmächte unter Gewaltandrohung, sollte ihren Forderungen nicht nachgegeben werden, Stützpunktkolonien an der Küste auf 99 Jahre und pressten der chinesischen Regierung obendrein Genehmigungen für den Bau von Eisenbahnlinien und Bergwerken ab. Der Erste Weltkrieg zerbrach die imperialistische Einheitsfront; das Deutsche Reich verlor im Vertrag von Versailles seine Privilegien in China und knüpfte als erste der Großmächte gleichberechtigte Beziehungen mit der Regierung in Beijing an. Zudem versetzte die antiimperialistische Bewegung Mitte der 1920er Jahre der Dominanz der westlichen Mächte in China einen weiteren schweren Schlag. Dennoch blieben die ungleichen Verträge, trotz der Bemühungen des nationalistischen Regimes, diese zu revidieren, zunächst in Kraft, wenngleich ihre Bestimmungen in der Praxis immer schwerer durchzusetzen waren.³ Zudem sah sich China seit dem Ende der 1920er Jahre durch das Vordringen Japans dem heftigsten Ansturm des Imperialismus überhaupt ausgesetzt. Aber es waren letztlich nicht direkte militärische Auseinandersetzungen mit dem östlichen Nachbarn, die den Umschwung in Chinas internationaler Position herbeiführten, sondern Veränderungen der globalen strategischen Gesamtlage.

### Der Wandel der strategischen Gesamtlage und das Ende der ungleichen Verträge

Der Krieg, der in China bis heute als »Antijapanischer Widerstandskrieg« (*Kang Ri zhanzheng*) bezeichnet wird, lässt sich in drei Phasen unterteilen. In der ersten Phase vom 18. September 1931 bis Mitte 1937 handelte es sich um einen begrenzten Krieg, in dessen Verlauf Japan unter einem Vorwand zunächst die Mandschurei und in den folgenden Jahren weitere Teile Nordchinas besetzte und dort Kollaborationsregimes errichtete, allen voran den Staat Mandschukuo (1932). Zudem griff die japanische Marine Shanghai an. Der antijapanische Widerstand ging von lokalen militärischen Kräften aus, während die Nationalregierung Verhandlungen mit Japan führte, die Ende Mai 1933 in einem Waffenstillstand mündeten. China erhielt zwar die politisch-diplomatische Unterstützung des Völkerbundes, dessen in die Mandschurei entsandte Kommission unter Lord Victor Bulwer-Lytton die Wiederherstellung des Status quo ebenso empfahl wie die der Genfer Organisation nicht angehörenden USA. Aber in Tokio verhallten diese Forderungen ungehört, und die japanische Regierung entledigte sich der lästigen Einsprüche durch den Austritt des Landes aus dem Völkerbund im Frühjahr 1933.⁴

Mit dem Schusswechsel zwischen chinesischen und japanischen Truppen an der Lugou- oder Marco-Polo-Brücke nahe Beijing am 7. Juli 1937 trat der Krieg in seine zweite Phase ein. Der Anlass war an sich belanglos, doch er ereignete sich zu einem Zeitpunkt, da sich die Situation sowohl in China als auch auf der weltpolitischen Bühne grundlegend gewandelt hatte: Angesichts der zunehmend aggressiven Haltung des Dritten Reiches und Italiens orientierte Stalin die sowjetische Politik ab 1934 hin auf den Eintritt in den Völkerbund sowie auf die Unterstützung von antifaschistischen Volksfronten unter Einschluss bürgerlicher Kräfte. Im Zuge dieser Neuausrichtung verlangte er auch von den chinesischen Kommunisten, die sich gerade auf dem verlustreichen »Langen Marsch« vor den nationalistischen Truppen nach Nordwestchina geflüchtet hatten, eine Einigung mit Chiang Kai-shek.⁵ Dessen Gefangennahme in Xi'an im Dezember 1936 durch den vor den Japanern geflüchteten ehemaligen Warlord der Mandschurei, Zhang Xueliang, ebnete den Weg für die Bildung einer antijapanischen Einheitsfront. Der politisch-militärische Umschwung wurde durch den Druck der öffentlichen Meinung noch verstärkt. Die chinesische Regierung sah sich daher nicht mehr in der Lage, selbst einer noch so kleinen japanischen Provokation nachzugeben. Daher ließ sich auch ein zwischenzeitlicher Waffenstillstand nicht aufrechterhalten, zumal die japanische Regierung im gleichen Atemzug Verstärkungen nach China entsandte.[6]

Die japanischen Invasoren rückten zunächst auf breiter Front vor und besetzten die wichtigsten Städte Nord- und Zentralchinas, darunter das Finanzzentrum Shanghai und die Hauptstadt Nanjing. Guangzhou, die bedeutendste Metropole Südchinas, fiel im Oktober 1938. Als der japanische Angriffsschwung erlahmte, bildete sich im Land eine Zweiteilung heraus: Die Küstenregionen wurde von den Japanern kontrolliert, während die schwerer zugängliche Westhälfte, das »Freie China« mit der Hauptstadt Chongqing, unter der Herrschaft Chiang Kai-sheks und der Nationalpartei stand. In diese Zone wurden in einem erstaunlichen, wenn auch ungeplanten und etappenweisen Exodus Industriebetriebe, aber auch Bildungseinrichtungen verlegt, und nie gesehene Massen von Flüchtlingen machten sich auf den Weg dorthin. Die Zahlen schwanken zwischen drei und 95 Millionen.[7] Die kommunistischen Basisgebiete im Nordwesten und Norden unterstanden Chiangs Kontrolle zwar nicht direkt, aber ihre Truppen wurden formal in die nationalistischen Streitkräfte eingegliedert.

Der Kriegsalltag war geprägt von den leidvollen Erfahrungen der chinesischen Zivilbevölkerung. Da war zum einen das brutale Vorgehen der japanischen Truppen – die Massaker, allen voran die an Grausamkeit kaum zu überbietenden Massentötungen und -vergewaltigungen bei der Einnahme Nanjings vom 13. Dezember 1937 bis Februar 1938; der Bombenterror, der zwischen 1940 und 1942 den Abwurf biologischer Waffen (mit Pesterregern infizierte Flöhe) und Ende 1941 kurzzeitig sogar den auf Protest der USA rasch unterbundenen Einsatz von Giftgas einschloss; die Menschenversuche der berüchtigten Einheit 731 in der Nordmandschurei; die Zwangsprostitution, Misshandlung von Kriegsgefangenen und so weiter. Doch auch Handlungen der nationalistischen Armee hatten verheerende Auswirkungen: Als Chiang Kai-shek bei der Verteidigung von Kaifeng im Sommer 1938 die Deiche des Gelben Flusses durchstechen ließ, war eine Flutkatastrophe mit einer halben Million Toten und drei bis fünf Millionen Obdachlosen die Folge. Eine Kombination aus Dürre und Misswirtschaft der Nationalregierung führte 1942 und 1943 zu einer Hungersnot in der Provinz Henan, der weitere drei Millionen Menschen zum Opfer fielen. Städte wurden häufig vor den heranrückenden Japanern in Brand gesteckt; nicht immer evakuierten die Behörden zuvor rechtzeitig die Bevölkerung.[8]

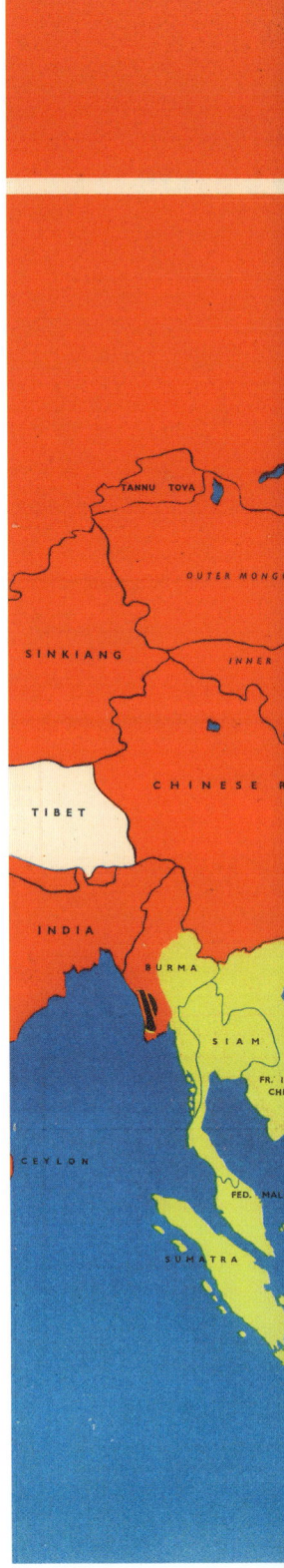

**Karte des ostasiatischen Kriegsschauplatzes, Ausschnitt aus ABCA-Map No. 72**

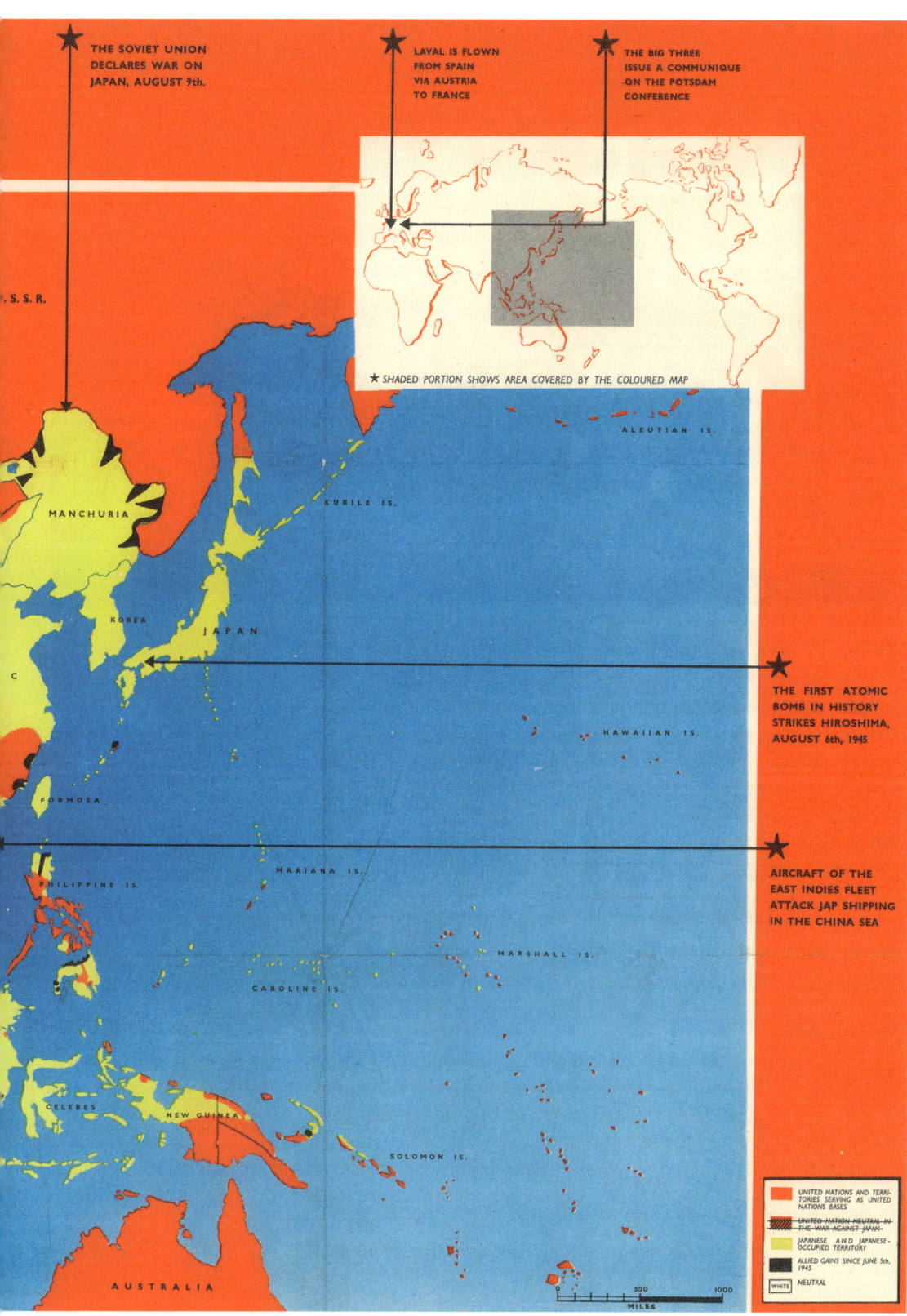

*Japanische Soldaten gefolgt von chinesischen Zivilisten, April 1939*

In dieser zweiten Phase des Krieges trug China die Last des Kampfes allein, jedoch nicht gänzlich ohne Unterstützung von außen. Die Regierungen der USA, Großbritanniens und Frankreichs halfen der Regierung in Chongqing mit Krediten, die allerdings nicht zu Waffenkäufen verwendet werden durften. Von 1940 an wurden die bereitgestellten Summen großzügiger, und ab Ende 1941 lieferten die USA im Rahmen des Lend-Lease-Programms auch Rüstungsgüter.[9] Diese wurden zunächst über die Burma-Straße, in späteren Jahren per Flugzeug über den sogenannten Hump in den von der Küste abgeschnitten Herrschaftsbereich der GMD transportiert. Der amerikanische Flugoffizier und spätere General Claire Chennault organisierte ausländische Piloten, überwiegend Amerikaner, die sich freiwillig für den Einsatz in China gemeldet hatten, in einer später als »Flying Tigers« berühmt gewordenen Formation.[10] Zwischen 1937 und 1941 fungierte jedoch die Sowjetunion als wichtigster Lieferant von Hilfsgütern wie Öl, Medikamenten und Kriegsmaterial, vor allem von Panzern und Flugzeugen, und leistete China damit in dieser Zeit so viel Unterstützung wie die westlichen Demokratien zusammengenommen. Diese Güter wurden teils mit Bahn und Lastkraftwagen, teils über eine Luftbrücke transportiert. Auch verstärkten sowjetische Freiwillige die chinesische Luftwaffe.[11] Dennoch gelang es der nationalchinesischen Armee niemals, die Japaner entscheidend zurückzudrängen, und auch die kommunistische Partisanenstrategie versetzte den Invasoren nicht mehr als empfindliche Nadelstiche.

Wenn man auch den 7. Juli 1937 als Beginn des Krieges in Asien und damit des Zweiten Weltkriegs insgesamt betrachten sollte, so änderte sich doch erst mit dem japanischen Angriff auf Pearl Harbor und Südostasien am 7./8. Dezember 1941 die Gesamtlage. Die dem Angriff folgenden offiziellen Kriegserklärungen der USA, ihrer Alliierten und Chinas an Japan leiteten die dritte und letzte Phase des »Antijapanischen Widerstandskrieges« ein, der Teil des Weltkrieges geworden war. China wurde nun zu einem Eckpfeiler der globalen amerikanischen Strategie, wie sie bereits Anfang 1941 formuliert worden war. Diese räumte dem europäischen Kriegsschauplatz Priorität ein, während die Kämpfe im asiatisch-pazifischen Raum defensiv geführt werden sollten. Da die Sowjetunion Ende 1941 angesichts des deutschen Vormarsches mit dem Rücken zu Wand zu stehen schien und zudem mit Japan im Frühjahr 1941 ein Neutralitätsabkommen geschlossen hatte, wurde China als die allein kämpfende Nation in Asien zum wichtigsten Partner auf diesem Kontinent. Chinas Rolle bestand einerseits darin, möglichst viele japanische Truppen zu binden, andererseits sollte es Basen für luft- und seegestützte Angriffe auf die japanischen Hauptinseln bereitstellen, wenn nach dem Sieg über Deutschland auch das Land der aufgehenden Sonne niedergerungen werden sollte.[12] Außerdem ließ sich der chinesische Regierungschef Chiang, wie sich während seines Besuchs in Indien im Februar 1942 gezeigt hatte, seiner antiimperialistischen Meriten wegen auch gut dafür verwenden, antikoloniale Politiker und Organisationen im Lager der Alliierten zu halten.[13]

Dennoch war Chinas Allianz mit den USA und noch mehr mit den Briten spannungsgeladen und für beide Seiten oft frustrierend, nicht zuletzt, da die Verbündeten nicht willens oder in der Lage waren, auf chinesische Empfindlichkeiten und den Wunsch nach echter Gleichberechtigung Rücksicht zu nehmen. So enttäuschten sie die Hoffnung der chinesischen Führung, China werde zu einem wichtigen, gleichberechtigten Kriegsschauplatz werden, indem sie das Land als den anderen Kriegstheatern nachgeordnet behandelten. Dies wurde symbolisch wie materiell dadurch deutlich, dass China nur einen Bruchteil der von Washington im Rahmen des Lend-Lease-Programms ausgegebenen Hilfe erhielt – 1941 und 1942 machte Chinas Anteil daran lediglich 1,5 Prozent aus, in den beiden Folgejahren gar nur 0,4 Prozent, erst 1945 stieg er auf immer noch magere vier Prozent an.[14]

Personifiziert wurden die Konflikte durch jenen Mann, den die USA auf Bitten Chiang Kai-sheks um einen amerikanischen Stabschef nach China sandten: Generalleutnant Joseph Stilwell. Die Streitigkeiten waren nicht nur auf persönliche Animositäten zwischen dem säuerlichen, als »Vinegar Joe« bezeichneten Stilwell und Chiang zurückzuführen, den er in seinen Tagebüchern als »Peanut« abqualifizierte. Sie hatten tiefergehende strukturelle Ursachen. Washington betrachtete Stilwell, der verschiedene militärische und administrative Führungspositionen in seiner Hand vereinigte und sowohl der

chinesischen wie der amerikanischen Seite verantwortlich war, als dem chinesischen Generalissimus Chiang gleichgestellt; die chinesische Führung sah in Stilwell hingegen einen Untergebenen ihres eigenen Oberbefehlshabers. Schon während der Kämpfe von 1942 bis 1944 in Burma, dem einzigen Kriegsschauplatz, auf dem chinesische Truppen als Teil einer multinationalen Streitmacht außerhalb ihres eigenen Territoriums fochten, traten diese Spannungen klar zutage. Ihren Höhepunkt erreichten sie im Frühjahr 1944, als Stilwell nach den Anfangserfolgen der japanischen Ichi-gō-Offensive, der größten Angriffsoperation der Japaner in China in der zweiten Kriegshälfte, das Kommando über alle chinesischen Streitkräfte, einschließlich der kommunistischen, verlangte. Obwohl er zu Anfang von Präsident Roosevelt unterstützt wurde, der Chiang sogar mit dem Entzug amerikanischer Hilfsleistungen drohte, hatte der streitbare General dieses Mal seine Karten überreizt. Vor die Wahl zwischen ihm und dem faktisch unersetzlichen Chiang gestellt, musste Roosevelt einlenken und den umgänglicheren Albert C. Wedemeyer zu Stilwells Nachfolger ernennen.[15]

Obwohl sich die westlichen Alliierten schwer taten, ihrem chinesischen Partner in der Praxis eine vollständige Gleichberechtigung zuzugestehen, waren sie sich gleichzeitig im Klaren, dass ein Bündnis gegen die Achsenmächte nur schwer mit den imperialistischen Sonderrechten vereinbar war. Zwar spielte der Ausbruch des Pazifischen Krieges für die Aufhebung dieser Sonderrechte eine wichtige Rolle, doch reichte der Prozess zur Beendigung der Rechte bis an das Ende der 1920er Jahre zurück. Durch Handelsverträge hatte die 1928 gebildete Nationalregierung die Zollhoheit der Republik China schon weitgehend wiederherstellen können. Verhandlungen mit den Briten und Amerikanern über den exterritorialen Status westlicher Ausländer waren dagegen infolge des japanischen Einfalls in der Mandschurei abgebrochen worden. Der chinesisch-japanische Krieg führte dann zu drastischen Änderungen der westlichen Sonderrechte, da Japan seit Mitte der 1930er Jahre für die von ihm besetzten Territorien bei den Westmächten Vorstöße zur Beendigung von deren dortigen Vertragsprivilegien unternahm. Zudem respektierten die japanischen Streitkräfte in vielen Fällen weder den territorialen Status der ausländischen Konzessionsgebiete noch die Rechte individueller Ausländer.

Daher zeigten sich Großbritannien und die USA seit der Jahreswende 1938/39 bereit, ihr Vertragsregime in China zu beenden. Entsprechende Initiativen beider Länder gewannen nach dem Ausbruch des Pazifischen Krieges deutlich an Schwung. Im Oktober 1942 erklärten sich Briten und Amerikaner gegenüber der Regierung Chiang Kai-sheks in Chongqing bereit, alle Vertragsprivilegien aufzugeben. Die entsprechenden Verträge wurden am 11. Januar 1943 geschlossen. Zwischenzeitliche Unstimmigkeiten zwischen China und Großbritannien über den künftigen Status Hongkongs hatte Japan genutzt, um seinerseits schon zwei Tage zuvor zugunsten der Kollaborationsregierung Wang Jingweis in Nanjing alle Rechte aus den ungleichen

Japanischer Soldat vor dem ehemaligen Hauptquartier Chiang Kai-sheks in Wuhan, 1938

Verträgen zurückzugeben. Italien sowie die französische Vichy-Regierung folgten. Allerdings verzögerte sich aufgrund der zeitweiligen Existenz zweier konkurrierender chinesischer Nationalregierungen die Revision der Sonderrechtsverträge mit den kleineren Staaten, deren Wirtschaftsinteressen in der Regel im japanisch besetzten Teil Chinas lagen, bis nach Kriegsende. Der gesamte Prozess wurde erst 1947 endgültig abgeschlossen. *De iure* war China nunmehr ein vollwertiges Glied der internationalen Staatengemeinschaft.[16]

### China und die Kriegskonferenzen: Von Kairo bis Potsdam

Das Ende der ungleichen Verträge mit Großbritannien und den USA im Januar 1943 bedeutete für China in formaler Hinsicht einen ungeheuren Einschnitt. Wie sich die weltpolitische Rolle des Landes in der Praxis gestalten würde, hing nicht zuletzt von den Beratungen der Alliierten über die gemeinsame Strategie und die Gestaltung der Nachkriegsordnung ab. Dabei zeigte sich rasch, dass Chiang Kai-shek gegenüber den »Großen Drei« – US-Präsident Roosevelt, dem britischen Premierminister Churchill und dem sowjetischen Diktator Stalin – ins zweite Glied rücken musste.

Chiang wurde als Präsident der Nationalregierung und Oberbefehlshaber Chinas nur zu einer der Kriegskonferenzen eingeladen. Vom 22. bis 27. November 1943 nahm er gemeinsam mit seiner in den USA zum regelrechten Medienstar avancierten Frau Song Meiling an der Konferenz von Kairo teil, doch begaben sich Roosevelt und Churchill anschließend ohne Chiang zum nächsten Treffen mit Stalin nach Teheran. Immerhin bescherte die Kairo-Konferenz dem chinesischen Führer nicht nur einen persönlichen Prestigegewinn, sondern versprach auch die Liquidierung des japanischen Imperialismus in China. Wie im Kommuniqué festgehalten wurde, sollten alle von Japan seit 1895 »gestohlenen« Teile Chinas, namentlich Taiwan, die Inselgruppe der Pescadoren und die Mandschurei, an China zurückgegeben werden, und so ist es 1945, ohne einen formellen Friedensvertrag, auch geschehen.[17] Der Generalissimus erklärte sich zudem mit dem Vorschlag des amerikanischen Präsidenten einverstanden, Indochina unter internationale Treuhandschaft zu stellen, anstatt es an die ehemalige Kolonialmacht Frankreich zurückzugeben. Hingegen wollte Großbritannien, wie Churchill später gegenüber Roosevelt erklärte, an seinen kolonialen Besitzungen in Asien einschließlich Hongkongs festhalten – ein Punkt, der Chiang große Sorgen bereitete.[18]

Auf der Teheraner Konferenz, bei der China eher ein Randthema bildete, versprach Stalin das erste Mal konkret, die Sowjetunion werde nach dem Sieg über das nationalsozialistische Deutschland in den Krieg gegen Japan eintreten. Damit erfüllte er einen Wunsch, den die Amerikaner seit August 1942 geäußert hatten. Doch betrachtete der sowjetische Führer eine Aufwertung Chinas zu einem von vier

Chiang Kai-shek, Franklin D. Roosevelt und Winston Churchill auf der Kairo-Konferenz, November 1943

»Weltpolizisten« in der von Roosevelt entworfenen globalen Nachkriegsordnung mit Skepsis.[19] In diesem Punkt setzten sich die Amerikaner aber durch: China entsandte eine Delegation zur Konferenz von Dumbarton Oaks (August bis Oktober 1944), die die Gründung der Vereinten Nationen vorbereitete, wurde im April 1945 Gründungsmitglied der UN und erhielt einen ständigen Sitz mit Vetorecht im UN-Sicherheitsrat, einer erweiterten Version der »Weltpolizisten«-Idee.[20]

Der Eintritt der Sowjetunion in den Pazifischen Krieg versprach zum einen eine Begrenzung der zu erwartenden amerikanischen Kriegsverluste bei der geplanten Einnahme der japanischen Hauptinseln. Andererseits verminderte er den Wert des Bündnisses mit China, das offensichtlich nicht in der Lage war, die Japaner aus eigener Kraft zu besiegen. Vielleicht aus diesem Grund setzten die Amerikaner Stalins Forderungen bezüglich des Fernen Ostens kaum Widerstand entgegen. Die Politik des Diktators zielte darauf ab, die Position des zaristischen Russland wiederherzustellen, wie sie vor der Niederlage im Krieg gegen Japan 1904/05 bestanden hatten. Dies betraf die Wiedergewinnung ursprünglich russischer Territorien wie Südsachalin und den Kurilen sowie Gebiete, die von China beansprucht wurden: In der Äußeren Mongolei wollte Stalin den Status quo, das heißt die

# The close of 14 years of Jap A[ggression]

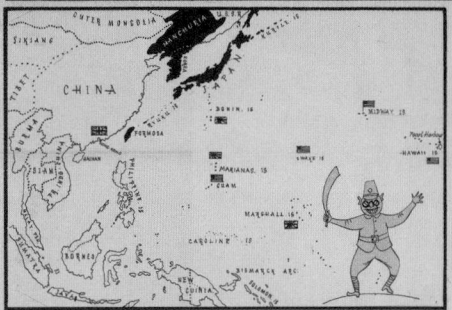
**1933. SPRINGBOARD TO AGGRESSION**

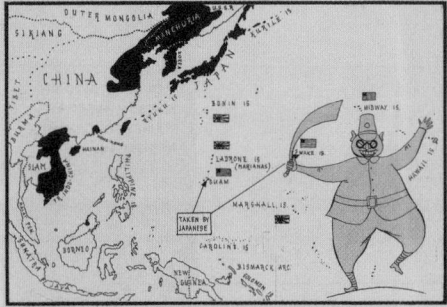
**1941. PEARL HARBOUR TO HONG KONG**

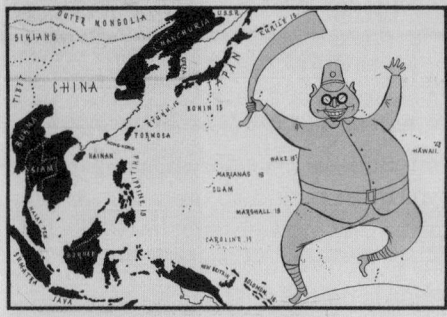
**1942. AN EMPIRE WON**

## TWILIGHT OVER TOKYO

On Monday, August 6th, the first atomic bomb in history came down to earth, with a shattering effect on the Japanese base of Hiroshima and a sobering effect on the minds of all mankind. Winston Churchill commented:—" This revelation of the secrets of Nature, long mercifully withheld from man, should arouse the most solemn reflections in the mind and conscience of every human being capable of comprehension."

Two days later, as the Imperial Cabinet was discussing what to do about the atomic bomb, Russia declared war on Japan. M. Molotov later revealed that, in the middle of June, the Mikado requested the Soviet Union to mediate with the Western Allies for peace terms.

The ring round the last of the aggressors was now complete.

**THE SON OF HEAVEN**—" *Ever anxious to enhance the cause of world peace.*"
TOKYO RADIO, AUGUST 10th, 1945.

At
second
Meanw
of Man

The
Tokyo
Declara
does no
of His M
as bein

The
authori
rule th
the All

The

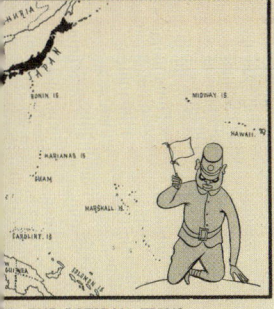

Ausschnitt aus ABCA-Map No. 72, »Das Ende von 14 Jahren japanischer Aggression«

seit 1915 von Russland garantierte Unabhängigkeit, erhalten. In der Mandschurei sollte die Liaodong-Halbinsel mit den Häfen Dalian (Dairen) und Port Arthur wieder an die Sowjetunion verpachtet werden, ebenso die ursprünglich von Russland gebaute Ostchinesische Eisenbahn sowie die japanische Südmandschurische Eisenbahn.

Während Roosevelt dem ersten Punkt zustimmte, milderte er den zweiten dahingehend ab, dass beide Häfen wieder unter russische Kontrolle gelangen, Dalian jedoch internationalisiert werden sollte. Für beide Bahnlinien war die Verwaltung durch eine sowjetisch-chinesische Gesellschaft vorgesehen. In allen Fällen sollten die sowjetischen Interessen gewahrt bleiben, während die Zustimmung der chinesischen Regierung dagegen von Roosevelt als bloße Formsache betrachtet wurde.[21]

Mit seinen Forderungen stellte sich Stalin in die Tradition einer langfristigen sowjetischen Politik. Zwar hatte Sowjetrussland 1919 in der Karakhan-Deklaration auf alle Privilegien aus den »ungleichen Verträgen« mit China Verzicht geleistet, in der Folgezeit jedoch verlorene Positionen zurückzugewinnen versucht. Ein großer Erfolg dieser Politik war der 1924 mit der schwachen Beijinger Regierung abgeschlossene Vertrag, der der UdSSR weitgehende Kontrollrechte bei der Ostchinesischen Eisenbahn einräumte, vormals russische Liegenschaften zurückerstattete und sowjetischen Geschäftsleuten sogar eine De-facto-Exterritorialität gewährte.[22] In Jalta erhielt die Sowjetunion für die Zusicherung, in den Krieg einzutreten, die chinesische Souveränität in der Mandschurei anzuerkennen und einen Freundschafts- und Bündnisvertrags mit China abzuschließen – der am 14. August 1945 unterzeichnet wurde – noch weitaus mehr.

Um die Demütigung für die chinesische Nationalregierung abzumildern, sah der Freundschaftsvertrag eine Volksabstimmung in der Äußeren Mongolei vor. Wenig überraschend fiel diese einstimmig zugunsten der Unabhängigkeit des sowjetischen Satellitenstaates aus. Die Bestimmung bezüglich der Internationalisierung Dalians wurde übernommen, wobei China der Sowjetunion Werften und Lagerhäuser vermieten sollte. Port Arthur war als gemeinsamer sowjetisch-chinesischer Flottenstützpunkt vorgesehen, ebenso wie für die Ostchinesische Eisenbahn eine gemeinsame Verwaltung durch die UdSSR und China bestimmt wurde. Allerdings sicherte der Vertrag der sowjetischen Seite in den entsprechenden Verwaltungsgremien jeweils die Mehrheit der Mitglieder sowie den Posten des Vorsitzenden zu. Da er den 1943 begonnenen Prozess hin zur vollständigen chinesischen Souveränität wieder einschränkte, ist er mit

Recht als letzter »ungleicher Vertrag« bezeichnet worden. Er beruhte auf den Bestimmungen von Jalta, auf die sich Roosevelt und Stalin zu Lasten Chinas, ohne Beteiligung und hinter dem Rücken seiner Regierung, geeinigt hatten.

China war damit ebenso Verlierer- wie Siegermacht.[23] Bereinigt wurde die in Jalta geschaffene Ungleichheit erst durch den Vertrag zwischen Stalin und Mao fünf Jahre später – im Zeichen des entstehenden Kalten Krieges. 1945 waren die chinesischen Kommunisten auf der Bühne der Weltpolitik noch kaum präsent. Stalin hielt sie für zu schwach und war der Überzeugung, sich mit den Nationalisten Chiang Kai-sheks als der führenden politischen Kraft des südlichen Nachbarn einigen zu müssen.[24]

Aus chinesischer Perspektive hat die Potsdamer Konferenz den zuvor geschaffenen Fakten nichts Wesentliches mehr hinzugefügt. Ihr kurzfristig bedeutsamstes Element war die Potsdamer Erklärung vom 26. Juli, die von den Amerikanern und Briten entworfen und von Chiang Kai-shek ebenfalls unterzeichnet wurde. Stalin war nicht beteiligt, da sich die UdSSR noch nicht im Kriegszustand mit Japan befand. Die Erklärung forderte die bedingungslose Kapitulation Japans und drohte eine Abrechnung mit Militaristen und Kriegsverbrechern an, wobei sie jedoch die zukünftige Position des Tennō bewusst ausnahm. Auch kündigte sie eine befristete Besatzungsherrschaft an, versprach jedoch, der Bevölkerung Menschenrechte zu gewähren und Japan eine industrielle Basis zu belassen, allerdings nicht zum Zweck der Wiederbewaffnung, wohl aber zur Leistung von Reparationen. Durch Strenge wollte man einerseits der öffentlichen Meinung in den Signatarstaaten Rechnung tragen, zugleich aber den Japanern einen Anreiz zur Kapitulation bieten.[25]

Dass die antiimperialistische Nationalregierung zu den Unterzeichnern gehörte, war durchaus erstaunlich, handelte es sich doch um ein Dokument, das deutlich westliche Interessen formulierte.[26] Auch hierin zeigt sich die ambivalente Rolle Chinas am Ende des Zweiten Weltkriegs. Eine gewisse Anerkennung durch die »Großen Drei« erfuhr der ostasiatische Alliierte dadurch, dass ihm die Entwaffnung der japanischen Streitkräfte in Indochina nördlich des 16. Breitengrades übertragen wurde, während südlich davon die Briten zuständig sein sollten.

Zugleich wurden in Potsdam Entscheidungen von langfristiger Bedeutung für China bekräftigt. Nachdem der neue US-Präsident Truman in der preußischen Residenzstadt die Nachricht von der Verfügbarkeit der Atombombe erhalten hatte, flaute das amerikanische Interesse an einem sowjetischen Kriegseintritt merklich ab. Dennoch waren die einmal getroffenen Vereinbarungen nicht rückgängig zu machen, zumal Stalin, der bereits seit 1942 Vorbereitungen für einen Krieg im Fernen Osten getroffen hatte, gegenüber Truman die Invasion der Mandschurei durch die Sowjettruppen für spätestens Mitte August ankündigte; sie begann am 8. August.[27]

Die Präsenz der Roten Armee in dieser Region spielte eine Schlüsselrolle im 1946 neuerlich aufflammenden Bürgerkrieg zwischen den chinesischen Nationalisten und Kommunisten. Sie ermöglichte den Streitkräften Mao Zedongs die Einnahme der Mandschurei und damit die Schaffung einer Basis für ihren endgültigen Sieg über die Nationalchinesen und die Machtübernahme im Land im Jahr 1949. Potsdam bestätigte somit einmal mehr die Ambivalenz der Position Chinas in den Nachkriegsjahren: souverän und formal gleichberechtigt, zugleich aber eine Siegermacht zweiten Ranges, die sich in die von den USA und der UdSSR getroffenen Entscheidungen fügen musste. Dennoch war dies, verglichen mit der Situation Anfang der 1930er Jahre, zweifelsohne ein Fortschritt. Zu den Ironien der Geschichte gehört es, dass nicht Chiang Kai-shek und seine Nationalisten, die in der Kriegszeit die Hauptverantwortung getragen hatten, sondern die Kommunisten unter Mao Zedong letztlich die Nutznießer waren.

**Anmerkungen**

**1** Ying Mei Su shounao Bocitan huiyi baogao 1946. / **2** Weggel 1989, S. 69–71. / **3** Fishel 1952, S. 154, 170–173. / **4** Zöllner 2006, S. 291–296; vgl. auch Mitter 2000. / **5** Mitter 2013, S. 63–67. / **6** Zöllner 2006, S. 297–298. / **7** MacKinnon 2008, S. 44–54. / **8** Mitter 2013, S. 161. Zöllner 2006, S. 305, 310–315, nennt mehr als doppelt so hohe Zahlen. / **9** Eastman u. a. 1991, S. 144–145. / **10** Mitter 2013, S. 234; Ford 2016. / **11** Tschudodejew 1986, S. 8–13; vgl. Eastman u. a. 1991, S. 145. / **12** Miller 1979, S. 59. Zum japanisch-sowjetischen Abkommen vgl. Kindermann 2001, S. 243. / **13** Yang Tianshi 2015, S. 132–135, 139. / **14** Eastman u. a. 1991, S. 145. / **15** Eine gute Zusammenfassung der Gesamtproblematik sowie eine Darstellung des »Stilwell-Zwischenfalls« aus der Perspektive von Chiangs Tagebüchern bietet Wang 2014. Vgl. auch Mitter 2013, S. 239–263, 302–305 und 334–349; Tuchman 1971, S. 313–314. / **16** Fishel 1952, S. 188–215. Darauf basierend, aber mit zusätzlichem Quellenmaterial, Li Yumin 2005, S. 888–936. / **17** Heiferman 2011, S. 111–114. / **18** Heiferman 2011, S. 120–121, 125, 127. / **19** Eine Zusammenfassung der Teheraner Konferenz findet sich ebd., S. 117–128. / **20** Schlesinger 2004, besonders S. 46–51. / **21** Kindermann 2001, S. 284–286. / **22** Elleman 1997. / **23** Kindermann 2001, S. 286–288, 301–303; die Bewertungen ebd., S. 288, 303. Die Schädigung Chinas durch die Geheimdiplomatie von Jalta betonen aus chinesischer Sicht Zhang Xianwen und Chen Qianping 2017, S. 247–253. / **24** Zum Vertrag von 1950 vgl. Zhang Shenfa 2010. Zu Stalins Einschätzung des Kräfteverhältnisses in China vgl. Neiberg 2015, S. 231–232. / **25** So die plausible Interpretation bei Neiberg 2015, S. 244–245; zu Indochina ebd., S. 246. Der Text der Potsdamer Erklärung findet sich in National Diet Library, Text of the Constitution and Other Important Documents, URL: www.ndl.go.jp/constitution/e/etc/c06.html [Zugriff am 23. September 2019]. Vgl. auch den Beitrag von Robert Kramm in diesem Band. / **26** Vgl. den Beitrag von Robert Kramm in diesem Band. / **27** Neiberg 2015, S. 232–244. Vgl. auch Zhang Xianwen und Chen Qianping 2017, S. 247–249.

# Die Potsdamer Erklärung und die Unabhängigkeit Koreas

Jong Hoon Shin[1]

Am 26. Juli 1945, während der Potsdamer Konferenz, veröffentlichten der US-Präsident Truman, der Präsident der Nationalregierung Chinas Chiang Kai-shek und der britische Premierminister Churchill die Potsdamer Erklärung, die Japan ultimativ aufforderte, zu kapitulieren. Diese Erklärung erwähnte indirekt die Zukunft der japanischen Kolonie Korea. Artikel 8 der insgesamt 13 Artikel umfassenden Potsdamer Erklärung lautet: »The terms of the Cairo Declaration shall be carried out and Japanese sovereignty shall be limited to the islands of Honshu, Hokkaido, Kyushu, Shikoku and such minor islands as we determine.«[2] In der Kairoer Erklärung versprachen die drei Staatschefs, dass unter Berücksichtigung der Versklavung des koreanischen Volkes Korea zu gegebener Zeit frei und unabhängig sein werde.[3] Mit Unterzeichnung der Kapitulationsurkunde Japans am 2. September 1945 auf dem Schlachtschiff USS Missouri erkannte der japanische Außenminister Mamoru Shigemitsu die Bestimmungen der Potsdamer Erklärung offiziell an.[4] Drei Jahre später wurde am 15. August 1948 die Regierung der Republik Korea gebildet.

Aufgrund dieser Tatsachen kann man annehmen, dass die Potsdamer Erklärung für die Koreaner ein wichtiges Dokument ist, das die Unabhängigkeit Koreas im Kontext der internationalen Beziehungen beleuchtet. In der Tat betrachten die Koreaner die Potsdamer Erklärung als die letzte internationale Zusicherung der Unabhängigkeit Koreas. Jedoch haben die koreanischen Zeithistoriker die Potsdamer Erklärung bisher als Forschungsgegenstand kaum wissenschaftlich behandelt.[5] Der Mangel an Forschung hat dazu geführt, dass die grundlegenden historischen Tatsachen über die Konferenz von Potsdam – ganz zu schweigen von der Potsdamer Erklärung – in Korea bislang sehr fehlerhaft und falsch dargestellt wurden.

Bedenkt man die Bedeutung der Potsdamer Erklärung für die Unabhängigkeit Koreas, ist es merkwürdig, dass die Koreaner nicht einmal von deren Entstehung genaue Kenntnis besitzen. Im Folgenden werden daher zunächst anhand einiger Darstellungen in koreanischen Schulbüchern die falschen Kenntnisse der koreanischen Gesellschaft in Bezug auf die Potsdamer Konferenz und die Potsdamer Erklärung in den Blick genommen. Anschließend werden Vorbereitung und Entstehung der Potsdamer Erklärung ausführlich erläutert. Und schließlich gilt es, die Unabhängigkeit Koreas und die Bildung der südkoreanischen Regierung im Licht der internationalen Verhältnisse kurz darzulegen.

← **US-Bevollmächtigte Admiral C. Kinkaid und Lieutenant General John R. Hodge unterzeichnen die Kapitulationsunterlagen Japans in Seoul, Korea am 9. September 1945**

## Die Darstellungen der Potsdamer Konferenz und der Potsdamer Erklärung in koreanischen Schulbüchern

Der Tatsache, dass alle Schulbücher zur koreanischen Geschichte für Schüler an Oberschulen die Potsdamer Konferenz und die Potsdamer Erklärung behandeln, kann man entnehmen, dass diese Themen in der koreanischen Historie als wichtig erachtet werden. Allerdings sind diese Darstellungen in den koreanischen Schulbüchern sehr fehlerhaft. Dies soll an den folgenden vier Beispielen gezeigt werden.

1) »US-Präsident Truman, der britische Premierminister Churchill und der chinesische General Chiang Kai-shek trafen sich im Juli 1945 in Potsdam, um über die Behandlung Deutschlands und den Krieg gegen Japan zu diskutieren. Nach dem Treffen wurde die von den Staats- und Regierungschefs der vier Länder einschließlich des sowjetischen Generalissimus Stalin unterzeichnete Potsdamer Erklärung veröffentlicht.«[6]

2) »Als der Krieg in Europa mit der Kapitulation Deutschlands zu Ende ging, versammelten sich die Alliierten, die eine baldige Kapitulation Japans erwarteten, im Juli 1945 in Potsdam. Bei dieser Konferenz forderten die USA, Großbritannien und China die bedingungslose Kapitulation Japans. Im August nahm Stalin an der Konferenz teil und unterzeichnete die Potsdamer Erklärung.«[7]

3) »Im Juli 1945 trafen sich Vertreter der USA, Großbritanniens und Chinas in Potsdam. Die Staats- und Regierungschefs der Alliierten in Potsdam haben beschlossen, die bedingungslose Kapitulation Japans zu fordern. […] Die Potsdamer Erklärung hat die Unabhängigkeit Koreas bestätigt.«[8]

4) »Nach der Kapitulation Deutschlands trafen im Juli 1945 in Potsdam führende Politiker aus den USA, Großbritannien und China zusammen, um die Frage der Nachkriegsordnung zu diskutieren. Dort forderten sie die bedingungslose Kapitulation Japans. Nachdem die Sowjetunion Japan den Krieg erklärt hatte, nahm sie an der Konferenz teil.«[9]

Die angeführten Beispiele zeigen, dass die meisten Koreaner nicht einmal Kenntnis über die folgenden grundlegenden Tatsachen haben: An der Potsdamer Konferenz vom 17. Juli bis zum 2. August 1945 nahmen die Staats- und Regierungschefs der USA, Großbritanniens und der Sowjetunion teil. Der chinesische Regierungschef Chiang war bei der Konferenz hingegen nicht anwesend. Und Stalin gab während der Potsdamer Konferenz weder eine offizielle Stellungnahme zur Potsdamer Erklärung ab, noch unterschrieb er diese. Erst nach der Konferenz sagte der sowjetische Außenminister Molotow im Zuge der sowjetischen Kriegserklärung an Japan am 8. August 1945, dass die sowjetische Regierung der Erklärung der Alliierten vom 26. Juli, also der Potsdamer Erklärung, beitrete.[10]

Die hauptsächlichen Themen bei der Potsdamer Konferenz waren die Vorbereitung auf den Abschluss der Friedensverträge und die Schaffung einer Nachkriegsordnung in Europa. Deshalb

Kapitulation japanischer
Truppen in Südkorea,
Einholung der japanischen
Flagge in Seoul
am 9. September 1945

Kapitulation japanischer Truppen in Südkorea, Hissen der amerikanischen Flagge am 9. September 1945

beschränkten sich die Agenden, die als offizielle Tagesordnung für die Potsdamer Konferenz vorgelegt wurden, weitgehend auf die Frage der Nachkriegsordnung in Europa. Die Fragen der Beendigung des Pazifikkrieges und der ostasiatischen Nachkriegsordnung wurden bei den Vollsitzungen der Konferenz nicht einmal in die Tagesordnung aufgenommen.[11] Auch im Communiqué von Potsdam, in dem man die wichtigsten Beschlüsse der Konferenz festhielt, wurden die Frage der Beendigung des Pazifikkrieges und die Potsdamer Erklärung nicht erwähnt.[12]

Die Potsdamer Erklärung, die von den damals mit Japan Krieg führenden Alliierten als ein Ultimatum zur Kapitulation Japans veröffentlicht wurde, war also ein separates Ereignis, das mit den Tagesordnungen der Potsdamer Konferenz nichts zu tun hatte. Die Sowjetunion, die am 13. April 1941 mit Japan einen Neutralitätspakt geschlossen hatte und sich zum Zeitpunkt der Veröffentlichung der Potsdamer Erklärung neutral gegenüber Japan verhielt, war an der Formulierung der Potsdamer Erklärung nicht beteiligt. Folglich ist das Dokument von sowjetischer Seite auch nicht unterschrieben worden.[13] Einen Tag nach der Veröffentlichung der Potsdamer Erklärung teilte der amerikanische Außenminister Byrnes dem sowjetischen Außenminister Molotow mit, die Sowjetunion sei von der Erklärung nicht im Voraus unterrichtet worden, weil sie sich nicht im Kriegszustand mit Japan befinde.[14] Zudem war vor der Zusammenkunft von Potsdam nicht vorgesehen, die Potsdamer Erklärung während der Konferenz auf Initiative der USA zu veröffentlichen. Der erfolgreiche Atomtest bei Alamogordo in New Mexico am 16. Juli 1945, also einen Tag vor dem Beginn der Konferenz, hatte die Situation jedoch vollkommen verändert. Von diesem Erfolg ermutigt und mit der Erwartung, dass der Krieg gegen Japan nun, anders als geplant, vorzeitig beendet werden könnte, sollte die Potsdamer Erklärung als eine Art letzte Warnung an Japan veröffentlicht werden.[15]

Wie aber erklärt sich die katastrophale Unwissenheit der koreanischen Gesellschaft über die Potsdamer Konferenz und die Potsdamer Erklärung? Der Grund dafür ist in erster Linie wohl darin zu suchen, dass die Koreaner die beiden Ereignisse – die Konferenz von Potsdam einerseits und der Potsdamer Erklärung andererseits – nicht richtig unterscheiden konnten. Robert Cecil hat 1970 in seiner Betrachtung von »Potsdam and its Legends« die Potsdamer Erklärung ausdrücklich als eine erwähnenswerte Episode bezeichnet, die sich während der Potsdamer Konferenz ereignete, und so noch einmal deutlich gemacht, dass die Potsdamer Konferenz und die Potsdamer Erklärung zwei unterschiedliche Ereignisse sind.[16] Leider war diese Tatsache einigen koreanischen Historikern aber nicht bekannt. Sie betrachteten stattdessen die Potsdamer Erklärung als ein wichtiges Ergebnis der Potsdamer Konferenz. Dieses Missverständnis auf Seiten der Koreaner muss korrigiert werden und im Zusammenhang damit ist eine Überarbeitung der Darstellungen in den koreanischen Schulgeschichtsbüchern dringend nötig.

Infobroschüre des Britischen Informationsministeriums, »Axis Criminals«, von Ronald Carl Giles, 1942

## JAPANESE TYRANTS IN KOREA (CONTINUED)

**14** The Japanese had no respect for the Koreans' burial grounds and profaned their graves.

**15** There were many examples of Koreans being murdered by the Japanese when they complained.

**16** Even women and children were quite often beaten in the streets by Japanese soldiers.

**17** In a village called Chaism all religious men were shot and bayonetted in their church.

**18** Then the church was set on fire and all the houses except six in the village burned.

**19** Ten thousand people were put in prison and the prisons were so crowded they could not sit down.

**20** One thousand of these were later killed, 1,500 injured and the rest were beaten.

**21** Admiral Saito, a Japanese Governor, was murdered by his own countrymen for being too kind.

**22** Japan cannot grow enough rice to feed her own people so she takes rice from Korea.

**23** Korean gold is stolen by Japan to pay for the things Japan needs to buy from other countries.

**24** There is a shortage of food and clothing in Korea, the Japanese have taken everything.

**25** They even force the Koreans to change their own names to a Japanese name.

**26** Only Japanese history is taught in Korean schools and the children must learn to speak Japanese.

**27** Koreans are not allowed to worship their own gods any more. They must worship Japanese gods.

**28** Co-prosperity means only poverty, hunger and unhappiness. Japan has murdered Korea.

### Die Entstehung der Potsdamer Erklärung

Um den Hintergrund der Potsdamer Erklärung zu verstehen, ist es nötig zu wissen, welche Pläne zur Kapitulation Japans die amerikanische Regierung vor der Konferenz von Potsdam ins Auge gefasst hatte. Obwohl sich der Krieg im Pazifik nach der Kapitulation Deutschlands zugunsten der Alliierten entwickelte, kamen die Joint Chiefs of Staff (JCS) der USA zu der Erkenntnis, dass eine Landung auf dem japanischen Festland notwendig sei, um Japan endlich zur Kapitulation zu zwingen. Der von der militärischen Führung der USA entworfene Plan für die Landung war in zwei Operationen unterteilt: In einem ersten Schritt sollten 14 Divisionen der amerikanischen Armee am 1. November 1945 auf der Insel Kyushu landen (Operation Olympic). Und in einem zweiten Schritt sollten 24 Divisionen am 1. März 1946 die Insel Honshu, auf der sich Tokio befindet, angreifen (Operation Coronet). Dabei nahm man in Kauf, dass beide Operationen für die anlandenden US-Soldaten enorme Verluste mit sich bringen würden, deren Höhe im Voraus zu berechnen schwierig war.[17]

In einer Sitzung mit der militärischen Führung im Weißen Haus am 18. Juni 1945 genehmigte Präsident Truman, die Operation Olympic wie geplant durchzuführen, empfahl jedoch gleichzeitig, über die Durchführung der Operation Coronet zu einem späteren Zeitpunkt und unter Berücksichtigung der dann gegebenen Umstände zu entscheiden.[18] In dieser Sitzung wurde auch die Frage der russischen Teilnahme am Pazifikkrieg diskutiert. Um die Verluste unter US-Soldaten möglichst gering zu halten und die Moral der japanischen Armee zu schwächen, war es nach Meinung der JCS wichtig, dass die sowjetische Armee in der Mandschurei, wenn nötig auch in Korea, gegen Japan kämpfen würde. Dementsprechend erklärte Truman, dass im Zusammenhang mit der bevorstehenden Konferenz in Potsdam eines seiner Ziele darin bestünde, von der Sowjetunion die größtmögliche Unterstützung für den Krieg gegen Japan zu erhalten.[19]

Zu Beginn der Potsdamer Konferenz rechnete die US-Regierung also damit, dass der Krieg mit Japan zumindest bis Anfang 1946 andauern würde. Aus diesem Grund bestand eines der wichtigsten Ziele Trumans bei der Konferenz darin, die Sowjetunion so schnell wie möglich in den Krieg gegen Japan einzubeziehen.[20] Dieses Ziel war auch vereinbar mit dem Grundgedanken der im Vorfeld von Potsdam erarbeiteten Briefing Book Papers, nach denen der Präsident bei den Verhandlungen dafür eintreten sollte, die Zusammenarbeit mit den Russen im Wesentlichen weiterzuführen.[21] Das eigentliche Vorhaben, die Sowjetunion in den Krieg gegen Japan einzubeziehen, verlor jedoch an Bedeutung, weil sich durch den erfolgreichen Atomtest einen Tag vor Eröffnung der Konferenz die Voraussetzungen für die Beendigung des Pazifikkrieges völlig verändert hatten.

Der vorläufige kurze Bericht über den Atomtest, den Truman am Abend des 16. Juli von Kriegsminister Stimson erhielt, lautete:

»Heute Morgen getestet. Die Diagnose ist noch nicht vollständig, aber die Ergebnisse scheinen zufriedenstellend zu sein und übertreffen die Erwartung bereits.«[22] Nachdem sie diesen Bericht erhalten hatten, konnten Truman und Byrnes auf eine Möglichkeit hoffen, die bei der Landung auf dem japanischen Festland prognostizierten hohen amerikanischen Verluste zu vermeiden. Darüber hinaus erkannten sie, dass es durch den Einsatz von Atombomben möglich wäre, Japan vor dem Eintritt der Sowjetunion in den Krieg zur Kapitulation zu zwingen.[23] Truman unternahm während der Konferenz daher – anders als geplant – keine konkreten Schritte, um die Sowjetunion so schnell wie möglich am Krieg zu beteiligen, sondern versuchte vielmehr, den sowjetischen Kriegseintritt zu verzögern. In diesem Sinne versuchte auch Byrnes, die laufenden chinesisch-sowjetischen Verhandlungen über die chinesischen Zugeständnisse für den sowjetischen Eintritt in den Krieg zu verzögern, in der Annahme, dass Stalin ohne chinesische Zusagen nicht in den Krieg ziehen würde.[24]

Vor diesem Hintergrund bereitete die amerikanische Führung während der Konferenz in Potsdam die Potsdamer Erklärung vor. Bereits vor dem Treffen der »Großen Drei« in Potsdam hatte die US-Regierung den Entwurf einer letzten Warnung an Japan verfasst, in dem das Land aufgefordert wurde, zu kapitulieren. In einer auf Initiative des Kriegsministers Stimson einberufenen Sitzung am 26. Juni war ein Unterausschuss des Kriegsministeriums, Marineministeriums und Außenministeriums eingesetzt worden, mit dem Auftrag, ein Dokument als Warnung an Japan zu entwerfen.[25] Stimson übermittelte Truman den von diesem Unterausschuss verfassten Entwurf[26] am 2. Juli, wobei er dem Präsidenten erklärte, dass dieser als Diskussionsgrundlage für das Treffen in Potsdam dienen sollte.[27] In diesem Entwurf, der später nach einigen Änderungen zur Potsdamer Erklärung wurde, waren als Staaten, die Japans Kapitulation forderten, die USA, Großbritannien, [die Sowjetunion] und China genannt. Dass die Sowjetunion in Klammern gesetzt war, zeigt, dass Moskau nicht zu den Unterzeichnern der Erklärung gehören sollte, wenn es sich zum Zeitpunkt der Veröffentlichung der Erklärung nicht am Pazifikkrieg beteiligte.[28]

Ab dem 17. Juli, nachdem die erste Nachricht über das gelungene Atombombenexperiment in Potsdam eingetroffen war, begann man in der Führung der US-Regierung darüber zu sprechen, Japan ein Ultimatum zur Kapitulation zu stellen.[29] Die Diskussionen über den endgültigen Wortlaut dieses Ultimatums erfolgten durch die Personen vor Ort in Potsdam sowie durch einen Austausch mit in Washington verbliebenen Regierungsmitgliedern. Bei der Vorbereitung jener Warnung an Japan gab es Meinungsunterschiede, die die Bedingungen der japanischen Kapitulation betrafen. Während die Alliierten und das amerikanische Außenministerium eine bedingungslose Kapitulation befürworteten, sprachen sich Stimson und hochrangige Männer des Militärs gegen die Absetzung des gleichsam »göttlichen« japanischen Kaisers aus, um den Krieg schneller zu beenden und die

Besatzungspolitik zu erleichtern.³⁰ In der Tat wurde ein Satz in Artikel 12 des Entwurfs auf Empfehlung der JCS gestrichen, weil er auf japanischer Seite zu dem Missverständnis hätte führen können, dass der Kaiser entweder abgesetzt oder hingerichtet werden sollte.³¹

Truman und Byrnes befürchteten jedoch, dass moderate Kapitulationsbedingungen, die den Status des Kaisers garantierten, zu unangenehmen politischen Folgen führen könnten, zum Beispiel starkem Widerspruch in der amerikanischen Öffentlichkeit gegen zu laxe Forderungen.³² Die abschließende Formulierung der Potsdamer Erklärung kann deshalb als Kompromiss zwischen der militärischen Führung und dem Außenministerium angesehen werden. Einerseits forderte sie zwar die bedingungslose Kapitulation aller japanischen Streitkräfte, andererseits jedoch gestand sie den Japanern zu, nach dem Rückzug der Besatzungsmächte eine Regierung gemäß dem Willen der japanischen Bevölkerung zu bilden, wobei die Frage der Behandlung des Kaisers und der politischen Institutionen überhaupt nicht erwähnt wurde.³³ Nach Auffassung des Historikers Michael Neiberg, der sich erst jüngst mit der Potsdamer Konferenz auseinandersetzte, ist die Erklärung ein politisches Dokument, das zum einen darauf abzielte, das harte Bedingungen fordernde einheimische Publikum zufriedenzustellen und den Japanern zum anderen einen Grund bot, sich zu ergeben, anstatt weiter zu kämpfen.³⁴

Stimsons Tagebucheintrag zufolge hatte Truman vor, das die japanische Kapitulation fordernde Ultimatum zu veröffentlichen, nachdem man ihm den möglichen Tag, an dem die Atombombe technisch einsatzbereit war, bestätigt und von der chinesischen Regierung die Zustimmung zu dem Text des Ultimatums erhalten hatte.³⁵ Am 23. Juli erreichte Stimson der Bericht aus Washington, der Einsatz der Atombombe sei frühestens vom 1. August bis spätestens 10. August möglich – die zeitliche Spannbreite erklärte sich aufgrund des Vorbereitungsprozesses und der veränderlichen klimatischen Bedingungen.³⁶ Am 24. Juli erteilte Truman seine Erlaubnis, die Atombombe an einem geeigneten Tag ab dem 3. August, also nach dem Abschluss der Konferenz, abzuwerfen.³⁷ Und noch am selben Tag schickte der amerikanische Präsident dem Botschafter in China, Patrick J. Hurley, den ersten Entwurf der Potsdamer Erklärung, um herauszufinden, ob der chinesische Präsident Chiang Kai-shek bereit wäre, die Erklärung mitzutragen; ebenso erhielt Churchill am Abend desselben Tages den Entwurf.³⁸

Die Formulierung der Erklärung wurde aufgrund der Forderung Chiang Kai-sheks, die Reihenfolge der Nennung der Staats- und Regierungschefs zu ändern, im letzten Moment noch einmal korrigiert.³⁹ Im Entwurf der Erklärung war der britische Premierminister vor dem chinesischen Präsidenten genannt worden. In der Potsdamer Erklärung vom 26. Juli legte man die Reihenfolge der Staats- und Regierungschefs dann aber folgendermaßen fest: »[…], the President of the United States, the President of the National Government of the Republic of China and the Prime Minister of Great Britain, […].«⁴⁰ Am 26. Juli schickte Byrnes Molotow eine Kopie der letzten Fassung der Potsdamer Erklärung und informierte ihn, dass die Potsdamer Erklärung einen Tag später der Weltöffentlichkeit bekannt gegeben würde.[41]

Der japanische Ministerpräsident Suzuki verkündete am 28. Juli, dass seine Regierung die Forderungen der Erklärung ablehne und weiter für den Sieg kämpfen werde.[42] Deshalb wurden die Atombomben am 6. August auf Hiroshima und am 9. August auf Nagasaki abgeworfen. Am 15. August verkündete schließlich der japanische Kaiser die Kapitulation Japans. In der Zwischenzeit erklärte die Sowjetunion Japan am 8. August den Krieg, und die sowjetische Armee konnte vor der japanischen Kapitulation in den Norden Koreas einmarschieren. Um die Besetzung ganz Koreas allein durch die Sowjetunion zu verhindern, schlugen die USA der Sowjetunion am 14. August den 38. nördlichen Breitengrad als provisorische Linie zur Teilung Koreas in die jeweiligen Besatzungsgebiete beider Staaten vor. Einen Tag später nahm die Sowjetunion den amerikanischen Vorschlag an.[43] Damit wurde ungewollt der erste Schritt zur Teilung Koreas vollzogen.

### Schlussbemerkung

Wie oben dargestellt, sind die Potsdamer Konferenz und die Potsdamer Erklärung als zwei getrennte Ereignisse zu betrachten, trotz zeitlicher und räumlicher Gemeinsamkeiten. Die Potsdamer Erklärung, also nicht das Potsdamer Communiqué, war insofern ein wichtiges Dokument der koreanischen Zeitgeschichte, als dass diese Erklärung die Durchführung der Kairoer Erklärung Franklin D. Roosevelts, Churchills und Chiang Kai-sheks vom 27. November bzw. 1. Dezember 1943 bestätigte, die Korea die Unabhängigkeit versprach.

Der erste Entwurf der Kairoer Erklärung, in der zum ersten Mal die zukünftige Unabhängigkeit Koreas zugesagt wurde, sah die Empfehlung vor, dass Koreas Unabhängigkeit »so früh wie möglich« erreicht werden sollte. Doch musste diese Formulierung für den US-Präsidenten Roosevelt, der die politischen Fähigkeiten der Koreaner anzweifelte, dahingehend korrigiert werden, dass Korea »zu gegebener Zeit (in due course)« frei und unabhängig sein sollte.[44] Während der Konferenz von Teheran 1943 äußerte Roosevelt Stalin gegenüber sogar die Meinung, dass die Koreaner etwa vierzig Jahre benötigen könnten, um endgültig ihre Unabhängigkeit zu erhalten.[45] Im Mai 1945 schlug Roosevelts ehemaliger enger Berater, Harry L. Hopkins, der auch Trumans Abgesandter bei Stalin war, dem Generalissimus hinsichtlich der Treuhandschaft Koreas vor, deren Dauer auf höchstens 25 Jahre festzulegen.[46] Letztlich jedoch wurde während der Moskauer Konferenz im Dezember 1945 beschlossen, dass die Besetzung Koreas höchstens fünf Jahre dauern sollte.[47]

Auf der Moskauer Konferenz einigten sich die Außenminister der USA und der Sowjetunion auch darauf, dass eine koreanische Regierung für das gesamte Land gebildet werden sollte.[48] Die Trennung Koreas nach der Besatzungszeit war also zu Beginn der Besatzung und Teilung des Landes nicht vorgesehen. Im Laufe der Verschärfung des Kalten Krieges lehnte die Sowjetunion die Durchführung dieser Übereinkunft aber ab. Und so wurden – voneinander getrennt – am 15. August 1948 eine südkoreanische Regierung und am 9. September 1948 eine nordkoreanische Regierung gebildet. Damit wurde die Teilung Koreas endgültig.[49]

Der vorliegende Beitrag hat sich der Aufgabe gewidmet, die Entstehung der Potsdamer Erklärung und ihre Bedeutung für die koreanische Geschichte faktisch korrekt darzulegen. Auf dieser Grundlage muss es der koreanischen Historiografie nun ein Anliegen sein, die Rolle der internationalen Staatengemeinschaft und die konkurrierenden Interessen der Großmächte als Einflussfaktoren auf die Unabhängigkeit und Trennung Koreas eingehender zu untersuchen und herauszuarbeiten.

**Anmerkungen**

**1** Der Inhalt dieses Beitrags basiert im Wesentlichen auf einem 2016 auf Koreanisch veröffentlichten Aufsatz des Autors, der in erster Linie mit dem Ziel geschrieben wurde, die falschen Darstellungen der koreanischen Geschichtsschulbücher über die Potsdamer Konferenz und die Potsdamer Erklärung zu korrigieren. Vgl. Shin 2016. / **2** Proclamation by the Heads of Governments, United States, China and the United Kingdom, in: FRUS 1945, The Conference of Berlin (The Potsdam Conference), Bd. 2, S. 1474 ff. / **3** Cairo Communiqué, 1.12.1943, in: National Diet Library of Japan, URL: www.ndl.go.jp/constitution/e/shiryo/01/002_46shoshi.html [Zugriff am 1.8.2019]. / **4** Vgl. Official Documents 1945, Surrender of Japan, S. 264 f. / **5** Nur drei auf Koreanisch geschriebene Aufsätze, die auf die Potsdamer Erklärung Bezug nehmen, konnten bisher in Korea veröffentlicht werden: 정동귀, 「제2차 세계대전 중에 있어서의 미국의 대 한국정책 구상」, 『사회과학 논총』 Vol. 6 (1988); 박노순, 「2차 대전 중 연합국의 대 반도정책」, 『통일로』 292호 (2012); 와다 하루키, 「카이로 선언과 일본의 영토문제」, 『영토해양연구』 Vol. 5 (2013). / **6** Geschichte Koreas für die Oberschulen, 금성출판사, 2014, S. 354. / **7** Geschichte Koreas für die Oberschulen, 두산동아, 2013, S. 254. / **8** Geschichte Koreas für die Oberschulen, 지학사, 2014, S. 337. / **9** Geschichte Koreas für die Oberschulen, 비상교육, 2014, S. 337. / **10** Auf Englisch hieß es wörtlich: »Loyal to its Allied duty, the Soviet Government […] has joined in the declaration of the Allied powers of July 26.« Soviet Declaration of War on Japan, August 8, 1945, in: Avalon Project at Yale University, URL: https://avalon.law.yale.edu/wwii/s4.asp [Zugriff am 15.8.2019]. / **11** Vgl. Fischer 1969. Die Frage der Kriegführung gegen Japan wurde während der dritten Vollsitzung nur im Rahmen der Diskussion über die Aufteilung der deutschen Kriegs- und Handelsschiffe kurz erwähnt. Vgl. ebd., S. 223 ff. / **12** Vgl. Official Documents 1945/Conference of Berlin, S. 245–257. / **13** Soviet-Japanese Neutrality Pact April 13, 1941, in: Avalon Project at Yale University, URL: https://avalon.law.yale.edu/wwii/s1.asp [Zugriff am 15.8.2019]. / **14** Aufzeichnung über die Unterredung des Volkskommissars für Auswärtige Angelegenheiten der UdSSR mit dem Außenminister der USA, 27.7.1945, in: Konferenzdokumente 1986, S. 181. / **15** Vgl. Neiberg 2015, S. 239 ff. / **16** Vgl. Cecil 1970, S. 464. / **17** Vgl. Miscamble 2007, S. 178. / **18** Minutes of meeting, 18 June 1945, in: FRUS 1945, The Conference of Berlin (The Potsdam Conference), Bd. 1, S. 909. / **19** Vgl. FRUS 1945, The Conference of Berlin (The Potsdam Conference), Bd. 1, S. 905 und 909. / **20** Vgl. Miscamble 2007, S. 187. / **21** Vgl. Drechsler 1997, S. 36. / **22** Miscamble 2007, S. 195; The Acting Chairman of the Interim Committee (Harrison) to the Secretary of War (Stimson), 16 July 1945, in: FRUS 1945, The Conference of Berlin (The Potsdam Conference), Bd. 2, S. 1360 (Übers. D. Verf.). / **23** Vgl. Miscamble 2007, S. 196. / **24** Vgl. Bernstein 1975, S. 44 ff. / **25** Minutes of a Meeting of the Committee of Three, 26 June 1945, in: FRUS 1945, The Conference of Berlin (The Potsdam Conference), Bd. 1, S. 888. / **26** Proclamation by the Heads of State. U.S.-U.K.-[U.S.S.R]-

China, in: FRUS 1945, The Conference of Berlin (The Potsdam Conference), Bd. 1, S. 893f. / **27** The Secretary of War (Stimson) to the President. Memorandum for the President, 2 July 1945, in: FRUS 1945, The Conference of Berlin (The Potsdam Conference), Bd. 1, S. 888f. / **28** Proclamation by the Heads of State. U.S.-U.K.-[U.S.S.R]-China, in: FRUS 1945, The Conference of Berlin (The Potsdam Conference), Bd. 1, S. 893; The Secretary of War (Stimson) to the President. Memorandum for the President, 2. July 1945, in: ebd., S. 891f. / **29** Seinem Tagebuch zufolge bestand Stimson bei der Sitzung am Morgen des 17. Juli, an der Truman, Byrnes und Stimson teilnahmen, auf der Notwendigkeit einer sofortigen Warnung Japans. Aber Byrnes widersprach einer sofortigen und schnellen Warnung. Daher erwähnt Stimson in der Sitzung die Frage nicht mehr. Vgl. The Secretary of War (Stimson) to the President, 16 July 1945, in: FRUS 1945, The Conference of Berlin (The Potsdam Conference), Bd. 2, S. 1266, Anm. 6. / **30** Vgl. Villa 1976, S. 70f.; Neiberg 2015, S. 236f. / **31** Der gestrichene Satz lautet auf Englisch: »This [die japanische Regierung nach der Besatzung; Erg. d. Verf.] may include a constitutional monarchy under the present dynasty if it be shown to the complete satisfaction of the world that such a government will never again aspire to aggression.« The Joint Chiefs of Staff to the President, 18 July 1945, in: FRUS 1945, The Conference of Berlin (The Potsdam Conference), Bd. 2, S. 1268f. / **32** Die Ergebnisse einer Umfrage in den USA im Jahr 1945 zur Frage nach der Behandlung des japanischen Kaisers waren wie folgt: Hinrichtung: 33 Prozent, Gerichtsprozess: 17 Prozent, in Ruhe lassen: 4 Prozent, als Marionette benutzen: 3 Prozent und Keine Meinung: 23 Prozent. Vgl. 강만길 외,『한국사 17. 분단구조의 정착-1』, 한길사 1994, S. 138f.; Bernstein 1975, S. 53ff. / **33** Proclamation by the Heads of Governments, United States, China and the United Kingdom, in: FRUS 1945, The Conference of Berlin (The Potsdam Conference), Bd. 2, S. 1476. / **34** Vgl. Neiberg 2015, S. 245. / **35** The Secretary of War (Stimson) to the President, 16 July 1945, in: FRUS 1945, The Conference of Berlin (The Potsdam Conference), Bd. 2, S. 1266f., Anm. 6. / **36** The Acting Chairman of the Interim Committee (Harrison) to the Secretary of War (Stimson), 23 July 1945, in: FRUS 1945, The Conference of Berlin (The Potsdam Conference), Bd. 2, S. 1374. / **37** Vgl. Groehler 1997, S. 203. / **38** The President to the Ambassador in China (Hurley), 24 July 1945, in: FRUS 1945, The Conference of Berlin (The Potsdam Conference), Bd. 2, S. 1278; President Truman to Prime Minister Churchill, 25 July 1945, in: ebd., S. 1279. / **39** Chiang forderte, dass der Präsident vor dem Premierminister genannt werden sollte. Außerdem meinte er, dass es seinem Status in China helfen würde, wenn der Staatschef Chinas nach dem der USA genannt würde. The Ambassador in China (Hurley) to the President and the Secretary of State, 26 July 1945, in: FRUS 1945, The Conference of Berlin (The Potsdam Conference), Bd. 2, S. 1283. / **40** Proclamation by the Heads of Governments, United States, China and the United Kingdom, in: FRUS 1945, The Conference of Berlin (The Potsdam Conference), Bd. 2, S. 1474f. Weil Churchill und Chiang zum Zeitpunkt der Veröffentlichung der Erklärung nicht in Potsdam anwesend waren, musste Truman stellvertretend für beide unterschreiben. Vgl. ebd., S. 1476, Anm. 5. / **41** The Secretary of State to the Soviet Foreign Commissar (Molotov), 26. July 1945, in: FRUS 1945, The Conference of Berlin (The Potsdam Conference), Bd. 2, S. 1284. / **42** Vgl. Wagner 1997, S. 185. / **43** Vgl. 강만길 외,『우리민족 해방운동사』, 역사비평사 2000, S. 286; Neiberg 2015, S. 286. / **44** Vgl. 와다 하루키,『카이로 선언과 일본의 영토문제』, S. 97f. / **45** Vgl. 강만길 외,『우리민족 해방운동사』, 역사비평사 2000, S. 286; Neiberg 2015, S. 283. / **46** Vgl. Feis 1960, S. 115. / **47** Vgl. 강만길 외,『한국사 17. 분단구조의 정착-1』, S. 147. / **48** Vgl. Potter 1950, S. 709. / **49** Vgl. Potter 1950, S. 709ff.

# Irans Ringen um Souveränität

Jana Forsmann

In einer gemeinsamen Militäraktion besetzten britische und sowjetische Truppen Ende August 1941 weite Teile Irans. Das auf diese Weise in die alliierte Kriegsführung eingebundene Land bekam die Auswirkungen des Zweiten Weltkriegs in beträchtlichem Maße zu spüren, auch wenn hier keine Kampfhandlungen stattfanden. Die fortdauernde Besatzung stürzte Iran in eine politische und wirtschaftliche Krise. Das Land hoffte daher auf das Engagement der USA bei der Schaffung einer Nachkriegsordnung – nicht zuletzt, weil es seit dem 19. Jahrhundert einer weitreichenden Einflussnahme der beiden Mächte Großbritannien und (Sowjet-)Russland ausgesetzt war. Ab 1943 forderten die Iraner wiederholt einen Truppenabzug. Auf den alliierten Konferenzen spielte dies jedoch nur eine untergeordnete Rolle. Die Konferenzdiplomatie der »Großen Drei« konnte die wachsende Konfrontation in Iran nicht verhindern. So bildete 1946 die Irankrise den ersten Konfliktfall im Sicherheitsrat der Vereinten Nationen.[1]

## Der britisch-sowjetische Einmarsch im August 1941

Der deutsche Angriff auf die Sowjetunion im Juni 1941 zwang die Regierungen Großbritanniens und der Sowjetunion in eine unliebsame Koalition. Die nunmehr gemeinsame Feindschaft zu Deutschland bewirkte in Bezug auf Iran aber eine schnelle Übereinkunft. Die Regierung in Moskau sah die für die sowjetische Kriegsführung unverzichtbare Ölförderregion um Baku durch den deutschen Vorstoß und durch prodeutsche Kräfte in Iran bedroht. Ein Vertrag aus dem Jahr 1921 mit dem damaligen Persien gewährte der Sowjetunion ein weitreichendes Interventionsrecht. Die Briten sahen darin zugleich Chance und Notwendigkeit eines gemeinsamen militärischen Handelns mit den Sowjets. Zu Beginn des Jahrhunderts hatten sie mit dem Kauf einer Konzession die Ölerkundung in Persien übernommen. Die 1908 entdeckten reichen Ölvorkommen im Südwesten des Landes gelangten über die Anglo-Persian Oil Company kurz vor dem Ersten Weltkrieg mehrheitlich in den Besitz der britischen Regierung. Für die Verteidigung des British Empire war es auch im Zweiten Weltkrieg unerlässlich, dass die Förderanlagen in Abadan intakt und unter britischer Kontrolle blieben.

Der Einmarsch sollte zudem die transiranische Eisenbahn als Korridor für Materiallieferungen in die Sowjetunion sichern. Die Aussicht auf umfangreiche westliche Hilfslieferungen würde die Sowjetunion im Krieg halten und die Frage nach der Eröffnung einer zweiten Front auf dem europäischen Kontinent entschärfen.

Als diplomatischer Vorwand für den geplanten Einmarsch diente der Verweis auf die Gefahr, die von den zahlreichen Deutschen in Iran ausgehe. In drei gemeinsamen Noten an Shah Reza Pahlavi, die in zunehmendem Maß ultimativen Charakter besaßen, forderten

← Truppen des Britischen Commonwealth im Mittleren Osten. Ein indischer Soldat wacht vor einer Raffinerie der Anglo-Iranian Oil Company, 4. September 1941

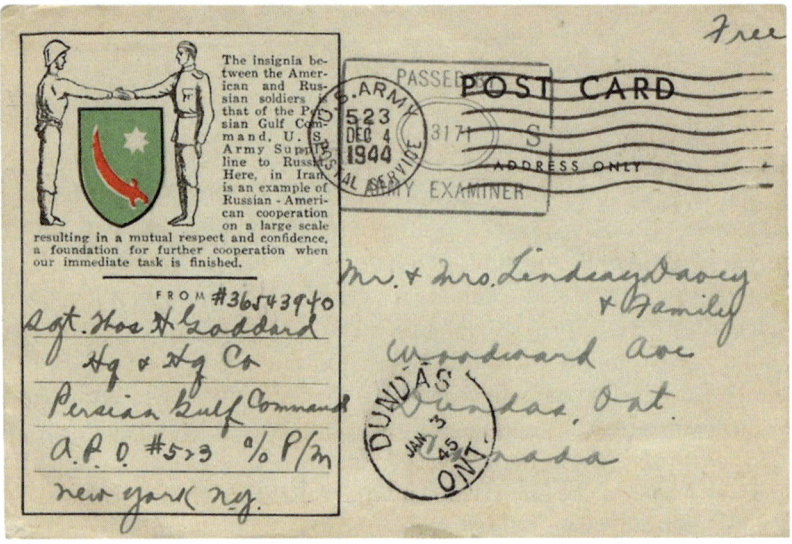

Vorder- und Rückseite einer Postkarte in die Heimat. »Merry Christmas from the Persian Gulf Command«, 1944

die Briten und die Sowjets, jegliche Beziehungen zu Deutschland zu beenden und sämtliche Deutschen auszuweisen. Tatsächlich hatte sich der Handel zwischen dem Deutschen Reich und Iran seit Ende der 1930er Jahre intensiviert. Deutschland importierte zahlreiche kriegswichtige Rohstoffe, ohne in vergleichbarem Volumen Waren nach Iran zu liefern.[2] Deutsche Fachkräfte waren am Bau der transiranischen Eisenbahn beteiligt. Nach der Blockade des Seeverkehrs im Persischen Golf ab September 1939 ermöglichte ein deutschsowjetischer Handelsvertrag im März 1940 die Wiederaufnahme des deutsch-iranischen Handels auf dem Landweg über sowjetisches Territorium. Sympathien des Shahs und vieler Iraner für das Dritte Reich gründeten einerseits in der Hoffnung, den übermäßigen Einfluss Großbritanniens in Iran durch engere wirtschaftliche Beziehun-

Shah Mohammad Reza Pahlavi, um 1942

gen zu Deutschland abzuschwächen. Andererseits hofften nicht wenige Iraner auf die Deutschen als Beschützer vor den Sowjets bzw. dem Kommunismus.[3]

Der Shah schien den britisch-sowjetischen Drohungen eines gemeinsamen Vorgehens keinen Glauben zu schenken – beiden Regierungen misstraute er zutiefst. Auf die Noten Londons und Moskaus reagierte er mit dem Verweis auf die seit Kriegsbeginn bestehende Neutralität und die Souveränität seines Landes. Eine Ausweisung sämtlicher Deutscher hätte beides verletzt. Dieses Argument fiel bei den Briten und den Sowjets aber nicht ins Gewicht, denn der Einmarsch war im Rahmen einer je eigenen Verteidigungsstrategie von vornherein geplant. Die gemeinsame Intervention erfolgte am Morgen des 25. August 1941 zeitgleich im Norden und

Südwesten des Landes. Militärischen Widerstand gab es nur vereinzelt. Die Kommandostrukturen in der Armee des Shahs funktionierten kaum, Fahnenflucht war ein weit verbreitetes Phänomen. Am 29. und 31. August trafen die britisch-indischen und die sowjetischen Truppen im Westen des Landes sowie nordwestlich von Teheran aufeinander.

Der Shah wandte sich am Tag des Einmarsches an US-Präsident Franklin D. Roosevelt und bat um Hilfe. Nicht nur von Deutschland, auch von den USA hatte er sich Unterstützung bei der Abwehr britischer oder sowjetischer Einflussnahme erhofft. Die USA waren in die militärische Planung Großbritanniens jedoch eingeweiht und billigten den Einmarsch letztlich. Der ersehnte Beistand aus Washington blieb daher aus.

### Krisenjahre – Iran während des Zweiten Weltkriegs

Mitte September wurde die Abdankung des Shahs mit militärischem Druck erzwungen: Britische und sowjetische Truppen rückten auf Teheran vor. Die Stabilität und Akzeptanz seines Regimes in der Bevölkerung hatte der Shah, dessen Macht wesentlich auf der Armee fußte, überschätzt. Seit Mitte der 1920er Jahre hatte er in Anlehnung an Mustafa Kemal Atatürks Politik in der Türkei einen Kurs der Modernisierung und Verwestlichung forciert. Damit wurde zwar die Basis für einen modernen iranischen Staat gelegt, für weite Teile der Bevölkerung hatten die Maßnahmen jedoch kaum spürbare Vorteile gebracht. Darüber hinaus waren die Reformen auch auf beträchtlichen Widerstand gestoßen, etwa bei den schiitischen Geistlichen. Die Zentralisierung, der Kampf gegen nomadische Stämme und nationale Minderheiten sowie die Entmachtung des Parlaments hatten dem Shah weitere Gegner beschert.[4] Dennoch betrachteten die Briten die Fortführung der Pahlavi-Herrschaft als den besten Weg, um die inneriranische Situation zu stabilisieren. So verhalfen sie dem Sohn Reza Pahlavis, dem 21-jährigen Mohammed Reza, auf den Pfauenthron.

Die ausländische Truppenpräsenz, die Inanspruchnahme der iranischen Infrastruktur für westliche Hilfslieferungen und nicht zuletzt das teils offene Eingreifen der Briten wie auch der Sowjets in innenpolitische Angelegenheiten stürzten das Land in eine politische und wirtschaftliche Dauerkrise. Die Regierungen in Teheran wechselten häufig und hielten sich oft nur wenige Monate im Amt. Im nationalen Parlament, dessen Bedeutung wieder gewachsen war, kam es zu einer starken Fragmentierung des Interessen- und Parteienspektrums. Dies zeugte zwar auch von Demokratisierungsprozessen nach dem Zerfall des autoritären Regimes von Shah Reza Pahlavi, die Richtungskämpfe trugen jedoch kaum zur Bewältigung der chaotischen inneren Zustände bei. Der junge Shah Mohammed Reza hatte wenig Regierungserfahrung und kannte die vielfältigen politischen wie sozialen Konfliktlinien kaum. Er verfügte über keine ihm loyale

Britisches Kriegsplakat, »Kriegsnachschub für Russland«

Machtbasis in der Verwaltung oder in der Gesellschaft. Aufruhr prägte aber nicht nur die Situation in der Hauptstadt. An der Peripherie gewannen neue gesellschaftliche Kräfte politisches Gewicht. Mehrere Stämme im Süden des Landes forderten die unter dem alten Shah-Regime verloren gegangenen Autonomierechte zurück. Nationale Minderheiten wie die Kurden und die Aserbaidschaner drängten auf mehr Eigenständigkeit.

Die Besatzung verursachte auch schwere wirtschaftliche Verwerfungen. Das westliche, vor allem von den USA getragene Hilfsprogramm sah umfangreiche Lieferungen von Fahr- und Flugzeugen sowie anderem kriegswichtigen Material an die Sowjetunion vor. Bald wurde klar, dass der von den Briten betriebene Ausbau der Infrastruktur viel zu langsam erfolgte, um die vertraglich vereinbarte Menge an Hilfsmaterial zu liefern. Ab 1942 verstärkten die USA deshalb ihr Engagement in Iran und übernahmen den Ausbau der Verkehrsinfrastruktur im Südwesten des Landes bis nach Teheran. Ab Ende 1943 hatten die USA eine rund 28 000 Mann starke Truppe in Iran stationiert. Bis Kriegsende wurden rund 4,6 Millionen Tonnen Material durch den iranischen Korridor transportiert, darunter rund 5 000 Flugzeuge und 200 000 Lastkraftwagen. Dies entsprach etwa einem Viertel der westlichen Hilfslieferungen an die Sowjetunion. An Iran selbst wurden etwa eine Million Tonnen zivile Hilfsgüter geliefert. Die Versorgung der ausländischen Truppen und die Baumaßnahmen im Rahmen des alliierten Hilfsprogramms bewirkten aufgrund der sprunghaft gestiegenen Nachfrage einen massiven Preisanstieg.

Die Lebenshaltungskosten in Iran explodierten geradezu. Gleichzeitig herrschte bald überall im Land Nahrungsmittelknappheit, die verschiedentlich befördert wurde. Die Sowjets transportierten landwirtschaftliche Erzeugnisse aus den von ihnen besetzten Gebieten in die Sowjetunion, Bahnverbindungen und Straßen wurden durch die alliierten Lieferungen in Beschlag genommen, und Getreide sowie andere Nahrungsmittel avancierten zu einem beliebten Spekulationsobjekt.

Aus allen Provinzen zogen Menschen nach Teheran oder an die Eisenbahnstrecke und das geplante Straßennetz, um für die Alliierten zu arbeiten. Die stark zunehmende Binnenmigration wurde zu einem veritablen Problem, als viele dieser Menschen nach dem Stopp des Hilfsprogramms im Sommer 1945 und dem US-Truppenabzug plötzlich arbeitslos wurden.

### Das US-Engagement: Politische Ziele und wirtschaftliche Interessen

Im Sommer 1941 waren die USA noch ein neutraler, aber wohlwollender Beobachter der Geschehnisse in Iran. Sie wollten verhindern, dass Iran wie vor dem Ersten Weltkrieg erneut in Einflusszonen aufgeteilt wird. Daher drängten sie die Briten und Sowjets nach deren Einmarsch zum Abschluss eines Vertrags mit Iran. Dieser sollte das militärische Vorgehen als kriegsnotwendig begründen, gleichzeitig aber zeitlich begrenzen sowie die Souveränität und territoriale Integrität des Landes garantieren.[5] Ende Januar 1942 unterzeichneten die Briten, Sowjets und Iraner einen entsprechenden Dreimächtevertrag, der zusätzlich einen vollständigen Truppenabzug bis spätestens sechs Monate nach Kriegsende vorsah.

Aus der Beobachterrolle wechselten die USA bald in eine gestaltende Rolle. Einen Anstoß hierfür bildete der Wunsch Roosevelts, die im August 1941 in der Atlantik-Charta formulierten Freiheiten in der Praxis zu erproben. Dem Präsidenten schien Iran aufgrund seiner fragilen Position zwischen zwei imperialen Mächten, Großbritannien und Sowjetunion in der Tradition des zaristischen Russlands, besonders geeignet, um von einer solchen Neuausrichtung der internationalen Beziehungen zu profitieren. Die Nahostabteilung des State Department bezeichnete Iran gar als den Testfall für die Umsetzung der Prinzipien der Atlantik-Charta und die Schaffung der Vereinten Nationen.

Ab 1942 trafen mehrere von Iran angefragte und von der US-Regierung beauftragte Beratermissionen in Iran ein, um Reformen in den Bereichen Finanzen, Militär, Gendarmerie und Nahrungsmittelversorgung anzustoßen. Trotz zum Teil weitreichender Kompetenzen blieben die Erfolge dieser Missionen überschaubar. Dies lag auch an inneriranischen Widerständen, etwa seitens der Landbesitzer. Lediglich die Militärmission und die Gendarmerie-Mission blieben auf Wunsch des Shahs über das Kriegsende hinaus in Iran und legten den Grundstein für den Aufbau einer neuen Armee.

ABCA Map No. 88,
Der Mittlere und Nahe Osten

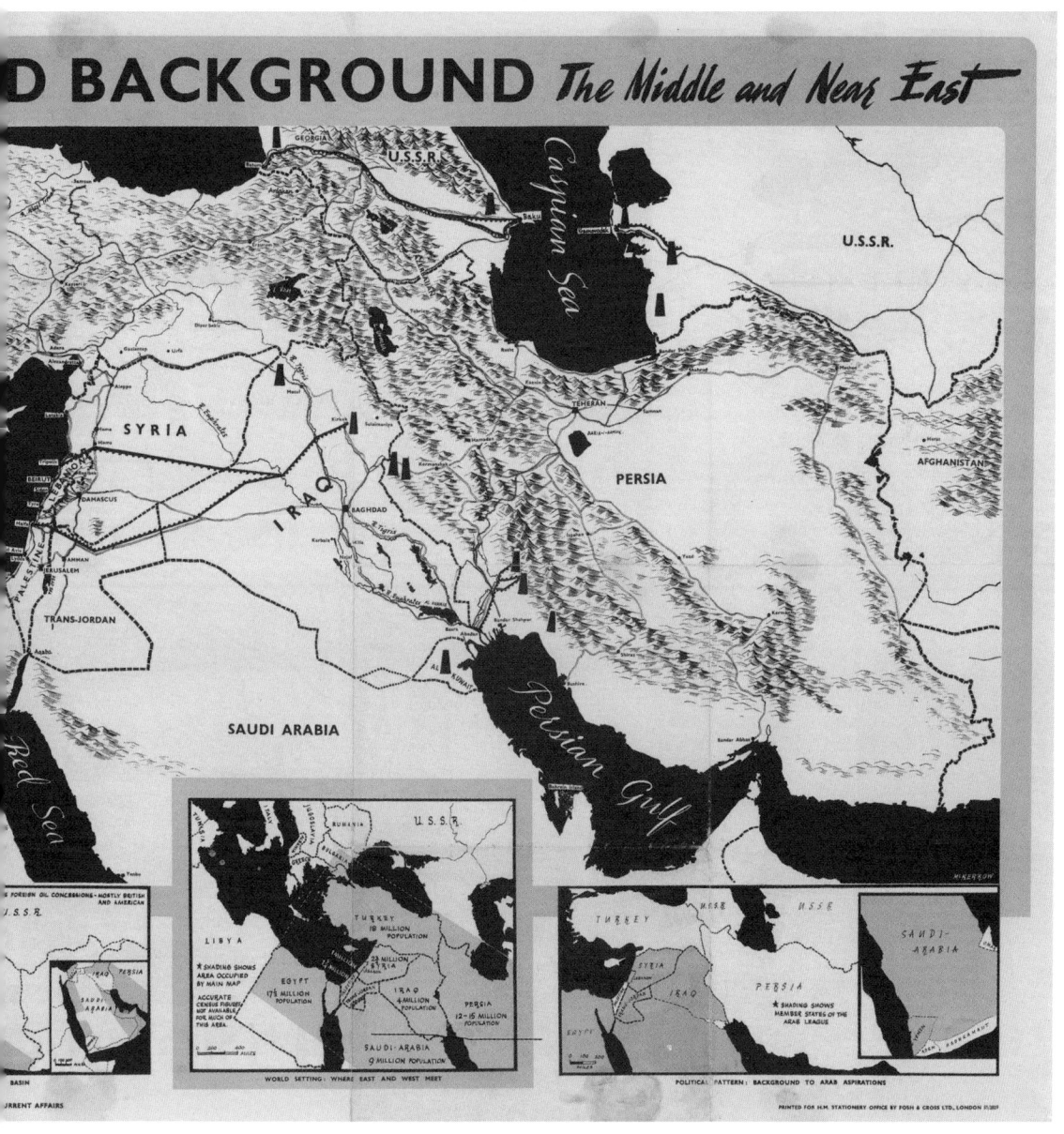

In der Region des Mittleren Ostens wurden neben den bereits entdeckten Ölfeldern noch zahlreiche weitere Ölvorkommen vermutet. Amerikanische Ölgesellschaften unternahmen mit Unterstützung des State Department sowie auf Betreiben des Shahs Anfang der 1940er Jahre mehrere Versuche, eine Förderkonzession in Iran zu erhalten. In der Konkurrenz um das mittelöstliche Öl wurde die Ambivalenz der US-Politik deutlich, die auch in Iran eigene wirtschaftliche und strategische Interessen für die Nachkriegszeit zu sichern suchte und nicht nur ein vermeintlich uneigennütziges Gegengewicht zur britischen und sowjetischen Einflussnahme darstellte.

## Die Iran-Deklaration der »Großen Drei«, Teheran 1943

Ende 1943 trafen in Teheran die Regierungschefs der drei Hauptkriegsverbündeten, Roosevelt, Stalin und Churchill – die sogenannten Großen Drei – erstmals persönlich aufeinander. Mit der Besatzung Irans hatte die Wahl des Konferenzortes nur bedingt zu tun. Stalin bestand aufgrund der Anwesenheit sowjetischer Truppen und der geografischen Nähe zur sowjetischen Grenze auf Teheran als Treffpunkt. Für Roosevelt und Churchill war die Anreise nach Teheran ungleich aufwendiger. Der amerikanische Präsident nahm sie trotz seiner körperlichen Behinderung dennoch auf sich. Er wollte Stalin

Stalin, Roosevelt und Churchill vor der sowjetischen Botschaft auf der Konferenz von Teheran, November/Dezember 1943

unbedingt treffen, um sein Herzensprojekt – die Schaffung der Vereinten Nationen – voranzubringen.[6]

In Vorbereitung auf diese erste Konferenz der »Großen Drei« hatten die Außenminister der drei Staaten Ende Oktober in Moskau getagt. Die gemeinsame Iranpolitik stand auch auf der Tagesordnung. Vertreter Irans wurden trotz einer Anfrage Teherans beim sowjetischen Außenministerium nicht zu den Gesprächen hinzugezogen. Die von der iranischen Regierung formulierten Vorschläge für eine gemeinsame Stellungnahme der drei alliierten Mächte fanden ebenfalls keine Berücksichtigung. Stattdessen legten die Briten einen Entwurf für eine gemeinsame Iran-Deklaration vor. Diese sollte die Anstrengungen Irans im Kampf gegen den gemeinsamen Feind anerkennen und dem Land Unterstützung bei der Bekämpfung der Auswirkungen des gegenwärtigen Krieges zusichern. Der Entwurf wurde nur mit den Amerikanern abgestimmt. Die Sowjets hingegen verweigerten jegliche Gespräche zu diesem Thema und sahen aufgrund des Dreimächtevertrags vom Januar 1942 keine Notwendigkeit für eine derartige Deklaration.

Während der Konferenz in Teheran vom 28. November bis 1. Dezember bildete »Iran« nur ein Randthema. Auch die iranische Führung blieb während des Treffens weitgehend außen vor. Sie wurde weder offiziell empfangen noch von den alliierten Delegationen mit einem gemeinsamen Besuch geehrt. Roosevelt gewährte dem Shah und Vertretern der iranischen Regierung am 30. November ein einstündiges Gespräch. Wesentliche Themen der Unterhaltung waren die wirtschaftlichen Probleme Irans durch die Besatzung sowie der Wunsch, die USA für ein stärkeres und langfristiges Engagement bei der Beseitigung dieser Probleme zu gewinnen.[7] Mit Winston Churchill unterhielt sich der Shah gleichsam zwischen Tür und Angel. Lediglich Stalin besuchte den Shah für ein zweistündiges Gespräch in dessen Palast. Dabei konnten die anwesenden iranischen Kabinettsmitglieder Stalin doch noch überzeugen, den Beitrag Irans im Kampf gegen die Achsenmächte sowie die Bestimmungen des Vertrags vom Januar 1942 in einer Deklaration auch offiziell zu würdigen.[8]

An amerikanische und britische Diplomaten hatte die iranische Regierung bereits am Tag zuvor konkrete Vorstellungen zu einer gemeinsamen Deklaration der »Großen Drei« herangetragen: Diese sollte die iranischen Anstrengungen im Krieg anerkennen, die Unabhängigkeit Irans gewährleisten, die wirtschaftlichen Bedürfnisse des Landes bei künftigen Friedensverhandlungen berücksichtigen, sämtliche inneren Angelegenheiten der iranischen Regierung sowie den zuständigen Ministerien überlassen und schließlich eine materielle Entschädigung für die geleisteten Kriegsanstrengungen in Aussicht stellen. Diese Forderungen wurden am 1. Dezember in gleichlautenden Noten an die drei Außenministerien übersandt.[9] Während der Teheraner Konferenz waren es die Amerikaner, die das Anliegen Irans aufgriffen und in die Beratungen einbrachten. Sie arbeiteten einen neuen Deklarationsentwurf aus. Er bekräftigte die guten Beziehungen der »Großen Drei« zu Iran, würdigte die Anstrengungen des Landes im gegenwärtigen Krieg, bestätigte die Gültigkeit des Dreimächtevertrags und stellte ökonomische Hilfe für die Nachkriegszeit in Aussicht. Der amerikanische Entwurf wurde von den Briten angenommen. Bei den Sowjets sollte die iranische Regierung selbst auf eine Zustimmung zur Deklaration hinwirken.

Am Abend des 1. Dezember 1943, also zum Abschluss der Teheraner Konferenz, wurde die nur in der englischen Fassung ausgearbeitete Deklaration von den drei Regierungschefs kurz besprochen und anschließend unterzeichnet. Stalin stimmte einer Deklaration nun also zu, obwohl er dies wenige Wochen zuvor noch abgelehnt hatte. Dieser Meinungsumschwung gründete möglicherweise auch in dem Wunsch, das erste Treffen der »Großen Drei« und die gemeinsame Iran-Deklaration propagandistisch zu nutzen. So hatte sich Stalin in Teheran als dem Regierungschef der USA ebenbürtiger Machthaber präsentieren können, während sein Land wenige Jahre zuvor noch der Paria der internationalen Staatengemeinschaft gewesen war. Stalin hatte zudem die feste Zusage zur Eröffnung einer zweiten Front auf dem europäischen Kontinent erhalten, was für die Sowjets ein großer Erfolg war.

Die Teheraner Konferenz wurde weltweit als ein Meilenstein im Kampf gegen die Achsenmächte gefeiert. Die Hoffnung keimte auf, dass durch eine Verständigung der »Großen Drei« ein baldiges Kriegsende herbeigeführt und eine stabile Nachkriegsordnung errichtet werden könnte.

Ungeachtet der Deklaration forderte die iranische Regierung wenige Wochen nach der Konferenz den Abzug aller ausländischer Truppen. Iran hätte mit der Kriegserklärung an Deutschland im September 1943 und dem angekündigten Beitritt zu den Vereinten Nationen alle Forderungen der Alliierten vom Sommer 1941 erfüllt. Vor der Konferenz in Jalta im Februar 1945 erfolgte ein weiterer Vorstoß in diese Richtung, der ebenfalls erfolglos blieb. Iran musste seine Interessen der alliierten Kriegsführung und den Sicherheitsinteressen der Briten und der Sowjets unterordnen.

### Alliierte und iranische Konfrontationslinien

Bis zu den nächsten Treffen der »Großen Drei« in Jalta und Potsdam vollzog sich im Verhältnis der Alliierten in Iran wie auch im Agieren des iranischen Parlaments ein gravierender Wandel. Ein wesentlicher Auslöser hierfür war der Wettlauf um das iranische Öl. Parallel zu den amerikanischen Avancen strebten auch die Sowjets eine Ölförderkonzession in Iran an. Sowjetische Geologen nutzten die Besatzung der nördlichen Provinzen Irans, um geeignete Ölvorkommen zu erkunden. Das Staatliche Verteidigungskomitee (GKO) arbeitete 1944 den Entwurf eines iranisch-sowjetischen Förderabkommens aus.

Amerikanische Flugzeuge für die Sowjetunion auf dem Flughafen von Abadan/Iran

Die ausländischen Konzessionsforderungen führten zu einer Konfrontation, die im Herbst 1944 ihren Höhepunkt erreichte und das Verhältnis zwischen den Alliierten in Iran nachhaltig beschädigte. Widerstand gegen das Vorgehen der Alliierten regte sich auch innerhalb Irans immer deutlicher. Proamerikanische und prosowjetische Politiker, die eine Konzession an die USA bzw. die Sowjetunion befürworteten, probritisch orientierte Politiker und strikt nationalistische Kräfte standen sich gegenüber. Am 2. Dezember 1944 verabschiedete das iranische Parlament auf Initiative von Mohammad Mossadegh ein Gesetz, demzufolge es bis zum Kriegsende keiner iranischen Regierung erlaubt sein sollte, eine Ölförderkonzession an eine ausländische Macht zu vergeben. Der Wettbewerb um das iranische Öl, das britische Konzessionsgebiet im Süden ausgenommen, war damit vorübergehend beendet, ohne dass eine alliierte Macht zum Zuge gekommen war. Die wachsenden alliierten Spannungen in Iran ab 1944 wirkten sich in nicht zu unterschätzendem Maß auf das Verhältnis der »Großen Drei« aus. Im direkten Aufeinandertreffen der unterschiedlichen Vorstellungen für die globale Nachkriegsordnung und der fundamental verschiedenen politischen Systeme wurden die Grenzen dessen, was die »Großen Drei« erreichen konnten, bald deutlich. Roosevelts Ziel der freien, souveränen und vereinten Nationen traf auf den Widerstand Churchills und Stalins, die in unterschiedlicher Ausprägung eine Fortführung der Politik der Einflusszonen, gerade auch in Iran, anstrebten. Das gegenseitige Misstrauen aller drei Hauptverbündeten, das in Teheran Ende 1943 ein wenig abgebaut worden war, wuchs mit dem sich abzeichnenden Kriegsende wieder. Dazu trugen der Wettbewerb um eine iranische Ölkonzession, aber auch die Abschottung der nördlichen Provinzen durch die Sowjets und die britische Verzögerungstaktik beim Ausbau des transiranischen Hilfskorridors ganz wesentlich bei.

### Enttäuschte Erwartungen: Die Potsdamer Konferenz

Wenige Tage nach dem Kriegsende in Europa forderte das iranische Kabinett die Regierungen in Washington, Moskau und London erneut auf, sämtliche Truppen aus dem Land abzuziehen. Die Briten und die Sowjets einigten sich bilateral, die sechsmonatige Abzugsfrist erst mit dem Ende der Kampfhandlungen auf dem pazifischen Kriegsschauplatz beginnen zu lassen. Die USA unter dem neuen Präsidenten Harry S. Truman hatten hingegen deutlich gemacht, ihre Truppen so rasch wie möglich abziehen zu wollen. Angesichts dieses Szenarios versuchten die Iraner, die USA auch weiterhin in die Angelegenheit eines britisch-sowjetischen Abzugs zu involvieren. Es war das oberste Anliegen der Iraner, ihr Land rasch von allen fremden Truppen zu befreien und die volle Souveränität wiederzuerlangen. Anfang Juli 1945 äußerte die iranische Regierung gegenüber dem amerikanischen Botschafter in Teheran den Wunsch, die US-Regierung möge sich beim bevorstehenden Treffen der »Großen Drei« für einen Stopp sämtlicher ausländischer Einflussnahme starkmachen, insbesondere mit Blick auf die gegen Jahresende anstehenden Parlamentswahlen in Iran.[10] Auch der Shah wandte sich an den US-Botschafter in Iran. Er beklagte, dass die Sowjets im Norden des Landes massive Anstrengungen unternähmen, um Einfluss auf das gegenwärtige Regierungskabinett auszuüben und sowjetfreundliche Abgeordnete ins künftige Parlament zu hieven.[11] Iran befand sich im Sommer 1945 in einer parlamentarischen Krise und verfügte über keine funktionsfähige Regierung. US-Diplomaten werteten diese Situation als ein Resultat der fortdauernden britisch-sowjetischen Rivalität und als Gefahr für den gerade erst gewonnenen Frieden. Die amerikanische Delegation sollte die Iranfrage auf der Potsdamer Konferenz deshalb offen und umfassend mit den beiden Verbündeten behandeln.

Demgemäß wurde am 21. Juli die Truppenpräsenz in Iran diskutiert. Die britische Delegation legte den Entwurf eines dreistufigen Truppenrückzugs vor. Es wurde beschlossen, die britischen und sowjetischen Truppen umgehend aus der Hauptstadt Teheran abzuziehen. Die USA willigten ein, ihre restlichen Truppen innerhalb von 60 Tagen aus Iran abzuziehen. Lediglich 1 500 Soldaten sollten an den Flugplätzen nahe Teheran und in Abadan verbleiben.[12]

Diesen Zugeständnissen zum Trotz war die Potsdamer Konferenz für Iran eher eine Enttäuschung. Zum einen verzögerte sich der vollständige Truppenabzug weiter und es war zu befürchten, dass Iran letztlich wieder allein den Briten und Sowjets gegenüberstand. Zum anderen wurden keine weiteren Fragen mit Bezug zu Iran geklärt, sondern auf nachfolgende Treffen verschoben. Immerhin zogen am 7. August 1945 zunächst die britischen Truppen aus Teheran ab. Als Mitte September sämtliche ausländische Truppen die iranische Hauptstadt verlassen hatten, war der größte und verheerendste Krieg der Menschheitsgeschichte beendet: Am 2. September 1945 hatte Japan kapituliert. Die USA drängten darauf, dass mit genau diesem Tag die Frist für den im Dreimächtevertrag vereinbarten Truppenabzug beginnen sollte. Der Abzug musste demnach bis zum 2. März 1946 abgeschlossen sein. In einer Note an London und Moskau wies auch die iranische Regierung auf die nun feststehende Frist hin.[13]

### Die Irankrise wird zum offenen Konflikt der Alliierten

Die fortdauernde Besatzung und die sowjetische Einflussnahme in den nördlichen Provinzen Irans trugen auf den ab September 1945 stattfindenden Außenministerkonferenzen wesentlich zur Verschlechterung der alliierten Beziehungen bei. Die Konferenzen sollten alle noch offenen Fragen der künftigen Nachkriegsordnung klären. Wie zahlreiche andere Nationen auch wurde Iran nicht an der Regelung von Fragen beteiligt, die das eigene Land betrafen. Dabei blieb gerade die sich verschärfende Krise in Iran ein schwelender Konfliktherd zwischen Briten, Amerikanern und Sowjets.

Während des Londoner Treffens lehnten die Sowjets jegliche Gespräche zur Iranfrage ab. Das geschah mit dem Hinweis, dass ausreichende Regelungen bestünden und diese auch eingehalten würden. Die sowjetische Gesprächsverweigerung beförderte den Argwohn der Briten und Amerikaner, aber auch der Iraner hinsichtlich der Moskauer Absichten. In Reaktion auf das als Misserfolg empfundene Londoner Treffen entschied das iranische Parlament Mitte Oktober 1945, bis zum vollständigen Abzug sämtlicher ausländischer Truppen keine Parlamentswahlen abzuhalten. Dieser Schritt zementierte die innenpolitische Krise in Iran. Er brüskierte die Moskauer Führung sogleich, da diese das Parlament in der bestehenden Zusammensetzung als sowjetfeindlich betrachtete. Die Sowjets hatten deshalb bereits im Sommer 1945 damit begonnen, in den nördlichen Provinzen zahlreiche prosowjetische Parlamentskandidaten zu protegieren und die Gründung der Demokratischen Partei Aserbeidschans voranzutreiben. Anfang Oktober beschloss die Sowjetführung, die nach Autonomie strebende iranische Provinz Aserbeidschan militärisch zu unterstützen. Parallel zu diesen Aktionen, wenngleich in geringerem Ausmaß, förderte die Sowjetregierung auch Autonomiebestrebungen der iranischen Kurden und die Gründung der Kurdischen Republik Mahabad. Der iranischen Regierung gelang es nicht, die beiden Autonomiebewegungen einzudämmen, unter anderem, weil die Sowjets eine Entsendung iranischer Truppen in die Provinzen mit einem Verweis auf Sicherheitsrisiken für die Ölförderregion in Baku unterbanden.

Am 23. November sandten die USA eine Protestnote an die Sowjetunion.[14] Darin kritisierten sie die sowjetische Einflussnahme auf inneriranische Angelegenheiten und erinnerten Moskau an die gemeinsame Iran-Deklaration von 1943. Moskau wies jegliche Anschuldigungen eines widerrechtlichen Engagements zurück und betonte, dass die Autonomiebestrebungen eine rein inneriranische Angelegenheit seien.

Die im Dezember stattfindende Moskauer Außenministerkonferenz brachte ebenfalls keine Lösung. Vielmehr ließ sie wie bereits die Konferenz in London offenbar werden, dass sich die USA, Großbritannien und die Sowjetunion fast nur auf die gegenseitige Anerkennung der in zahlreichen Ländern bereits geschaffenen Tatsachen verständigen konnten. In Iran waren allerdings noch keine klaren Machtverhältnisse geschaffen. US-Außenminister James F. Byrnes unterrichtete Stalin während der Gespräche in Moskau, dass der Shah und die Teheraner Regierung angeregt hätten, die Iranfrage auf die Tagesordnung der ersten Versammlung der Vereinten Nationen zu setzen. Diesen Vorstoß hießen aus unterschiedlichen Gründen weder die Amerikaner noch die Briten gut. Die Sowjets hatten daran schon gar kein Interesse. Den britischen Gegenvorschlag einer amerikanisch-britisch-sowjetischen Kommission zur Beilegung der Irankrise lehnte Moskau aber ebenfalls ab. Er war auch in Iran auf heftigen Widerstand gestoßen, da man sich an frühere Zeiten imperialer Einflussnahme erinnert fühlte.

Am 19. Januar 1946, während der ersten Generalversammlung der Vereinten Nationen, übergab die iranische Delegation dem Sicherheitsrat ein Protestschreiben. Dieses beschuldigte die Sowjetunion der Einmischung in inneriranische Angelegenheiten. Der Sicherheitsrat verwies das Thema an die beiden Konfliktparteien zurück und verlangte, über den Fortgang der Verhandlungen informiert zu werden. Die bilateralen Gespräche in Moskau führten jedoch zu keinem Ergebnis. So verstrich Anfang März die Frist für den Truppenabzug. Ein weiterer iranischer Protest bei den Vereinten Nationen Mitte März sorgte dafür, dass die Angelegenheit im internationalen Fokus blieb. Parallel zeigten die USA offen und zunehmend unmissverständlich, dass sie in der Sache für Iran eintraten und eine Auseinandersetzung mit der Sowjetunion nicht scheuten. Die Aussicht auf eine Konfrontation veranlasste Stalin schließlich zum Einlenken. Am 4. April 1946 unterzeichneten Moskau und Teheran eine Vereinbarung, die den vollständigen Truppenabzug der Sowjets aus dem Norden Irans regelte. Bis zum Sommer hatten die Sowjets nach Einschätzung der westlichen Beobachter Iran tatsächlich verlassen.

Damit hatte Iran sein oberstes Ziel, den Abzug sämtlicher Truppen, erreicht. Auch seine Souveränität konnte das Land wiedererlangen, wenn man von der Anglo-Iranian Oil Company absieht. Gelungen war dies jedoch nicht durch einen Interessenausgleich der »Großen Drei«. Die Geschehnisse Anfang 1946 erinnern eher an einen politischen Showdown, den die USA gewannen und der Iran von sowjetischer Einflussnahme befreite.

**Anmerkungen**
**1** Der Beitrag basiert auf der Dissertationsschrift der Autorin, vgl. Forsmann 2009. Der vorliegende Text zitiert ausschließlich jüngere Literatur und veröffentlichte Quellen. / **2** Saikal 2019, S. 29. / **3** Azimi 2008, S. 111–112. / **4** Azimi 2008, S. 71–72 und 93 ff.; Katouzian 2013, S. 67. / **5** FRUS 1941, The British Commonwealth, The Near East and Africa, Dok. 418. / **6** Butler 2015, S. 6–7. / **7** FRUS 1943, The Conferences at Cairo and Tehran, Dok. 370. / **8** Bomati und Nahavandi 2013, S. 116. / **9** FRUS 1943, The Conferences at Cairo and Tehran, Dok. 390 und 399. / **10** FRUS 1945, The Conference of Berlin (The Potsdam Conference), Bd. 1, Dok. 634. / **11** FRUS 1945, The Conference of Berlin (The Potsdam Conference), Bd. 2, Dok. 1327. / **12** FRUS 1945, The Conference of Berlin (The Potsdam Conference), Bd. 2, Dok. 1335–1337. / **13** FRUS 1945, The Near East and Africa, Dok. 372. / **14** FRUS 1945, The Near East and Africa, Dok. 419.

# Frankreich und die Potsdamer Konferenz – ein Land auf der Suche nach alter Größe

Matthias Simmich

Als General de Gaulle nach der Befreiung von Paris am 26. August 1944 zusammen mit den treuesten Gefährten triumphal und umjubelt die Champs-Elysées herabzog, näherte sich die Zeit der deutschen Besatzung in Frankreich dem Ende. Das Land war auf dem Weg, seine Souveränität wiederzuerlangen, und niemand außer Charles de Gaulle verkörperte eindeutiger und selbstbewusster die »Grandeur« und »Gloire« Frankreichs. »Die Masse machte in endlosen Rufen ihrer Freude, ihrer Begeisterung, ihrer Erleichterung Luft«, schilderte der spätere Außenminister Georges Bidault die damalige Stimmung. »Sie hatte nur Augen und Stimme für den siegreichen Führer. […] Von allen Seiten ertönte es: ›Vive de Gaulle!‹«.[1] Denn dieser Mann setzte alles daran, die verlorengegangene Stellung Frankreichs in der Welt wiederherzustellen.

Nach der Landung der Alliierten in der Normandie am 6. Juni 1944 und der amerikanisch-französischen Landung in Südfrankreich am 15. August war der deutsche Widerstand schnell zusammengebrochen. Zum Jahreswechsel 1944/45 war schließlich bis auf wenige Ausnahmen das gesamte französische Territorium von der Deutschen Wehrmacht befreit. Die »Provisorische Regierung der französischen Republik« unter de Gaulle wurde von der Sowjetunion, Großbritannien und den USA am 23. Oktober 1944 offiziell anerkannt. Im November erhielt Frankreich einen Platz in der »Europäischen Beratenden Kommission« in London (European Advisory Commission), die sich mit den Kapitulationsbedingungen Deutschlands und dem Besatzungsregime der Nachkriegszeit beschäftigte.[2] Auf der Konferenz von Jalta im Februar 1945 wurde Frankreich (in Abwesenheit) schließlich eine eigene Besatzungszone in Deutschland zugebilligt. Als die Wehrmacht am 7. Mai 1945 in Reims bedingungslos kapitulierte, war auch ein französischer Vertreter anwesend. Und am 5. Juni übernahmen mit der »Berliner Erklärung« die vier Hauptsiegermächte des Zweiten Weltkriegs die offizielle Regierungsgewalt in Deutschland. Frankreich schien im Kreis der Siegermächte angekommen zu sein.

Wenig später jedoch, am 2. August 1945 endete die Potsdamer Konferenz im Schloss Cecilienhof, ohne dass ein Vertreter Frankreichs seine Unterschrift unter das Abschlusskommuniqué gesetzt hatte. Unter Punkt II.B wurde das Land aufgefordert, sich den Beschlüssen anzuschließen, »diesen Text anzunehmen und sich der Bildung des Rates anzuschließen.«[3] Ganz offensichtlich behandelten die Alliierten Frankreich als Siegermacht zweiter Klasse.

← Befreiungsfeier auf den Champs-Élysées am 26. August 1944

## Die Situation in Frankreich

Auf dem Papier war Frankreich Siegermacht des Zweiten Weltkriegs, doch keine den drei »Großen« gleichrangige. Die Konferenz von Jalta im Februar 1945, zu der das Land nicht eingeladen war, machte dies offenbar. Erst auf das beharrliche Eintreten Churchills hin erhielt die »Grande Nation« eine eigene Besatzungszone in Deutschland. Dass dies auch eine Stimme im Alliierten Kontrollrat nach sich zog, konnten Churchill und Roosevelt nur gegen den heftigen Widerstand Stalins durchsetzen.[4] Auf internationalem Parkett war Frankreich ein Leichtgewicht, das vom Wohlwollen der Alliierten abhängig war. Um dies vor der Öffentlichkeit zu verschleiern, trat de Gaulle immer wieder mit demonstrativ zur Schau gestelltem Selbstbewusstsein auf, handelte im eigenen Interesse.

De Gaulle war für die Alliierten ein unbequemer Gesprächspartner, und sein Verhältnis zum britischen Premierminister Churchill war stets angespannt. Gegenüber dem amerikanischen Präsidenten Roosevelt konnte man fast von Feindschaft sprechen; Roosevelt hielt ihn für selbstherrlich und impertinent. Stalin lernte de Gaulle erst im Dezember 1944 kennen. Für den sowjetischen Diktator spielte nicht die Persönlichkeit de Gaulles eine Rolle, sondern Frankreichs reale Macht. Stalins Meinung nach habe Frankreich »wenig zu diesem Kriege beigetragen«, und de Gaulle »handele, als ob er das Oberhaupt eines großen Staates sei, während er in Wirklichkeit über geringe Macht verfüge«, woraufhin sich auch zwischen Paris und Moskau kein enges Verhältnis entwickelte.[5]

Wollten die Alliierten Frankreich an ihrer Seite wissen, kamen sie jedoch nicht umhin, den General zu akzeptieren und einzubinden. Die herausragende Leistung de Gaulles war es, Frankreich auch nach dem Zusammenbruch 1940 im Krieg zu halten. Bis 1944 war das zwar eher ein Durchhalten mit geringen Mitteln, aber seit der Landung in der Normandie nahmen französische Einheiten auch wieder aktiv an der Befreiung ihres Landes teil und spielten sogar eine zunehmend wichtige Rolle beim Vormarsch nach Deutschland. Bei Kriegsende hatte Frankreich schließlich 18 Divisionen mit etwa 1 300 000 Mann unter Waffen. Das noch größere Verdienst de Gaulles war jedoch, die französische Souveränität gewahrt und dem Land somit eine potentiell machtvolle Rolle als europäische Großmacht ermöglicht zu haben.

Auch innenpolitisch schaffte es de Gaulle, seit dem 3. Juni 1944 Präsident der »Provisorischen Regierung der französischen Republik«, das Land mit sich selbst zu versöhnen und der Nation ihr Selbstbewusstsein wiederzugeben.[6] In seiner Regierung der nationalen Einheit waren sämtliche politische Strömungen und Gruppen der Résistance vertreten, sodass sie von der großen Mehrheit der Bevölkerung getragen wurde. Jetzt musste das politische Leben nach dem schmachvollen Ende der Dritten Republik 1940 und der anschließenden Herrschaft des Vichy-Regimes neu aufgebaut werden. Dafür musste die Regierung in Paris ihre Macht im ganzen Land durchset-

Charles de Gaulle spricht als Präsident der Provisorischen Regierung zur Bevölkerung von Cherbourg, 20. August 1944

Henri Giraud, Franklin D. Roosevelt, Charles de Gaulle und Winston Churchill auf der Konferenz von Casablanca

# A TOUS LES FRANÇAIS

*La France a perdu une bataille !*
*Mais la France n'a pas perdu la guerre !*

Des gouvernants de rencontre ont pu capituler, cédant à la panique, oubliant l'honneur, livrant le pays à la servitude. Cependant, rien n'est perdu !

Rien n'est perdu, parce que cette guerre est une guerre mondiale. Dans l'univers libre, des forces immenses n'ont pas encore donné. Un jour, ces forces écraseront l'ennemi. Il faut que la France, ce jour-là, soit présente à la victoire. Alors, elle retrouvera sa liberté et sa grandeur. Tel est mon but, mon seul but !

Voilà pourquoi je convie tous les Français, où qu'ils se trouvent, à s'unir à moi dans l'action, dans le sacrifice et dans l'espérance.

Notre patrie est en péril de mort.
Luttons tous pour la sauver !

# VIVE LA FRANCE !

*C. de Gaulle*

## GÉNÉRAL DE GAULLE

QUARTIER GÉNÉRAL
4, CARLTON GARDENS,
LONDON S.W.1

zen, was ihr durch die Entsendung von Kommissaren mit weitreichenden Befugnissen gelang: Das im Krieg entstandene Machtvakuum wurde beseitigt und die Autorität des Staates wiederhergestellt.[7]

Bis zu den Wahlen, die am 21. Oktober 1945 stattfanden und in denen auch darüber abgestimmt wurde, ob Frankreich eine neue Verfassung (Vierte Republik) erhalten solle, sortierte sich die Parteienlandschaft neu. Der Mouvement Républicain Populaire (MRP), die Republikanische Volksbewegung, wurde als christlich-demokratische Partei gegründet und hatte mit de Gaulle seine Galionsfigur. Dem MRP nahe standen die Sozialisten (SFIO). Der politische Gegenpol waren zweifelsohne die Kommunisten (PC). Diese Partei, die noch im September 1939 wegen ihres Eintretens für den deutsch-sowjetischen Nichtangriffspakt verboten worden war, entwickelte sich zur stärksten Kraft im Land. De Gaulle hatte dieses Eintreten der französischen Kommunisten 1939 und 1940 für die Sowjetunion nicht vergessen. Diese starke Bindung an Moskau ließ ihn auch für die Nachkriegszeit befürchten, dass die Kommunistische Partei Frankreichs als Stalins fünfte Kolonne agieren könnte, die im Zweifel die Interessen der Internationalen höher bewertete als die der Nation.[8]

Die Kommunisten verfügten über großen Rückhalt in der Bevölkerung, was auf ihre tragende Rolle in der Résistance zurückzuführen war.[9] Aber auch aufgrund der darniederliegenden Wirtschaft und des damit einhergehenden allgemeinen sozialen Elends teilte eine breite Mehrheit der Franzosen die Ziele der PC: die Verstaatlichung von Banken und Schlüsselindustrien sowie den Wunsch nach sozialen Reformen. So kamen die Kommunisten bei den ersten Nachkriegswahlen auf 26 Prozent der Stimmen und wurden damit stärkste Partei.[10] Der von de Gaulle im Dezember 1944 abgeschlossene französisch-sowjetische Beistandspakt muss deshalb auch als Signal verstanden werden, die Kommunistische Partei Frankreichs zu integrieren. Gute Beziehungen zu Moskau lagen im Interesse der meisten Franzosen – und ebenso im Interesse de Gaulles, sollte Frankreich im Kreis der »Großen Mächte« eine selbstbestimmte Rolle spielen.

### Außenpolitische Ziele Frankreichs vor der Potsdamer Konferenz

Bereits im Aktionsprogramm des Nationalrats der Résistance vom 15. März 1944 waren die grundsätzlichen Ziele für die französische Politik nach der Befreiung formuliert worden: »Die Verteidigung der politischen und wirtschaftlichen Unabhängigkeit der Nation, die Wiedererrichtung Frankreichs in seiner Macht, seiner Größe und seiner universalen Mission.«[11] Außenpolitisch bedeutete dies in der Umsetzung eine aktive Politik, die diesen Großmachtanspruch auch demonstrieren sollte.

Frankreich sah sich 1945 mit zwei grundlegenden, drängenden außenpolitischen Problemen konfrontiert. Erstens: Wie sollte mit dem besiegten Deutschland umgegangen, und wie konnte ein

*Appell de Gaulles vom 18. Juni 1940, plakatiert in Großbritannien am 3. August 1940*

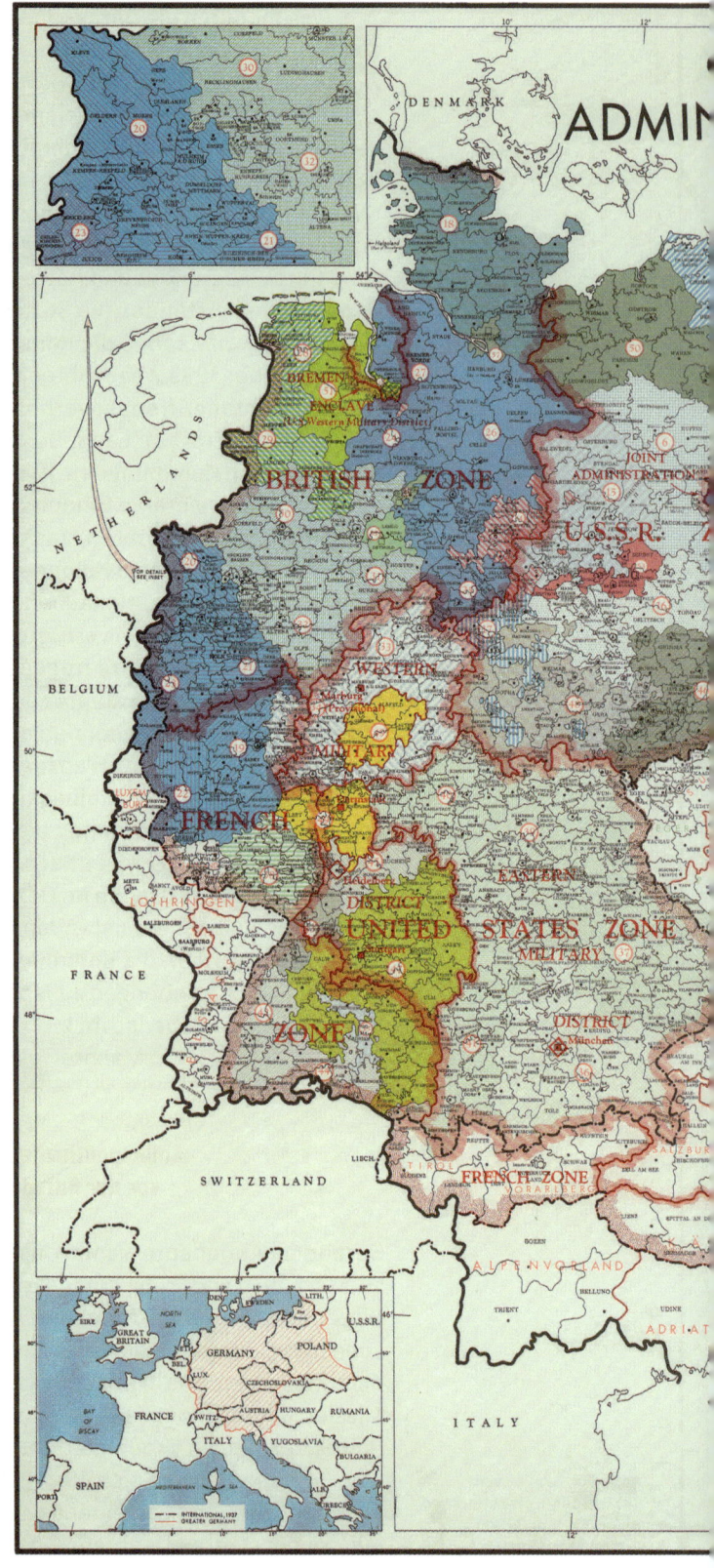

Karte der deutschen Verwaltungsbezirke (Juli 1944) mit Besatzungszonen in Deutschland und Österreich, 1945

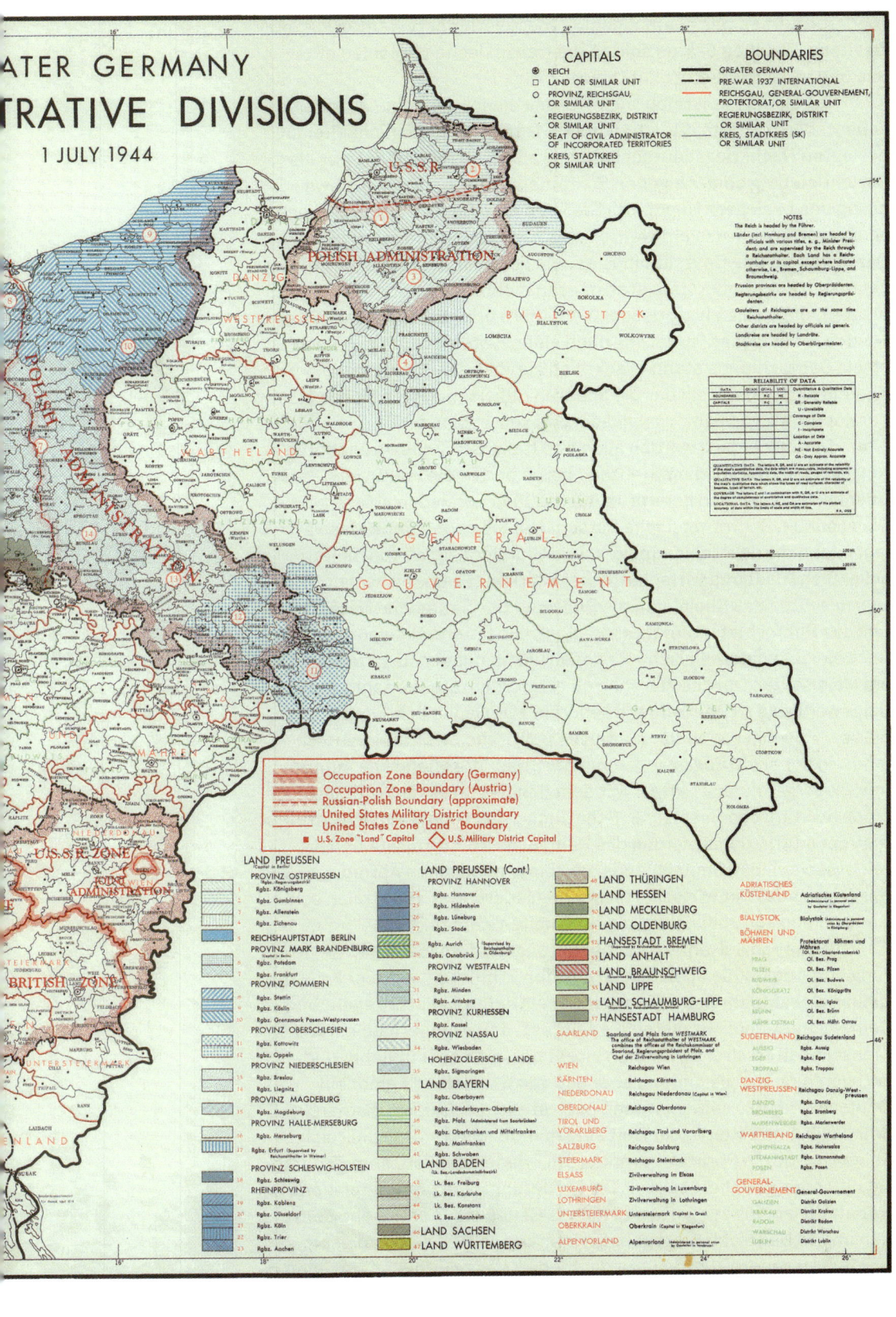

Wiedererstarken des ehemaligen Gegners verhindert werden? Zweitens: Welchen Status sollten die französischen Kolonien erhalten, und wie sah deren Zukunft aus?

Durch die Frankreich zugewiesene eigene Besatzungszone in Deutschland hatte das Land direkte Gestaltungsmöglichkeiten im besiegten Nachkriegsdeutschland.[12] Frankreichs Hauptziel war die Gewährleistung seiner eigenen Sicherheit, was durch eine Schwächung des besiegten Nachbarlandes und eine Bestrafung der Kriegsverantwortlichen erreicht werden sollte. Hierzu strebte Paris eine Dezentralisierung Deutschlands an. Ein geeinter deutscher Zentralstaat sollte verhindert und stattdessen mehrere deutsche Teilstaaten, die sich an historischen Vorbildern orientierten, geschaffen werden.[13] Mit dieser Forderung nach einer systematischen Schwächung Deutschlands stand Frankreich zur Zeit der Potsdamer Konferenz jedoch allein da. Die anderen Alliierten hatten sich seit der Konferenz von Jalta von diesem Ziel verabschiedet.

Darüber hinaus wurden auch alte französische Territorialforderungen nach »natürlichen Grenzen« bis an den Rhein reaktiviert. Diese Überlegungen wurden bereits im August 1944 durch den »Massigli-Plan« publik. Der französische Botschafter in London René Massigli legte darin die deutschlandpolitischen Grundprinzipien von militärischer Sicherheit und wirtschaftlicher Stärkung Frankreichs dar. Hierzu sollten das Rheinland, die Pfalz und das Saargebiet besetzt und das Ruhrgebiet internationaler Kontrolle unterstellt werden. Auch einige rechtsrheinische Regionen um Mannheim und Frankfurt am Main sollten französisch kontrolliert werden, staatsrechtlich allerdings weiterhin zu Deutschland gehören.[14] De Gaulle behauptete sogar, dies sei »die ihm von Natur aus eigene politische Struktur« Deutschlands, in der »jede Region [...] somit als Staat ihre ehemalige Autonomie wiedergefunden« hätte.[15] Mit dem Sonderstatus für die Rheinlande (militärische Besetzung, Schaffung eines separaten Rheinstaates), der Internationalisierung des Ruhrgebiets (Kontrolle über die »Kriegsschmiede« Deutschlands) und einer politischen Abtrennung des Saarlandes mit wirtschaftlicher Angliederung an Frankreich sollte Deutschland kontrolliert und niedergehalten werden.[16]

Diese radikal-antideutsche Haltung der französischen Regierung unter de Gaulle speiste sich aus den Erfahrungen dreier Kriege binnen siebzig Jahren und führte zu einer tiefen Skepsis gegenüber dem Nachbarland: »Frankreich stellt fest, daß es innerhalb eines Menschenalters drei Invasionen erlebt hat, eine scheußlicher und verheerender als die andere, aber alle von demselben Feind. Mit Deutschland, das seinem Wesen nach ständig Leute wie Bismarck, Wilhelm II. und Hitler in die Welt setzen muß, kann sich Frankreich keinen nur durch Phrasen garantierten Frieden denken, er muß durch Realpfänder gesichert sein.«[17] Die Forderung nach umfangreichen Reparationen, die zur wirtschaftlichen Genesung Frankreichs beitragen und es Deutschland gegenüber stärken sollten, war in diesem Kontext zu sehen. Auch sollten deutsche Kriegsgefangene für einen längeren Zeitraum in Frankreich verbleiben und den Wiederaufbau des Landes voranbringen.[18] Die harte Position gegenüber Deutschland (»Dominanzkonzept«), mitgetragen von den Kommunisten, wandelte sich jedoch zum Ende des Jahres 1945, als de Gaulle erkennen musste, dass er hierbei mit wenig Unterstützung von Seiten der Alliierten rechnen konnte. Auch wenn es zur deutsch-französischen Annäherung (»Integrationskonzept«) noch dauern sollte, zeichnete sich bereits während eines Besuchs des Generals in der französischen Besatzungszone im Oktober 1945 ein Umdenken ab. Er sprach von »Wunden heilen« und der Notwendigkeit, dass Franzosen und Deutsche »zusammen arbeiten werden müssen.« Mit versöhnlichen Tönen formulierte er für die Zukunft: »Der Rhein war eine Schranke, eine Grenze, eine Kampflinie [...] heute kann er wieder ein Bindeglied zwischen den Völkern des Westens werden.«[19]

Neben der unbedingten Dominanz über den besiegten Nachbarn erhob Frankreich einen globalen Führungsanspruch. Mit der Idee der »Union française«, die de Gaulle bereits auf der Konferenz von Brazzaville im Januar 1944 darstellte, wurde eine Gleichberechtigung der Kolonien mit dem Mutterland propagiert.[20] Im Krieg waren die französischen Kolonien wichtige Verbündete und zeitweilig der einzige Ort, von dem aus der Kampf gegen Deutschland hatte weitergeführt werden können. Um den Beitrag der Soldaten aus den Kolonien zu würdigen und weiterhin deren Unterstützung zu erhalten, aber auch um ein tragfähiges Konzept für die Nachkriegszeit zu etablieren, stellte der General eine Neuordnung der Beziehungen zwischen dem französischen Mutterland und den Kolonien in Aussicht. Wenn auch die Unabhängigkeit nicht angedacht war, sollte ein gewisser Grad an Autonomie zugestanden werden.[21]

Die Überlegungen für eine schrittweise Emanzipation der Kolonien kamen 1945 jedoch zu spät. In Syrien und dem Libanon, seit Ende des Ersten Weltkriegs französisches Mandatsgebiet, kam es innerhalb der Bevölkerung zu Gewaltausbrüchen. Sie waren teilweise so massiv, dass darüber große Spannungen zwischen London und Paris entstanden und der britische Generalstab sogar Pläne für eine Militärintervention erarbeitete – eine schlechte Voraussetzung für die Verhandlungen in Potsdam, wo de Gaulle auf die Unterstützung Großbritanniens angewiesen war.

Nicht besser verlief es bei dem Versuch, einen Neustart im französisch-amerikanischen Verhältnis zu erreichen. Alle Bemühungen de Gaulles, sich im Vorfeld der Potsdamer Konferenz mit dem neuen US-Präsidenten Truman zu treffen, scheiterten, und folglich gelang es der französischen Regierung nicht, mit einer Delegation, ja nicht einmal mit Beobachtern an der Konferenz teilzunehmen. Man blieb abhängig vom Wohlwollen Großbritanniens. Churchill war, trotz aller Probleme mit de Gaulle, der einzige wirkliche Fürsprecher Frankreichs in Potsdam, was möglicherweise an der ähnlichen geopolitischen Situation beider Länder lag: Beider »Größe« und Weltmachtstellung waren unwiederbringlich dahin.[22]

## Frankreich und die Beschlüsse von Potsdam

In Potsdam wurde immer wieder über Frankreich gesprochen. Auf insgesamt sieben von 13 Sitzungen war das Land Thema bzw. wurde erwähnt. In manchen Verhandlungssituationen wurde allen Beteiligten deutlich, dass ohne die Anwesenheit Frankreichs eine fundierte Erörterung der Probleme nicht möglich war – etwa während der siebten Vollsitzung, als es um das besetzte Wien ging und Stalin fragte, wie denn die Situation im französischen Sektor aussähe, worauf niemand eine Antwort geben konnte.[23]

In der ersten und siebten Sitzung kam – von Stalin forciert – das Thema Syrien und Libanon zur Sprache. Im Vorfeld der Konferenz hatten die erwähnten Spannungen dort zu einem Briefwechsel zwischen London, Washington und Paris geführt. Trotz des britisch-französischen Gegensatzes in den diese beiden Staaten betreffenden Fragen nahm Churchill die Rolle eines Fürsprechers Frankreichs ein. Wissend, dass für de Gaulle die Levante große Bedeutung besaß, weil sie in dessen Augen das »Sprungbrett für die Befreiung Europas« gewesen war, lehnte der Brite Entscheidungen über Syrien und den Libanon in Frankreichs Abwesenheit ab.[24] Und so findet sich zu diesen beiden Ländern auch nichts im Abschlusskommuniqué.

Churchills deutliches Eintreten für den französischen Verbündeten war ganz sicher nicht selbstlos. Frankreich wie Großbritannien kämpften als Kolonialmächte um ihre außereuropäischen Gebiete. Churchill wie de Gaulle war bewusst: Sollte das in der UN-Charta verankerte Selbstbestimmungsrecht der Völker auch für die Kolonien gelten, wäre der Verlust der Kolonialreiche absehbar. So kann man Churchill in dieser Frage kaum als »ehrlichen Makler« im Kreis der »Großen Drei« bezeichnen. Während der Verhandlungen brachte Churchill gegenüber Stalin auch mehrfach vor, Rückfragen an die französische Regierung stellen zu müssen. Doch der sowjetische Diktator ließ sich darauf nie ein und konterte, dass man dann auch andere Länder bei den sie betreffenden Fragen zu Rate ziehen müsste.

Frankreichs Wunsch nach Gebietszuwachs, der allen Delegationen bekannt war, wurde dann auch kein einziges Mal angesprochen. De Gaulles Hoffnung auf Anerkennung französischer Grenzrevisionen im Westen durch Stalin erfüllte sich nicht, obwohl er – de Gaulle – die polnischen Forderungen nach Gebietsgewinn zu Lasten Deutschlands anlässlich seines Besuchs in Moskau im Dezember 1944 prinzipiell unterstützt hatte. Am Ende musste de Gaulle hinnehmen, dass es um Einflusszonen ging, Polen für den sowjetischen Machtbereich von Stalin reklamiert wurde und dieser sich, trotz der starken Position der Kommunisten im Land, aus den Frankreich betreffenden Angelegenheiten heraushalten würde.[25]

Auch die französische Forderung nach einer Internationalisierung des Ruhrgebiets fand nicht Einzug in den Protokolltext. Dies ist umso erstaunlicher, als US-Präsident Truman vergleichbare

Forderungen für die Flüsse und Wasserstraßen Deutschlands stellte. Einzig Tanger in Marokko wurde erwähnt. Es sollte einer internationalen Verwaltung unterstellt und auf dem nächsten Gipfeltreffen, diesmal unter Teilnahme Frankreichs, besprochen werden.[26]

Auf Frankreichs Habenseite standen der Beschluss zur Bildung eines Rates der Außenminister unter Einbeziehung eines französischen Vertreters (Artikel II.1) und die Vorbereitung von Friedensverträgen mit den ehemaligen Achsenmächten durch selbigen (Artikel X). Hingegen wurden die Entnahme von Reparationen aus Deutschland (Artikel IV) und die allgemeinen politischen und wirtschaftlichen Grundsätze zur Behandlung Deutschlands (Artikel III A und B) festgelegt, ohne dass Frankreich hierzu hätte Stellung nehmen können. Bei der Aufteilung der deutschen Kriegs- und Handelsflotte wurde das Land ebenfalls nicht berücksichtigt, und auch bei der Diskussion über den Umgang mit dem Spanien Francos (Artikel X) konnte das direkte Nachbarland Frankreich keine Argumente vorbringen.

Mit welcher Selbstverständlichkeit die »Großen Drei« in Potsdam für sich in Anspruch nahmen, über Frankreich – und auch andere Länder – zu bestimmen, machte eine Episode aus der Sitzung am 20. Juli deutlich. Gemeinsam wurde London als zukünftiger Sitz des Rates der Außenminister festgelegt. Truman, dem wohl bewusst wurde, dass dies eigentlich mit den anderen Mitgliedern dieses Gremiums hätte beschlossen werden müssen, äußerte lapidar: »Ich denke, die Außenminister Chinas und Frankreichs werden sich unseren drei Außenministern zum gegebenen Zeitpunkt anschließen.«[27]

Am 31. Juli 1945 fassten die Außenminister auf ihrer Sitzung im Schloss Cecilienhof den Beschluss, Frankreich per Telegramm über die »political principles to govern the treatment of Germany in the initial control period« zu informieren und das Land zur Teilnahme am Rat der Außenminister einzuladen.[28] Und so wurde die französische Regierung erst kurz vor Konferenzende am 31. Juli und 1. August durch den amerikanischen Botschafter in Frankreich, Jefferson Caffery, über die Potsdamer Beschlüsse in Kenntnis gesetzt. In mehreren Noten, häppchenweise, informierte er Außenminister Bidault über einzelne, bereits getroffene Entscheidungen der »Großen Drei«. Meistens verbunden mit dem Wunsch, Frankreich möge sich diesen anschließen (»the Government of France will be able to associate itself with these principles«).[29]

Die französischen Antworten erfolgten durch die Übergabe mehrerer Noten am 7. August 1945. Im Auftrag de Gaulles nahm Bidault in sechs Briefen Stellung zu einzelnen Themenkomplexen. Bis auf einen Brief, der die Verfolgung der Kriegsverbrecher betraf (Art. III.A.4) – ein Punkt, dem die französische Regierung uneingeschränkt zustimmte –, wurde in diesen Schreiben deutliche Kritik geäußert. Teilweise gab es massive Vorbehalte, die nur weniger negativ klangen, weil sie diplomatisch verklausuliert waren.[30] Insbesondere die Einsetzung einer zentralen deutschen Regierung wurde als »inadmissible« (untragbar) abgelehnt.[31] Den drei Alliierten hielt

Bidault verärgert vor, dass in Abwesenheit einer Siegermacht über einen Teil der Grenzen Deutschlands – der zu Polen – entschieden worden war, dabei sei das »Problem der Grenzen Deutschlands [sei] in seiner Gesamtheit zu behandeln und gemeinsam zu betrachten«.[32]

Angesichts dieser deutlich negativen Antworten ist es umso erstaunlicher, dass der amerikanische Botschafter Caffery zu einer eher positiven Einschätzung der französischen Antworten gelangte. So telegrafierte er an den US-Außenminister, dass die Erwiderungen Bidaults in allen Punkten inhaltliche Zustimmung bedeuteten und nur durch diverse Ausdrücke wie »Vorbehalte« und »Bedauern« eine negative Konnotation erhielten.[33]

War die französische Regierung ungehalten über die Beschlüsse von Potsdam, so wurden diese im französischen Volk durchaus positiv aufgenommen. In wohlwollendem und neutralem Ton berichteten die Tageszeitungen über das Gipfeltreffen, und die Journalisten wunderten sich über die Diskrepanz zwischen öffentlicher Meinung und den Stellungnahmen der Regierungsvertreter: »Alle Völker freuen sich über die erzielten Resultate, die bemerkenswert sind. Alle Regierungen, bis auf die unsrige, so scheint es, beglückwünschen sich zum verhandelten Vertrag über die wichtigsten Probleme.«[34] Damit hatte der Scheiber dieser Zeilen die Situation richtig erfasst, denn schon im Vorfeld des Treffens hatte de Gaulle deutlich gemacht, wie er mit allein von den »Großen Drei« getroffenen Entscheidungen umzugehen gedenke: »We have informed our Allies and we have said publicly that France would, of course, be bound by nothing that she had not had the opportunity to discuss and approve on the same grounds as the other nations.«[35]

### Schlussbetrachtung

Während der Potsdamer Konferenz schilderte die französische Tagespresse regelmäßig den Fortgang der Verhandlungen. Teilweise mit Fotos unterlegt, wurde nicht weniger detailliert als z. B. in der britischen oder amerikanischen Presse berichtet. Allerdings gewannen die Berichte über innenpolitische Probleme Frankreichs schnell wieder die Oberhand, da wenig Substanzielles vom Konferenzort nach draußen gelangte – ein Problem, das übrigens für alle Pressevertreter vor Ort galt. Insbesondere die Prozesse gegen Marschall Philippe Pétain und Pierre Laval als wichtigste Repräsentanten des mit NS-Deutschland kollaborierenden Vichy-Regimes bildeten in der Berichterstattung einen Schwerpunkt und verdrängten sehr schnell die Schlagzeilen aus Potsdam.[36] Nur als General de Gaulle Präsident Truman vom 22. bis 25. August 1945 in Washington besuchte, wurde Potsdam noch einmal zur Nachricht, und immer wenn der Rat der Außenminister tagte, wurde auf Potsdam Bezug nehmend berichtet.

Nach dem Ende der Konferenz blieb Frankreich keine Zeit, sich über Potsdam zu ärgern oder zu trauern. Die Entkolonialisierung

Marschall Philippe Pétain während des Prozesses in Paris, Juli 1945

schritt unaufhaltsam voran, und die französische Armee verließ bis zum Sommer 1946 Syrien und den Libanon.[37] Es waren die ersten Länder, die in ihre Unabhängigkeit entlassen wurden. Der Versuch aber, Indochina als Kolonie in der »Union française« zu halten, scheiterte 1954. Nach einem langen, blutigen Krieg erlangte zuletzt Algerien 1962 seine Unabhängigkeit.

Auch in Bezug auf Deutschland musste Frankreich seinen Widerstand gegen jedwede zentrale deutsche Regierung aufgeben. Die unnachgiebige und harte Haltung – Frankreich weigerte sich, Vertriebene aus den deutschen Ostgebieten in der eigenen Besatzungszone aufzunehmen – wurde im Angesicht des sich zuspitzenden Ost-West-Konflikts durch eine konstruktive Herangehensweise abgelöst. Anstatt eines Bevölkerungszuwachses von zwölf bis zwanzig Prozent wie in den anderen drei Zonen, war die Bevölkerungszahl in der französischen Zone lediglich um etwa vier Prozent gestiegen, was bedeutete, dass in diesem Gebiet weniger Menschen als vor dem Ausbruch des Krieges lebten – mit allen wirtschaftlichen Folgen.[38] So stimmte Paris im März 1948 der Vereinigung der französischen Besatzungszone mit der britischen und amerikanischen zur Trizone zu und trug ein Jahr später auch die Gründung der Bundesrepublik Deutschland mit. Der Versuch, das Saarland an Frankreich anzugliedern, wurde von Paris nach einer Volksabstimmung 1956 aufgegeben.

General de Gaulle war die prägende Persönlichkeit Frankreichs zum Zeitpunkt der Potsdamer Konferenz. Ihm gelang es trotz aller Rückschläge, sein Land in das »Konzert der großen Mächte« zurückzuführen. Ähnlich wie Churchill während des Krieges, versuchte de Gaulle mit wohldurchdachten öffentlichen Reden oder Proklamationen, Anhänger für seine Politik zu gewinnen. Angesichts der wirtschaftlichen und militärischen Schwäche Frankreichs blieb ihm häufig nichts anderes als die Macht des Wortes. Historische Bezüge spielten hierbei stets eine große Rolle, so auch im Vorfeld der Potsdamer Konferenz, als er mit seinem Glückwunsch zum amerikanischen Nationalfeiertag am 4. Juli 1945 die Gemeinsamkeiten Frankreichs und Amerikas herausstellte: »Wir sind alte Freunde. Kein einziges Mal haben sich unsere beiden Länder bekriegt. Wir waren von Anfang an an Ihrer Seite. Wir haben erlebt, wie Ihre Stärke geboren wurde. Wir haben sie wachsen sehen, als Sie zum ersten Mal dem alten Europa zu Hilfe geeilt sind. Wir haben gerade erlebt, wie sie sich für immer unvergesslich auf den Schlachtfeldern dieses Krieges entfaltet hat.«[39]

Mit einer geschickten Anspielung auf die Unterstützung Frankreichs im Amerikanischen Unabhängigkeitskrieg implizierte er, dass es nun an den USA läge, Frankreich zu unterstützen. De Gaulles Argumentation basierte auf dem Dreiklang: Vergangenheit (deutsche Bedrohung, Frankreich von der ersten Stunde an im Kampf gegen Hitler), Gegenwart (Opfer, Zerstörungen und militärisches Erstarken des Landes, Besatzungszone in Deutschland, Mitglied im Weltsicherheitsrat) und Zukunft (kommunistische Gefahr, Niederhaltung Deutschlands, Friedenssicherung, Gleichgewicht der Kräfte in Europa).

Es entbehrt nicht einer gewissen Tragik, dass de Gaulle, der mit diversen Mitteln versuchte, das Verhandlungsergebnis der »Großen Drei« in seinem Sinne zu beeinflussen, sich wegen der wirtschaftlichen und militärischen Schwäche seines Landes gegenüber seinen Alliierten nicht zu behaupten vermochte. Es war für ihn nicht möglich, durch einen Fait accompli Tatsachen zu schaffen, so wie es z. B. die UdSSR mit der Abtretung deutschen Gebiets an Polen getan hatte. Stattdessen versuchte er auf den gemeinsamen Kampf gegen Deutschland und die Opfer und das Leid Frankreichs zu verweisen und dies als Argument anzuführen. Er musste an die Verbündeten appellieren, sie bitten, seine Forderungen nach wirtschaftlicher, finanzieller und territorialer Wiedergutmachung zu unterstützen.

Hoffnung gab ihm aber seine Überzeugung, dass Großbritannien und die USA trotz aller Gegensätze nicht auf Frankreich verzichten konnten. Nur ein wiedererstarktes Frankreich würde zumindest ein eingeschränktes Gleichgewicht in Europa garantieren, ohne dass der Kontinent einer sowjetischen Dominanz noch stärker anheimfiele. Tatsächlich nahmen Washington und London dafür am Ende auch das als selbstherrlich und anmaßend empfundene Auftreten de Gaulles in Kauf. Ob sich das Ergebnis der Potsdamer Konferenz mit einer Teilnahme Frankreichs wesentlich unterschieden hätte, ist fraglich.

Am Ende blieb Frankreich nichts anderes übrig, als sich mit der »Fiktion einer Großmacht« zu begnügen.[40] Dies scheint zwar ernüchternd, stellt jedoch in Anbetracht der demütigenden Niederlage des Landes von 1940 einen beachtlichen außenpolitischen Erfolg dar. Die »Grande Nation« war in den wichtigsten internationalen Gremien, dem Rat der Außenminister, dem Alliierten Kontrollrat und dem Sicherheitsrat der Vereinten Nationen, in verantwortlicher Position vertreten. Es gab de Gaulle und Frankreich ein Gefühl alter Größe. Dass Frankreich gewillt war, mithilfe seines Vetorechts im Sicherheitsrat der Vereinten Nationen, dem Rat der Außenminister und im Alliierten Kontrollrat seine Position zu behaupten und zu entwickeln, sollte sich in den folgenden Jahren zeigen.

**Anmerkungen**
**1** Bidault 1965, S. 79. / **2** Vgl. Deuerlein 1963, S. 182–187. / **3** Fischer 1968, S. 392; Gemeint ist hier der »Rat der Außenminister«, der Friedensverträge mit den ehemaligen Achsenmächten vorbereiten sollte. / **4** Vgl. Fischer 1968, S. 113–115. / **5** Fischer 1968, S. 19 und 114. / **6** Defrance und Pfeil 2011, S. 41. / **7** Rémond 1994, S. 394–395 und 411–415. / **8** Lowe 2015, S. 343–344. / **9** Rioux 1987, S. 54; Die Zahl der Parteimitglieder stieg von 1945 bis Ende 1946 von 380 000 auf 800 000 an. / **10** Kershaw 2016, S. 668–671; Wahlergebnisse zur Nationalversammlung vom 21.10.1945: Kommunisten (PCF) 26,2 Prozent, christlich-demokratische Volksrepublikaner (MRP) 24,9 Prozent, Sozialisten (SFIO) 23,8 Prozent, Gemäßigte (konservativ) 13,2 Prozent, »Radikale« (liberal) 11,1 Prozent. Als Ergebnis wurde unter der Führung de Gaulles ein Dreiparteienbündnis aus Kommunisten, Sozialisten und MRP gegründet. / **11** Zitiert nach: Grosser 1986, S. 22; Art. II.1, verabschiedet vom Conseil National de la Résistance. In diesem zentralen Organ waren die wichtigsten Gruppen der Résistance, politische Parteien, Gewerkschaften und die Presse vertreten. / **12** Deuerlein 1963, S. 79–82. / **13** De Gaulle 1959, S. 46 und 377. / **14** Tyrell 1987, S. 522–523. / **15** De Gaulle 1971, S. 273. / **16** Woyke 1987, S. 19. / **17** Bidault 1965, S. 112. / **18** Koop 2005, S. 144–177. Insgesamt waren zwischen 1945 und 1948 etwa eine Million deutsche Kriegsgefangene in Frankreich inhaftiert. / **19** Poidevin 1983, S. 21–22; Die beiden konkurrierenden Konzepte werden erklärt in Loth 1983, S. 28–33. / **20** Im »Frankreich der 100 Millionen« sollten für alle Bürger ohne Unterschied der Rasse und Religion gleiche Rechte und Pflichten gelten. / **21** Kreis 2015, S. 252–255. Auf der Eröffnungsrede am 30. Januar 1944 erteilt de Gaulle der Autonomie eine Absage und begründet dies mit dem »zivilisatorischen Fortschritt«, der nur durch Frankreich möglich ist. / **22** Grosser 1986, S. 22. / **23** FRUS 1945, The Conference of Berlin (The Potsdam Conference), Bd. 2, S. 310. / **24** Ausubel 1946, S. 208. Rede vor der Nationalversammlung am 15.5.1945. / **25** Beevor 2012, S. 98. / **26** Siehe Protokoll der Berliner Konferenz, Punkt 15, in: Fischer 1968, S. 409. / **27** Fischer 1968, S. 242. / **28** FRUS 1945, The Conference of Berlin (The Potsdam Conference), Bd. 2, S. 500. / **29** Alle Noten in: FRUS 1945, The Conference of Berlin (The Potsdam Conference), Bd.2, Nr. 1395–Nr. 1400, S. 1543–1547. / **30** Der genaue Wortlaut findet sich in: Documents français 1947, S. 7–11. / **31** De Gaulle 1984, S. 52. / **32** Documents français 1947, S. 11. Darin heißt es: »le problème des frontières de l'Allemagne forme un tout et qu'il ne saurait recevoir de solution qu'après avoir été examiné en commun.« / **33** FRUS 1945, The Conference of Berlin (The Potsdam Conference), Bd. 2, Nr. 1405, S. 1550–1551. / **34** Ce Soir (Paris), 5./6.8.1945, S. 1. »Tous les peuples se réjouissent des résultats obtenus, qui sont considérables. Tous les gouvernements, hormis le nôtre, semble-t-il se félicitent de l'accord réalisé sur les problèmes essentiels.« / **35** Rundfunkansprache vom 2.2.1945, in: Ausubel 1946, S. 55. / **36** Der Prozess gegen Pétain begann noch während der Potsdamer Konferenz am 23.7.1945 (Ende 15. August). Lavals Prozess dauerte vom 4. bis 9.10.1945. / **37** Chaigne-Oudin 2009, S. 198–205. / **38** Abelshauser 1983, S. 130. / **39** De Gaulle 1984, S. 40f.; »Nous sommes de vieux amis. Jamais nos deux pays ne se sont combattus. Nous étions avec vous dès les commencements. Nous avons vu naître votre force. Nous l'avons vue grandir quand vous êtes venus une première fois au secours de la vielle Europe. Nous venons de la voir se déployer sur les champs de bataille à tout jamais mémorables de cette guerre.« / **40** Wolfrum 1991, S. 62.

# Literatur

**Abelshauser 1983**
Werner Abelshauser: Wirtschaft und Besatzungspolitik in der Französischen Zone 1945–1949, in: Claus Scharf und Hans-Jürgen Schröder (Hg.): Die Deutschlandpolitik Frankreichs und die Französische Zone 1945–1949, Wiesbaden 1983, S. 111–139

**Addison 2004**
Paul Addison: Churchill's Three Careers, in: David Cannadine und Roland Quinault (Hg.): Winston Churchill in the Twenty-First Century, Cambridge 2004, S. 9–25

**Addison 2010**
Paul Addison: No Turning Back. The Peacetime Revolutions of Post-War Britain, Oxford und New York 2010

**Adenauer 1951**
Rede Adenauer im Bundestag, 27.9.1951

**Alperowitz 1965**
Gar Alperowitz: Atomic Diplomacy. Hiroshima and Potsdam. The Use of the Atomic Bomb and the American Confrontation with Soviet Power, New York 1965

**Aly und Schlögel 2002**
Götz Aly und Karl Schlögel: Verschiebebahnhof Europa. Völker, die Geschichte leiden. Umsiedlung, Deportation und Vertreibung prägten das 20. Jahrhundert, in: Süddeutsche Zeitung Nr. 70 (23./24.3.2002)

**Amtsblatt 1946**
Mitteilung über die Dreimächtekonferenz von Berlin [Konferenz von Potsdam], 2.8.1945, Punkt A »Politische Grundsätze«, in: Amtsblatt des Kontrollrats in Deutschland, Ergänzungsblatt Nr. 1, 1946

**Anders 1999**
Friedhild-Andrea Anders: Schlösser in der Stunde Null. Die Berliner und Potsdamer Schlösser während der Kriegs- und Nachkriegszeit, Potsdam 1999

**Angermann und Brüggemann 2018**
Norbert Angermann und Karsten Brüggemann: Geschichte der Baltischen Länder, Stuttgart 2018

**Antipenko 1973**
Nikolaj A. Antipenko: In der Hauptrichtung, Berlin (DDR) 1973

**Antoni 1985**
Michael Antoni: Das Potsdamer Abkommen – Trauma oder Chance? Geltung, Inhalt und staatsrechtliche Bedeutung für Deutschland, Berlin 1985

**Arlt und Stang 1995**
Kurt Arlt und Werner Stang: Kampf um Potsdam Ende April 1945, in: Werner Stang (Hg.): Brandenburg im Jahr 1945. Studien, Potsdam 1995, S. 167–194

**Asato 2003**
Eiko Asato: Okinawan Identity and Resistance to Militarization and Maldevelopment, in: Laura Hein und Mark Selden (Hg.): Islands of Discontent. Okinawan Responses to Japanese and American Power, Lanham 2003, S. 228–242

**Attlee 1954**
Clement R. Attlee: As It Happened, London 1954

**Ausubel 1946**
Nathan Ausubel (Hg.): Voices of History 1945–1946, New York 1946

**Awaya 1980**
Kentarō Awaya (Hg.): Shiryō nihon gendaishi, Vol. 2, Tokio 1980

**Awaya und Kawashima 1994**
Kentarō Awaya and Takane Kawashima (Hg.): Haisenji zenkoku chian jōhō, Vol. 2, Tokio 1994

**Azimi 2008**
Fakhreddin Azimi: The Quest for Democracy in Iran, Cambridge 2008

**Badstübner 1985**
Rolf Badstübner: Code »Terminal«. Die Potsdamer Konferenz, Berlin (DDR) 1985 (= Illustrierte historische Hefte, Bd. 36)

Bailey 1980
Thomas A. Bailey: A Diplomatic History of the American People, Englewood Cliffs 1980

Bajohr und Wildt 2009
Frank Bajohr und Michael Wildt (Hg.): Volksgemeinschaft. Neue Forschungen zur Gesellschaft des Nationalsozialismus, Frankfurt am Main 2009

Balabkins 1971
Nicholas Balabkins: West German Reparations to Israel, New Brunswick/NJ 1971

Ball 1946
Joseph H. Ball: How We Planned for the Postwar World, in: Jack Goodman (Hg.): While You Were Gone. A Report on Wartime Life in the United States, New York 1946, S. 564–565

Barber und Harrison 2015
John Barber und Mark Harrison: Patriotic War, 1941–1945, in: Ronald Grigor Suny (Hg.): The Cambridge History of Russia (Vol. III. The Twentieth Century), Cambridge u. a. 2015

Beer 2011
Mathias Beer: Flucht und Vertreibung der Deutschen. Voraussetzungen, Verlauf, Folgen, München 2011

Beevor 2012
Antony Beevor: Berlin 1945. Das Ende, München 2012

Beevor 2014
Antony Beevor: Der Zweite Weltkrieg, 3. Aufl., München 2014

Berg 2005
Manfred Berg: »The Ticket to Freedom.« The NAACP and the Struggle for Black Political Integration, Gainesville 2005

Berg 2017
Manfred Berg: Woodrow Wilson und die Neuordnung der Welt. Eine Biografie, München 2017

Bernstein 1975
Barton J. Bernstein: Roosevelt, Truman, and the Atomic Bomb, 1941–1945. A Reinterpretation. In: Political Science Quarterly 90 (1975), Nr. 1, S. 23–69

Bernstein 2007
Barton J. Bernstein: Introducing the Interpretive Problems of Japan's 1945 Surrender. A Historiographical Essay on Recent Literature in the West, in: Tsuyoshi Hasegawa (Hg.): The End of the Pacific War. Reappraisals, Stanford 2007, S. 9–64

Bessel 2007
Richard Bessel: Gewalterfahrung und Opferperspektive: Ein Rückblick auf die beiden Weltkriege des 20. Jahrhunderts in Europa, in: Der Zweite Weltkrieg in Europa. Erfahrung und Erinnerung, hg. im Auftrag des DHI Paris und des MGFA von Jörg Echternkamp und Stefan Martens, Paderborn u. a. 2007, S. 253–267

Betzell 1970
Robert Betzell: Teheran, Yalta, Potsdam: The Secret Protocols, Hattiesburg 1970

Biddiscombe 2007
Alexander Perry Biddiscombe: The denazification of Germany. A history 1945–1950, Stroud 2007

Bidault 1965
Georges Bidault: Noch einmal Rebell. Von einer Résistance in die andere, Berlin 1965

Biella 1946
Brief Friedrich Biellas an Lotte Dorka, Dankelshausen, 21.12.1946 (Privatbesitz Andreas Kossert)

Biewer 1992
Gisela Biewer (Bearb.): Die Konferenz von Potsdam, Neuwied, Frankfurt am Main 1992 (= Dokumente zur Deutschlandpolitik II/1)

Binden 1998
Dieter Binden: Die Polenpolitik der Bonner Republik von Adenauer bis Kohl 1949–1991, Baden-Baden 1998

Bix 1996
Herbert Bix: Japan's Delayed Surrender. A Reinterpretation, in: Michael J. Hogan (Hg.): Hiroshima in History and Memory, Cambridge 1996

Blake 2009
Kristen Blake: The US-Soviet confrontation in Iran, 1945–1962. A Case in the Annals of the Cold War, Lanham, Boulder u. a. 2009

Bolewski 2004
Andrzej Bolewski: Z drogi do Poczdamu, 3. Aufl., Warszawa 2004

Bomati u. Nahavandi 2013
Yves Bomati und Houchang Nahavandi: Mohammad Reza Pahlavi. Le dernier Shah 1919–1980, Paris 2013

Borodziej 2010
Włodzimierz Borodziej: Geschichte Polens im 20. Jahrhundert, München 2010

Borodziej 2012
Włodzimierz Borodziej: Versailles und Jalta und Potsdam. Wie Deutsch-Polnisches zu Weltgeschichte wurde, in: Hans Henning Hahn und Robert Traba (Hg.): Deutsch-polnische Erinnerungsorte, Bd. 3, Paderborn u. a. 2012

Borodziej 2015
Włodzimierz Borodziej: Die enthauptete Nation, in: »Damals« (2015), Nr. 4, S. 36–41

Borodziej 2019
Włodzimierz Borodziej: Der Verrat von Jalta, in: Étienne Francois und Thomas Serrier (Hg.): Europa. Geschichte unserer Gegenwart, Bd. 1: Lebendige Vergangenheit, Darmstadt 2019, S. 104–113

**Bright Astley 2007**
Joan Bright Astley: The Inner Circle. A View of War at the Top, Durham 2007

**Bullen und Pelly 1986**
Our Overseas Financial Prospects. Memorandum by John M. Keynes, 13. 8. 1945, in: Roger Bullen und Margaret E. Pelly (Hg.): Documents on British Policy Overseas, Series I, Vol. III: Britain and America: Negotiation of the United States Loan, 3 August – 7 December 1945, London 1986, Annex to No. 6, S. 28 – 37

**Burridge 1985**
Trevor Burridge: Clement Attlee. A Political Biography, London 1985

**Butler 2015**
Susan Butler: Roosevelt and Stalin. Portrait of a Partnership, New York 2015

**Butow 1954**
Robert J. C. Butow: Japan's Decision to Surrender, Stanford 1954

**Byrnes 1947**
James F. Byrnes: Speaking Frankly, New York 1947

**Calic 2016**
Marie-Janine Calic: Südosteuropa. Weltgeschichte einer Region, München 2016

**Cecil 1970**
Robert Cecil: Potsdam and Its Legends, in: International Affairs, 46 (1970), Nr. 3, S. 455 – 465

**Chafe 1991**
William H. Chafe: The Paradox of Change. American Women in the 20th Century, Oxford 1991

**Chafe 2003**
William H. Chafe: The Unfinished Journey. America Since World War II, Oxford 2003

**Chaigne-Oudin 2009**
Anne-Lucie Chaigne-Oudin: La France dans les jeux d'influences en Syrie et au Liban (1940 – 1946), Paris 2009

**Chakrabarty 2000**
Dipesh Chakrabarty: Provincializing Europe. Postcolonial Thought and Historical Difference, Princeton 2000

**Charmley 2004**
John Charmley: Churchill and the American Alliance, in: David Cannadine und Roland Quinault (Hg.): Winston Churchill in the Twenty-First Century, Cambridge 2004

**Ching 2000**
Leo Ching: »Give me Japan and Nothing Else!« Postcoloniality, Identity, and the Traces of Colonialism, in: The South Atlantic Quarterly, 99 (2000), Nr. 4, S. 763 – 788

**Churchill 1953**
Winston S. Churchill: Triumph and Tragedy, Cambridge / Mass. 1953 (= The Second World War, Bd. 6)

**Colville 1986**
John Colville: The Fringes of Power. 10 Downing Street Diaries 1939 – 1955, New York und London 1986

**Coulmas 2010**
Florian Coulmas: Hiroshima. Geschichte und Nachgeschichte, München 2010

**Craig 1993**
Gordon A. Craig: Churchill and Germany, in: Robert Blake und William Roger Louis (Hg.), Churchill, Oxford u. a. 1993, S. 21 – 40

**Craig und Radchenko 2008**
Campbell Craig und Sergey Radchenko: The Atomic Bomb and the Origins of the Cold War, New Haven und London 2008

**Crossman 1947**
Richard H. Crossman: Palestine Mission. A personal record, London 1947

**Cumings**
Bruce Cumings: Japan in the World System, in: Andrew Gordon (Hg.): Postwar Japan as History, Berkeley 1993

**Dallas 2005**
Gregor Dallas: Poisoned Peace. 1945 – The War that Never Ended, London 2005

**Darwin 2017**
John Darwin: Der Imperiale Traum. Die Globalgeschichte großer Reiche 1400–2000, 2. Aufl., Frankfurt am Main 2017

**Davis 2006**
Norman Davies: Die große Katastrophe. Europa im Krieg 1939 bis 1945, München 2006

**DBPO 1984**
Rohan Butler u. a. (Hg.): Documents on British Policy Overseas (DBPO), Series I, Vol. I: The Conference at Potsdam July – August 1945, London 1984

**DBPO 2010**
Patrick Salmon u. a. (Hg.): Documents on British Policy Overseas, Series (DBPO) Series III, Vol. VII: German Unification, 1989 – 1990, London 2010

**Dear 1995**
Ian Dear (Hg.): The Oxford Companion to the Second World War, Oxford 1995

**Defrance und Pfeil 2011**
Corinne Defrance und Ulrich Pfeil: Eine Nachkriegsgeschichte in Europa 1945 bis 1963, Darmstadt 2011

**De Gaulle 1959**
Charles de Gaulle: Mémoires de guerre. Le salut 1944 – 1946, Paris 1959

**De Gaulle 1971**
Charles de Gaulle: Memoiren der Hoffnung. Die Wiedergeburt 1958 – 1962, Wien, München und Zürich 1971

**De Gaulle 1984**
Charles de Gaulle: Lettres, notes et carnets. Mai 1945 – juin 1951, Paris 1984

Deighton 1990
Anne Deighton: The Impossible Peace. Britain, the Division of Germany, and the Origins of the Cold War, Oxford 1990

Deuerlein 1961
Ernst Deuerlein: Die Einheit Deutschlands, Bd. 1: Die Erörterungen und Entscheidungen der Kriegs- und Nachkriegskonferenzen 1941–1949, 2. Auflage, Frankfurt am Main 1961

Deuerlein 1963
Ernst Deuerlein: Potsdam 1945. Quellen zur Konferenz der »Großen Drei«, München 1963

DeVoto 1944
Bernard DeVoto: The Easy Chair, in: Harper's Magazine, Nr. 188, 1.3.1944, S. 344–347

Dilks 1971
David Dilks (Hg.): The Diaries of Sir Alexander Cadogan, 1938–1945, London 1971

Dilks 1996
David Dilks: The Conference at Potsdam, 1945, in: Gill Bennett (Hg.): The End of the War in Europe 1945, London 1996, S. 77–100

Dirlik 2001
Arif Dirlik: »Trapped in History« on the Way to Utopia. East Asia's »Great War« Fifty Years Later, in: Takashi Fujitani, Geoffrey White und Lisa Yoneyama (Hg.): Perilous Memories. The Asia Pacific War(s), Durham, London 2001, S. 299–322

Dobbs 2012
Michael Dobbs: Six Months in 1945: From World War to Cold War, New York 2012

Documents français 1947
Documents français rélatifs à l'Allemagne (août 1945 – février 1947), Paris 1947

Dokumente zur Berlinfrage 1987
Dokumente zur Berlinfrage 1944–1966, hg. vom Forschungsinstitut der Deutschen Gesellschaft für Auswärtige Politik e.V., Bonn in Zusammenarbeit mit dem Senat von Berlin, 4. Auflage, München 1987

Douglas 2012
Raymond M. Douglas: »Ordnungsgemäße Überführung«. Die Vertreibung der Deutschen nach dem Zweiten Weltkrieg, München 2012

Dower 1985
John Dower: War without Mercy. Race and Power in the Pacific War, New York 1985

Dower 1993
John W. Dower: Japan in War and Peace. Selected Essays, New York 1993

Dower 1999
John W. Dower: Embracing Defeat. Japan in the Wake of World War II, New York 1999

Draesner 2014
Ulrike Draesner: Sieben Sprünge vom Rand der Welt, München 2014

Drechsler 1997
Karl Drechsler: Die USA des Jahres 1945 und die Potsdamer Konferenz. Herausforderungen – Chancen – vertane Möglichkeiten, in: Heiner Timmermann (Hg.): Potsdam 1945. Konzept, Taktik, Irrtum?, Berlin 1997 (= Dokumente und Schriften der Europäischen Akademie Otzenhausen, Bd. 81), S. 29–44

Dülffer 1996
Jost Dülffer: »Wir haben schwere Zeiten hinter uns« – Zur Einführung, in: Ders., »Wir haben schwere Zeiten hinter uns«. Die Kölner Region zwischen Krieg und Nachkriegszeit, Vierow 1996

Dülffer 1998
Jost Dülffer: Jalta, 4. Februar 1945. Der Zweite Weltkrieg und die Entstehung der bipolaren Welt, München 1998

Dutton 1997
David Dutton: Anthony Eden. A Life and Reputation, London u.a. 1997

Duus 1985
Masayo Duus: Haisha no okurimono. Tokushu ian shisetsu RAA o meguru senryōshi no sokumen, Tokio 1985

Eastman u.a. 1991
Lloyd Eastman u.a.: The Nationalist Era in China, 1927–1949, Cambridge 1991

Eggert und Plasen 2018
Marian Eggert und Jörg Plasen: Kleine Geschichte Koreas. Von den Anfängen bis zu Gegenwart, 2. Aufl., München 2018

Eiynck 1997
Interview mit Manfred Meißner, in: Andreas Eiynck (Hg.): Alte Heimat – Neue Heimat. Flüchtlinge und Vertriebene im Raum Lingen nach 1945, Lingen 1997

Elleman 1997
Bruce A. Elleman: Diplomacy and Deception. The Secret History of Sino-Soviet Diplomatic Relations, 1917–1927, Armonk, New York und London 1997

Elliger 2006
Katharina Elliger: Und tief in der Seele das Ferne. Die Geschichte einer Vertreibung aus Schlesien, 3. Auflage, Reinbek 2006

Emmerich und Gassert 2014
Alexander Emmerich und Philipp Gassert: Amerikas Kriege, Darmstadt 2014

Erpenbeck 2008
Jenny Erpenbeck: Heimsuchung, Frankfurt am Main 2008

Faust 1960
Fritz Faust: Das Potsdamer Abkommen und seine völkerrechtliche Bedeutung, 2. Auflage, Frankfurt am Main 1960

Feis 1960
Herbert Feis: Between War and Peace. The Potsdam Conference, Princeton 1960

**Feis 1962**
Herbert Feis: Zwischen Krieg und Frieden. Das Potsdamer Abkommen, Frankfurt am Main und Bonn 1962

**Ferrell 1980**
Robert H. Ferrell (Hg.): Off the Record. The Private Papers of Harry S. Truman, New York 1980

**Fisch 2001**
Jörg Fisch: Von der Schwächung des Gegners zur Stärkung des Verbündeten. Die USA und die deutschen Reparationen, in: Detlef Junker (Hg.), Die USA und Deutschland im Zeitalter des Kalten Krieges. Ein Handbuch, Bd. 1, Stuttgart und München 2001, S. 424–434

**Fischer 1968**
Alexander Fischer (Hg.): Teheran, Jalta, Potsdam. Die sowjetischen Protokolle von den Kriegskonferenzen der »Großen Drei«, Köln 1968

**Fishel 1952**
Wesley R. Fishel: The End of Extraterritoriality in China, Berkeley, CA, Los Angeles und London 1952

**Foerster 1982**
Roland G. Foerster: Innenpolitische Aspekte der Sicherheit Westdeutschlands (1947–1950), in: Anfänge westdeutscher Sicherheitspolitik 1945–1956. 4 Bde., Bd. 1, hg. vom MGFA, München und Wien 1982

**Ford 2016**
Daniel Ford: Flying Tigers. Claire Chennault and his American Volunteers, 1941–1942, Durham, New Haven 2016

**Forsmann 2009**
Jana Forsmann: Testfall für die »Großen Drei«. Die Besetzung Irans durch Briten, Sowjets und Amerikaner 1941–1946, Köln u. a. 2009

**Frei 1996**
Norbert Frei: Vergangenheitspolitik. Die Anfänge der Bundesrepublik und die NS-Vergangenheit, München 1996

**Frei 2001**
Norbert Frei (Hg.): Karrieren im Zwielicht. Hitlers Eliten nach 1945, Frankfurt am Main 2001

**Friedrich 2002**
Jörg Friedrich: Der Brand. Deutschland im Bombenkrieg 1940–1945, München 2002

**FRUS**
United States Department of State, Foreign Relations of the United States (FRUS), diplomatic papers,
1941, The British Commonwealth, The Near East and Africa, Washington 1959
1943, The Conferences at Cairo and Tehran, Washington 1961
1945, The Conferences at Malta and Yalta, Washington 1955
1945, The Conference of Berlin (The Potsdam Conference), 2 Bde., Washington 1960
1945, The Near East and Africa, Washington 1969

[Alle FRUS-Dokumente auch online via www.history.state.gov]

**Furukawa 2012**
Takahisa Furukawa: Potsudame sengen to gunkoku nihon, Tokio 2012

**Gaddis 1997**
John Lewis Gaddis: We Now Know. Rethinking Cold War History, Oxford und New York 1997

**Gassert 2012**
Philipp Gassert: Popularität der Apokalypse. Überlegungen zu einer Kulturgeschichte der Nuklearangst seit 1945, in: Johannes Piepenbrink (Hg.): Das Ende des Atomzeitalters, Bonn 2012

**Geschichte Koreas für die Oberschulen**
고등학교 한국사 (Geschichte Koreas für die Oberschulen), 두산동아, 2013
고등학교 한국사 (Geschichte Koreas für die Oberschulen), 금성출판사, 2014
고등학교 한국사 (Geschichte Koreas für die Oberschulen), 지학사, 2014
고등학교 한국사 (Geschichte Koreas für die Oberschulen), 비상교육, 2014

**Gilbert 1988**
Martin Gilbert: »Never Despair«. Winston S. Churchill 1945–1965, London 1988

**Gleß 2006**
Karlheinz Gleß: Peetzig / Piasek – Erinnerungen an ein Dorf an der Oder, in: Hans-Jürgen Bömelburg, Renate Stößinger, Robert Traba (Hg): Vertreibung aus dem Osten. Deutsche und Polen erinnern sich, 2. Aufl., Olsztyn 2006, S. 83–93

**Görtemaker 1995**
Manfred Görtemaker: Die Potsdamer Konferenz 1945, in: Schloß Cecilienhof und die Potsdamer Konferenz 1945, hg. von Chronos-Film und der Stiftung Preußische Schlösser und Gärten Berlin-Brandenburg, Berlin, Kleinmachnow, Potsdam 1995, S. 57–96.

**Görtemaker 1999**
Manfred Görtemaker: Potsdamer Konferenz, in: Wolfgang Benz (Hg.): Deutschland unter alliierter Besatzung 1945–1949/55. Ein Handbuch, Berlin 1999

**Görtemaker 1999 Bundesrepublik**
Manfred Görtemaker: Geschichte der Bundesrepublik Deutschland. Von der Gründung bis zur Gegenwart, München 1999

**Gormley 1990**
James L. Gormley: From Potsdam to the Cold War. Big Three Diplomacy, Wilmington 1990

**Grass 2006**
Günter Grass: Beim Häuten der Zwiebel, Göttingen 2006

**Groehler 1997**
Olaf Groehler: Militärfragen auf der Potsdamer Konferenz, in: Heiner Timmermann (Hg.), Potsdam 1945. Konzept, Taktik, Irrtum?, Berlin 1997 (= Dokumente und Schriften der Europäischen Akademie Otzenhausen, Bd. 81), S. 195–204

**Gronke 2016**
Monika Gronke: Geschichte Irans. Von der Islamisierung bis zur Gegenwart, 5. Auflage, München 2016

Gross 2012
Jan T. Gross: Art. »Kielce«, in: Enzyklopädie jüdischer Geschichte und Kultur (EJGK), Bd. 3, Stuttgart 2012, S. 345–350

Hansen 2004
Niels Hansen: Aus dem Schatten der Katastrophe. Die deutsch-israelischen Beziehungen in der Ära Konrad Adenauer und David Ben-Gurion, 2. Auflage, Düsseldorf 2004

Grosser 1986
Alfred Grosser: Frankreich und seine Außenpolitik 1944 bis heute, München und Wien 1986

Harris 1995
Kenneth Harris: Attlee, London 1995

Hartmann 2012
Christian Hartmann: Unternehmen Barbarossa. Der deutsche Krieg im Osten. 1941–1945, 2. Aufl., München 2012

Hasegawa 2005
Tsuyoshi Hasegawa: Racing the Enemy: Stalin, Truman, and the Surrender of Japan, Cambridge/MA und London 2005

Hayter 1974
William Hayter: A Double Life, London 1974

Heifermann 2011
Ronald Heiferman: The Cairo Conference of 1943. Roosevelt, Churchill, Chiang Kai-shek and Madame Chiang, Jefferson, Jefferson/NC und London 2011

Hennessy 2003
Peter Hennessy: The Secret State. Whitehall and the Cold War, London 2003

Herbert 1988
Ulrich Herbert: Fremdarbeiter: Politik und Praxis des »Ausländer-Einsatzes« in der Kriegswirtschaft des Dritten Reiches, Berlin und Bonn 1988

Herbst 1982
Ludolf Herbst: Der Totale Krieg und die Ordnung der Wirtschaft. Die Kriegswirtschaft im Spannungsfeld von Politik, Ideologie und Propaganda 1939–1945, Stuttgart 1982

Heyde 2008
Jürgen Heyde: Geschichte Polens, 2. Auflage, München 2008

Höhn und Klimke 2010
Maria Höhn und Martin Klimke: A Breath of Freedom. The Civil Rights Struggle, African American GIs, and Germany, New York 2010

Hoesch 2009
Edgar Hoesch: Kleine Geschichte Finnlands, München 2009

Holloway 1994
David Holloway: Stalin and the Bomb: The Soviet Union and Atomic Energy, 1939–1954, New Haven 1994

Holzer 2010
Jerzy Holzer: Polska 1945. Wojna wygrana czy przegrana? Od wojny do wolności. Wybuch i konsekwencje II wojny światowej 1939–1989, unter der Redaktion von Marek Andrzejewski, Grzegorz Berendt, Tomasz Chicińki, Andrzej Trzeciak, Gdańsk und Warszawa 2010

Horne 2004
Gerald Horne: Race War. White Supremacy and the Japanese Attack on the British Empire, New York 2004

Ihlau 2014
Olaf Ihlau: Der Bollerwagen, München 2014

Ihme-Tuhel 1998
Beate Ihme-Tuhel: Die Beziehungen zwischen der DDR, der Tschechoslowakei und Polen in den Jahren 1954 bis 1962, Köln 1998

Inoue 1995
Setsuko Inoue: Senryōgun ianjo: Kokka ni yoru baishun shisetsu, Tokio 1995

Jahn 2005
Peter Jahn (Hg.): Triumph und Trauma. Sowjetische und postsowjetische Erinnerung an den Krieg 1941–1945, Berlin 2005

James 1974
Robert Rhodes James (Hg.): Winston S. Churchill. His Complete Speeches 1897–1963. Volume VII 1943–1949, New York und London 1974, S. 7209–7219

James 1987
Robert Rhodes James: Anthony Eden. A Biography, London 1987

Janka 1997
Franz Janka: Die braune Gesellschaft. Ein Volk wird formatiert, Stuttgart 1997

Jansohn 2013
Uwe F. Jansohn: President Truman and (the Challenge of) the Potsdam Conference 1945, Fort Leavenworth/KS 2013

Jirgl 2007
Reinhard Jirgl: Die Unvollendeten, München 2007

Kappeler 2017
Andreas Kappeler: Ungleiche Brüder. Russen und Ukrainer. Vom Mittelalter bis zur Gegenwart, München 2017

Katouzian 2013
Homa Katouzian: Iran. Politics, History and Literature, London 2013 (= Iranian Studies, Bd. 15)

Keiderling 1997
Gerhard Keiderling: Die Potsdamer Konferenz in der Meinung der Berliner Öffentlichkeit 1945, in: Heiner Timmermann (Hg.): Potsdam 1945 – Konzept, Taktik, Irrtum?, Berlin 1997 (= Dokumente und Schriften der Europäischen Akademie Otzenhausen, Bd. 81), S. 87–102

Keiichi 1986
Eguchi Keiichi, Jūgonen sensō shōshi, Tokio 1986

Kennan 1968
George F. Kennan: Memoirs 1925–1950, London 1968

Kennan 1990
George F. Kennan: Impressionen eines Lebens, Düsseldorf u. a. 1990

**Kershaw 2016**
Ian Kershaw: Höllensturz. Europa 1914 bis 1949, München 2016

**Kettenacker 1989**
Lothar Kettenacker: Krieg zur Friedenssicherung. Die Deutschlandplanung der britischen Regierung während des Zweitens Weltkrieges, Göttingen und Zürich 1989

**Kindermann 2001**
Gottfried-Karl Kindermann: Der Aufstieg Ostasiens in der Weltpolitik 1840–2000, München 2001

**Kivelson und Suny 2017**
Valerie Kivelson und Ronald Suny: Russia's Empires, New York und Oxford 2017

**Kleßmann 1984**
Christoph Kleßmann: Die doppelte Staatsgründung. Deutsche Geschichte 1945–1955, Bonn 1984

**Klukowski 2007**
Zygmunt Klukowski: Zamojszczyzna 1944–1959, Bd. 2, Warszawa 2007

**Knöfel 2015**
Dietbert Knöfel: Das Kriegsende 1945 in Berlin-Wannsee, Berlin 2015

**Kochanowski 2001**
Tagebuch Alma Heczko, 18. Mai 1945, aus: Jerzy Kochanowski: Völkerwanderung, in: Karta. Zeitzeugnisse aus Ostmitteleuropa 2 (2001), S. 103–104

**Koch 2017**
Christoph Koch (Hg.): Das Potsdamer Abkommen 1945–2015. Rechtliche Bedeutung und historische Auswirkungen, Frankfurt am Main 2017

**Koch-Thalmann 2000**
Dorothea Koch-Thalmann: Mein Dorf oder die Reise rückwärts, Dortmund 2000

**Koikari 2008**
Mire Koikari: Pedagogy of Democracy. Feminism and the Cold War in the U.S. Occupation of Japan, Philadelphia 2008

**Konferenzdokumente 1986**
Teheran, Jalta, Potsdam. Konferenzdokumente der Sowjetunion, Bd. 3: Die Potsdamer (Berliner) Konferenz 1945, hg. v. Ministerium für Auswärtige Angelegenheit der UdSSR, Köln 1986

**Koop 2005**
Volker Koop: Besetzt. Französische Besatzungspolitik in Deutschland, Berlin 2005

**Korschanowski 2020**
Jessica Korschanowski: Rot dominiert – Funktion und Ausstattung des Weißen Salons im Schloss Cecilienhof während der Potsdamer Konferenz 1945. Betrachtungen anlässlich der Sonderausstellung 2020, in: Texte des RECS #36, 26.2.2020, https://recs.hypotheses.org/5790

**Kotkin 2017**
Stephen Kotkin: Stalin, Vol. II, Waiting for Hitler, 1929–1941, New York 2017

**Kreis 2015**
Georg Kreis (Hg.): Geschichte Frankreichs in Quellen und Darstellung. Bd. 2: Von Napoleon bis zur Gegenwart, Stuttgart 2015

**Kreiser 2012**
Klaus Kreiser: Geschichte der Türkei: Von Atatürk bis zur Gegenwart, München 2012

**Kröger 1957**
Herbert Kröger: Die staatsrechtliche Bedeutung des Potsdamer Abkommens für das deutsche Volk, Berlin 1957

**Krzoska 2015**
Markus Krzoska: Ein Land unterwegs. Kulturgeschichte Polens seit 1945, Paderborn 2015

**Kühne 2000**
Thomas Kühne: Die Viktimisierungsfalle. Wehrmachtverbrechen, Geschichtswissenschaft und symbolische Ordnung des Militärs, in: Michael Th. Greven und Oliver von Wrochem (Hg.): Der Krieg in der Nachkriegszeit. Der Zweite Weltkrieg in Politik und Gesellschaft der Bundesrepublik, Opladen 2000

**Küsters 2000**
Hanns Jürgen Küsters: Der Integrationsfriede: Viermächte-Verhandlungen über die Friedensregelung mit Deutschland 1945–1990, München 2000

**Kurowski 2018**
Józef K. Kurowski (Hg.): Byli siewcami dobra i miłości... Kurowscy z Wileńszczyzny we wspomnieniach, Łódź 2018

**Kushner 2006**
Barak Kushner: The Thought War. Japanese Imperial Propaganda, Honolulu 2006

**Lamberton Harper 1996**
John Lamberton Harper: American Visions Europe. Franklin. D. Roosevelt, George F. Kennan, and Dean G. Acheson, New York 1996

**Landwehr 2016**
Achim Landwehr: Die anwesende Abwesenheit der Vergangenheit. Essay zur Geschichtstheorie, Frankfurt am Main 2016

**Laufer und Kynin 2004**
Die UdSSR und die deutsche Frage 1941–1948. Dokumente aus dem Archiv für Außenpolitik der Russischen Föderation, bearb. und hg. von Jochen P. Laufer und Georgij P. Kynin unter Mitarbeit von Viktor Knoll, Bd. 2: 9. Mai 1945 bis 3. Oktober 1946, Berlin 2004

**Laufer 2009**
Jochen Laufer: Pax Sovietica. Stalin, die Westmächte und die deutsche Frage 1941–1945, Köln, Weimar und Wien 2009 (= Zeithistorische Studien, Bd. 46)

**Lehmann 1979**
Hans Georg Lehmann: Der Oder-Neiße Konflikt, München 1979

**Leonhard 2018**
Jörn Leonhard: Der überforderte Frieden. Versailles und die Welt 1918–1923, München 2018

**Levering 1978**
Ralph B. Levering: The Public and American Foreign Policy 1918–1978, New York 1978

**Lillteicher 2011**
Jürgen Lillteicher: Art. »Claims Conference«, in: Enzyklopädie jüdischer Geschichte und Kultur (EJGK), Bd. 1, Stuttgart 2011, S. 511–514

**Li Yumin 2005**
Li Yumin: Zhongguo fei yue shi [Geschichte der Abschaffung der ungleichen Verträge in China], Beijing 2005

**Loeffler 2018**
James Loeffler: Rooted Cosmopolitans. Jews and Human Rights in the Twentieth Century, New Haven und London 2018

**Longerich 2006**
Peter Longerich: Davon haben wir nichts gewusst! Die Deutschen und die Judenverfolgung 1933–1945, München 2006

**Loth 1983**
Wilfried Loth: Die Franzosen und die Deutsche Frage 1945–1949, in: Claus Scharf und Hans-Jürgen Schröder (Hg.): Die Deutschlandpolitik Frankreichs und die Französische Zone 1945–1949, Wiesbaden 1983

**Lowe 2015**
Keith Lowe: Der wilde Kontinent. Europa in den Jahren der Anarchie 1943–1950, Bonn 2015

**Lutz 2009**
Catherine Lutz: The Empire of Bases. The Global Struggle against U.S. Military Posts, New York 2009

**Mackay 2002**
Robert S. Mackay: This Mr. President is the Story of the Little White House, Babelsberg 2002

**MacKinnon 2008**
Stephen R. MacKinnon: Wuhan 1938. War, Refugees, and the Making of Modern China, Berkeley/CA, Los Angeles und London 2008

**Macmillan 1972**
Harold Macmillan: Pointing the Way 1959–1961, London und Melbourne 1972

**Mai 1999**
Gunther Mai: Alliierter Kontrollrat, in: Wolfgang Benz (Hg.): Deutschland unter alliierter Besatzung 1945–1949/55. Ein Handbuch, Berlin 1999, S. 229–234

**Marcowitz 1999**
Reiner Marcowitz: »One World« oder Bipolarismus. Der Jalta-Mythos und seine Folgen, in: Zeitschrift für Religions- und Geistesgeschichte 51 (1999), S. 115–128

**Mausbach 1996**
Wilfried Mausbach: Zwischen Morgenthau und Marshall. Das wirtschaftspolitische Deutschlandkonzept der USA 1944–1947, Düsseldorf 1996

**McCullough 1992**
David McCullough: Truman, New York 1992

**McDougall 1997**
Walter A. McDougall: Promised Land, Crusader State. The American Encounter with the World since 1776, Boston 1997

**Mee 1975**
Charles L. Mee: Meeting at Potsdam, New York 1975

**Mee 1977**
Charles L. Mee: Die Teilung der Beute. Die Potsdamer Konferenz 1945, Wien u. a. 1977

**Miller 1979**
John R. Miller: The Chiang-Stillwell Conflict, 1942–1944, in: Military Affairs 43 (1979), Nr. 2, S. 59–62

**Miscamble 2007**
Wilson D. Miscamble: From Roosevelt to Truman. Potsdam, Hiroshima, and the Cold War, Cambridge 2007

**Mitter 2000**
Rana Mitter: The Manchurian Myth. Nationalism, Resistance and Collaboration in Modern China, Berkeley/CA, Los Angeles und London 2000

**Mitter 2013**
Rana Mitter: China's War with Japan. The Struggle for Survival, London 2013

**Moggridge 1979**
Donald Moggridge (Hg.): The Collected Writings of John Maynard Keynes. Vol. XXIV: Activities 1944–1946: The Transition to Peace, London und Cambridge 1979

**Moran 2006**
Lord Moran: Churchill. The Struggle for Survival 1945–60, London 2006

**Morina 2012**
Christina Morina: Der Krieg als Vergangenheit und Vermächtnis: Zur Rolle des Zweiten Weltkrieges in der politischen Kultur Ostdeutschlands, 1945–1955, in: Jörg Echternkamp (Hg. im Auftrag des MGFA): Kriegsenden, Nachkriegsordnungen, Folgekonflikte. Wege aus dem Krieg im 19. und 20. Jahrhundert, Freiburg 2012, S. 179–189

**Müller 1999**
Rolf-Dieter Müller: Albert Speer und die Rüstungspolitik im Totalen Krieg, in: Ders./Bernhard R. Kroener/Hans Umbreit: Organisation und Mobilisierung des deutschen Machtbereiches. Zweiter Halbband: Kriegsverwaltung, Wirtschaft und personelle Ressourcen 1942–1944/45, Stuttgart 1999 (= Das Deutsche Reich und der Zweite Weltkrieg, 5/2), S. 275–773

**Münch 1968**
Berliner Deklaration in Anbetracht der Niederlage Deutschlands und der Übernahme der obersten Regierungsgewalt hinsichtlich Deutschlands vom 5. Juni 1945, in: Ingo von Münch (Hg. mit einer Einführung): Dokumente des geteilten Deutschland. Quellentexte zur Rechtslage des Deutschen Reiches, der Bundesrepublik Deutschland und der Deutschen Demokratischen Republik, Stuttgart 1968, S. 19–24

**Myrdal 1944**
Gunnar Myrdal: An American Dilemma. The Negro Problem and Modern Democracy, New York 1944

Nałkowska 2000
Zofia Nałkowska: Dzienniki 1945–1954, Bd. 1, bearbeitet von Hanna Kirchner, Warszawa 2000

Neiberg 2015
Michael Neiberg: Potsdam. The End of World War II and the Remaking of Europe, New York 2015

Nicolson 1968
Harold Nicolson: Diaries and Letters 1945–1962, hg. von Nigel Nicolson, London 1968

Nobile 1996
Philip Nobile (Hg.): Judgment at the Smithsonian, New York 1996

Nübel 2019
Dokumente zur deutschen Militärgeschichte 1945–1990. Bundesrepublik und DDR im Ost-West-Konflikt. Im Auftrag des Zentrums für Militärgeschichte und Sozialwissenschaften der Bundeswehr hrsg. von Christoph Nübel, Berlin 2019

Official Documents 1945, Conference of Berlin
United States-Great Britain-Soviet Union: Report of Tripartite Conference of Berlin, July 17–August 2, 1945, in: The American Journal of International Law 39 (1945), Nr. 4, Supplement: Official Documents 1945, S. 245–257

Official Documents 1945, Surrender of Japan
United States-China-Great Britain-Soviet Union: Unconditional Surrender of Japan, in: The American Journal of International Law 39 (1945), Nr. 4, Supplement: Official Documents 1945, S. 264–265

Osterhammel 2009
Jürgen Osterhammel: Die Verwandlung der Welt. Eine Geschichte des 19. Jahrhunderts, 4. Auflage, München 2009

Ovendale 1989
Ritchie Ovendale: Britain, the United States, and the End of the Palestine Mandate, 1942–1948, Suffolk 1989

Overy 2014
Richard Overy: Der Bombenkrieg. Europa 1939 bis 1945, Berlin 2014

Padover 2001
Saul K. Padover: Lügendetektor. Vernehmungen im besiegten Deutschland 1944/45. Aus dem Amerikanischen von Matthias Fienbork, Neuauflage von 1946, München 2001

Patterson 1996
James T. Patterson: Grand Expectations. The United States, 1945–1974, Oxford 1996

Perlzweig 2007
Maurice L. Perlzweig: Artikel zu Robinson, Nehemiah, in: Encyclopedia Judaica Bd. 17, 2. Auflage, Detroit u. a. 2007, S. 356

Pimlott 1986
Ben Pimlott (Hg.): The Second World War Diary of Hugh Dalton, 1940–45, London 1986

Poidevin 1983
Raymond Poidevin: Die französische Deutschlandpolitik 1943–1949, in: Claus Scharf und Hans-Jürgen Schröder (Hg.): Die Deutschlandpolitik Frankreichs und die Französische Zone 1945–1949, Wiesbaden 1983, S. 15–25

Polityka 2018
Defilada Zwycięstwa po II wojnie bez Polaków, in: »Polityka«, 30.6.2018, www.polityka.pl/tygodnikpolityka/historia/1758214,1,defilada-zwyciestwa-po-ii-wojnie-bez-polakow.read [Zugriff am 1.12.2019]

Potsdamer Erklärung 1945
Potsdamer Erklärung vom 26. Juli 1945, Potsdam Declaration, July 26, 1945, National Diet Library, Tokio, www.ndl.go.jp/constitution/e/etc/c06.html, [Zugriff am 16.9.2019]

Potter 1950
Pitman B. Potter: Legal Aspects of the Situation in Korea, in: American Journal of International Law 44 (1950), Nr. 4, S. 709–712

Quested 1984
Rosemary Quested: Sino-Russian Relations. A Short History, Sydney 1984

Reeken und Thießen 2013
Dietmar von Reeken und Malte Thießen: ›Volksgemeinschaft‹ als soziale Praxis? Perspektiven und Potenziale neuer Forschungen vor Ort, in: Dies. (Hg.): ›Volksgemeinschaft‹ als soziale Praxis. Neue Forschungen zur NS-Gesellschaft vor Ort, Paderborn 2013, S. 9–33

Recker 2002
Marie-Luise Recker: Geschichte der Bundesrepublik Deutschland, München 2002

Rémond 1994
René Rémond: Frankreich im 20. Jahrhundert. Erster Teil 1918–1958, Stuttgart 1994

Ressing 1970
Gerd Ressing: Versagte der Westen in Jalta und Potsdam? Ein dokumentierter Wegweiser durch die alliierten Kriegskonferenzen, Frankfurt 1970

Reynolds 1991
David Reynolds: Britannia Overruled. British Policy and World Power in the Twentieth Century, London 1991

Reynolds 2004
David Reynolds: In Command of History. Churchill Fighting and Writing the Second World War, London 2004

Reynolds 2006
David Reynolds: Churchill, Roosevelt, and the Stalin Enigma, 1941–1945, in: ders.: From World War to Cold War. Churchill, Roosevelt, and the International History of the 1940s, Oxford 2006

Rioux 1987
Jean-Pierre Rioux: The Fourth Republic 1944–1958, Cambridge 1987

Roberts 1996
Frank Roberts: The Yalta Conference, in: Gill Bennett (Hg.). The End of the War in Europe 1945, London 1996

Roberts 2017
Geoffrey Roberts: Antipodes or Twins? The Myths of Yalta and Potsdam, in: Christoph Koch (Hg.): Das Potsdamer Abkommen 1945–2015. Rechtliche Bedeutung und historische Auswirkungen, Frankfurt 2017, S. 215–233

Robinson 1944
Nehemiah Robinson: Indemnification and Reparations. Jewish Aspects, New York 1944

Robinson 1945
Nehemiah Robinson: The Problem of Indemnification and Reparations (A tentative brief review of facts and measures), 11 S. msl., o. D., hsl. Datiert »Recd 7. 4. 45« (American Jewish Archives [AJA], The World Jewish Congress Collection, Series C: Institute of Jewish Affairs, 1918–1979, Subseries 4: Indemnification, 1939–1975, Box C276, File 2: Reports, memos re: Potsdam Conference, 1945)

Robinson 1953
Nehemia Robinson: How we negotiated with the Germans and what we achieved, New York 1953

Ro'i 1974
Yaacov Ro'i: From Encroachment to Involvement. A Documentary Study of Soviet Policy in the Middle East, 1945–1973, New York, Toronto und Jerusalem 1974

Rosenberg 1999
Jonathan Rosenberg: Before the Bomb and After: Winston Churchill and the Use of Force, in: John Lewis Gaddis u. a. (Hg.): Cold War Statesmen Confront the Bomb. Nuclear Diplomacy since 1945, Oxford 1999, S. 171–193

Ruchniewicz 2012
Krzysztof Ruchniewicz: Jalta – ein Mythos von langer Dauer, in: Krzysztof Ruchniewicz und Marek Zybura (Hg.): Zwischen (Sowjet-)Russland und Deutschland: Geschichte und Politik im Schatten von Józef Mackiewicz (1902–1985), Osnabrück 2012, S. 24–34

Rüther, Schütz und Dann 1998
Brief Jupp Kappius über die Situation im Ruhrgebiet am 31. 1. 1945, abgedruckt in: Deutschland im ersten Nachkriegsjahr. Berichte von Mitgliedern des Internationalen Sozialistischen Kampfbundes (ISK) aus dem besetzten Deutschland 1945/46, hg. und bearb. von Martin Rüther, Uwe Schütz und Otto Dann, München 1998, S. 89–102

Rysiak 1970
Postulaty Polski w sprawie granicy zachodniej (Memorandum Tymczasowego Rządu Jedności Narodowej, przedłożone rządom Stanów Zjednoczonych Ameryki, Wielkiej Brytanii i Związku Radzieckiego), 10 lipca 1945 roku, Moskwa, in: Zachodnia granica Polski na konferencji poczdamskiej. Zbiór dokumentów, bearbeitet von Gwidon Rysiak, Opole 1970

Saburō 1985
Ienaga Saburō: Sensō sekinin, Tokio 1985

Saikal 2019
Amin Saikal: Iran Rising. The Survival and Future of the Islamic Republic, Princeton 2019

Scharf und Schröder 1983
Claus Scharf und Hans-Jürgen Schröder (Hg.): Die Deutschlandpolitik Frankreichs und die Französische Zone 1945–1949, Wiesbaden 1983

Schieder 2000
Wolfgang Schieder: Die Umbrüche von 1918, 1933, 1945 und 1989 als Wendepunkte deutscher Geschichte, in: Wolfgang Schieder und Dietrich Papenfuß (Hg.): Deutsche Umbrüche im 20. Jahrhundert, Weimar 2000, S. 3–18

Schildt 2007
Axel Schildt: Die langen Schatten des Krieges über der westdeutschen Nachkriegsgesellschaft, in: Der Zweite Weltkrieg in Europa. Erfahrung und Erinnerung, hg. im Auftrag des DHI Paris und des MGFA von Jörg Echternkamp und Stefan Martens, Paderborn u. a. 2007, S. 223–236

Schlesinger 2004
Stephen C. Schlesinger: Act of Creation. The Founding of the United Nations, Boulder/CO und Oxford 2004

Schnabel 1985
Thomas Schnabel: Stadtverwaltung und Kriegsalltag in Freiburg 1944/45, in: Ders. / Gerd R. Ueberschär: Endlich Frieden! Das Kriegsende in Freiburg 1945, Freiburg 1985, S. 41–66

Schukow 1969
Georgi Konstantinowitsch Schukow: Erinnerungen und Gedanken, Berlin 1969

Schwabe 2006
Klaus Schwabe: Weltmacht und Weltordnung. Amerikanische Außenpolitik von 1898 bis zur Gegenwart. Eine Jahrhundertgeschichte, Paderborn 2006

Schwarz 1998
Hans-Peter Schwarz: Das Gesicht des Jahrhunderts. Monster, Retter und Mediokritäten, Berlin 1998

Sebag Montefiore 2005
Simon Sebag Montefiore: Stalin. Am Hof des roten Zaren, Frankfurt am Main 2006

Segev 2018
Tom Segev: David Ben Gurion. Ein Staat um jeden Preis, München 2018

Seiler 2015
Michael Seiler: Die Rettung der Pfaueninsel und ihrer Bewohner am Ende des zweiten Weltkrieges durch Marie Wolter, in: Mitteilungen des Vereins für die Geschichte Berlins, Bd. 111 (2015), Nr. 1, S. 452–462

Shell 1998
Kurt L. Shell: Harry S. Truman. Politiker – Populist – Präsident, Göttingen 1998

Shigematsu und Camacho 2010
Setsu Shigematsu und Keith L. Camacho (Hg.): Militarized Currents: Towards a Decolonized Future in Asia and the Pacific, Minneapolis 2010

**Shin 2016**
Jong Hoon Shin: 신종훈, 「1945년 여름, 포츠담: 포츠담 회담과 포츠담 선언」, 『서양 역사와 문화 연구』 Vol. 38 (2016)

**Simmich 2019**
Matthias Simmich: Sternstunden eines Schlosses – die Welt schaut auf einen Landsitz der Hohenzollern in Potsdam. 1. Teil: Die Potsdamer Konferenz im Schloss Cecilienhof, Juli und August 1945, in: Texte des RECS #29, 22. 2. 2019, https://recs.hypotheses.org/4483

**Sipols u. a. 1985**
Vilnis J. Sipols u. a.: Jalta – Potsdam. Basis der europäischen Nachkriegsordnung, Berlin 1985

**Sked und Cook 1993**
Alan Sked und Chris Cook: Post-War Britain. A Political History, 4. Auflage, Harmondsworth 1993

**Sowjetische Militärische Administration**
Sowjetische Militärische Administration Provinz Brandenburg (Hg.): Mitteilungen über die Berliner Konferenz der Drei Mächte, o. O., o. J.

**Spevack 2001**
Edmund Spevack: Die Deutsche Frage auf der Außenministerkonferenz der Siegermächte 1945–1947, in: Detlef Junker u. a. (Hg.): Die USA und Deutschland im Zeitalter des Kalten Krieges 1945–1990. Ein Handbuch, Bd. 1, 1945–1968, Stuttgart und München 2001, S. 82–90

**Steinert 1970**
Marlies G. Steinert: Hitlers Krieg und die Deutschen. Stimmung und Haltung der deutschen Bevölkerung im Zweiten Weltkrieg, Düsseldorf 1970

**Steber und Gotto 2014**
Martina Steber und Bernhard Gotto (Hg.): Visions of Community in Nazi Germany – Social Engineering and Private Lives, Oxford 2014

**Stöver 2007**
Bernd Stöver: Der Kalte Krieg, 1947–1991. Geschichte eines radikalen Zeitalters, München 2007

**Suny 2015**
Ronald Grigor Suny (Hg.): The Cambridge History of Russia (Vol. III. The Twentieth Century), Cambridge, New York und Melbourne u. a. 2015

**Suzuki 2011**
Tamon Suzuki: »Shūsen« no seijishi, 1943–1945, Tokio 2011

**Tanaka 1996**
Yuki Tanaka: Hidden Horrors. Japanese War Crimes in World War II, New York 1996

**Tankielun 2006**
Mieczysław Tankielun: Aus dem Wilnaer Gebiet nach Pommern und Großpolen, in: Hans-Jürgen Bömelburg, Renate Stößinger, Robert Traba (Hg.): Vertreibung aus dem Osten. Deutsche und Polen erinnern sich, 2. Auflage, Olsztyn 2006, S. 370–383

**Thießen 2012**
Malte Thießen: Erinnerungen an die »Volksgemeinschaft«. Integration und Exklusion im kommunalen und kommunikativen Gedächtnis, in: Detlef Schmiechen-Ackermann (Hg.): »Volksgemeinschaft«: Mythos, wirkungsmächtige soziale Verheißung oder soziale Realität im »Dritten Reich«?, Paderborn 2012, S. 319–334

**Timm 2017**
Angelika Timm (Hg.): Friedensinitiativen für Israel und Palästina 1917–2017. 100 Dokumente aus 100 Jahren, Berlin 2017

**Tokarczuk 2004**
Olga Tokarczuk: Eine Freske menschlicher Schicksale, Vorwort, in: Helga Hirsch: Schweres Gepäck. Flucht und Vertreibung als Lebensthema, Hamburg 2004, S. 7–10

**Tomala 2000**
Mieczyslaw Tomala: Deutschland – von Polen gesehen. Zu den deutsch-polnischen Beziehungen 1945–1990, Marburg 2000

**Trachtenberg 1999**
Marc Trachtenberg: A Constructed Peace. The Making of the European Settlement 1945–1963, Princeton 1999

**Truman 1955**
Harry S. Truman: Memoirs by Harry S. Truman. Year of Decisions. 1945, New York 1955

**Truman 1956**
Harry S. Truman: Memoirs by Harry S. Truman. Years of Trial and Hope, New York 1956

**Tschudodejew 1986**
Jurij W. Tschudodejew: Vorweggesagt, in: Am Himmel über China 1937–1940. Erinnerungen sowjetischer freiwilliger Flieger, Berlin 1986, S. 5–16

**Tuchman 1971**
Barbara Tuchman: Sand Against the Wind. Stillwell and the American Experience in China, 1911–1945, London 1971

**Tyrell 1987**
Albrecht Tyrell: Großbritannien und die Deutschlandplanung der Alliierten 1941–1945, Frankfurt am Main 1987

**Uchiyama 2018**
Benjamin Uchiyama: Japan's Carnival War. Mass Culture on the Home Front, 1937–1945, Cambridge 2018

**Umemori 2013**
Naoyuki Umemori: The Historical Contexts of the High Treason Incident. Governmentality and Colonialism, in: Masako Gavin und Ben Middleton (Hg.): Japan and the High Treason Incident, New York 2013, S. 52–64

**Villa 1976**
Brian L. Villa: The U. S. Army, Unconditional Surrender, and the Potsdam Proclamation, in: The Journal of American History, 63 (1976), Nr. 1, S. 66–92

**Vogelsang 2013**
Kai Vogelsang: Geschichte Chinas, 5. Auflage, Stuttgart 2013

**Wagner 1997**
Wieland Wagner: Tokio und die Stunde Null. Der innerjapanische Streit um die Potsdamer Erklärung, in: Heiner Timmermann (Hg.), Potsdam 1945. Konzept, Taktik, Irrtum?, Berlin 1997 (= Dokumente und Schriften der Europäischen Akademie Otzenhausen, Bd. 81), S. 181–194

**Wang 2014**
Peter Chen-main Wang: Chiang Kai-shek's Faith in Christianity. The Trial of the Stilwell Incident. In: Journal of Modern Chinese History 8 (2014), S. 194–209

**Weber 2019**
Claudia Weber: Der Pakt: Stalin, Hitler und die Geschichte einer mörderischen Allianz, München 2019

**Weggel 1989**
Oskar Weggel: Geschichte Chinas im 20. Jahrhundert, Stuttgart 1989

**Weizmann 1950**
Chaim Weizmann: Trial and Error. The Autobiography, 4. Auflage, London 1950

**Wetzel 2013**
Juliane Wetzel: Displaced Persons (DPs), publiziert am 26.3.2013, in: Historisches Lexikon Bayerns, www.historisches-lexikon-bayerns.de/Lexikon/Displaced_Persons_(DPs), [Zugriff am 2.10.2019]

**Wierling 2007**
Dorothee Wierling: Krieg im Nachkrieg. Zur öffentlichen und privaten Präsenz des Krieges in der SBZ und frühen DDR, in: Der Zweite Weltkrieg in Europa. Erfahrung und Erinnerung, hg. im Auftrag des DHI Paris und des MGFA von Jörg Echternkamp und Stefan Martens, Paderborn u. a. 2007, S. 237–251

**Williams 1961**
Francis Williams: A Prime Minister Remembers. The War and Post-War Memoirs of the Rt. Hon. Earl Attlee, London u. a. 1961

**Winkler 2014**
Heinrich August Winkler: Der lange Weg nach Westen. 2 Bde., Bd. 2, München 2014

**Wise 1949**
Stephen Wise: Challenging Years. The Autobiography, New York 1949

**Wittner 1984**
Lawrence S. Wittner: Rebels Against War. The American Peace Movement, 1933–1983, Philadelphia 1984

**Wolf 2002**
Christa Wolf: Kindheitsmuster, München 2002

**Wolffsohn und Grill 2016**
Michael Wolffsohn und Tobias Grill: Israel. Geschichte, Politik, Gesellschaft, Wirtschaft, 8. Auflage, Opladen, Berlin, Toronto 2016

**Wolfrum 1991**
Edgar Wolfrum: Französische Besatzungspolitik und deutsche Sozialdemokratie. Politische Neuansätze in der »vergessenen Zone« bis zur Bildung des Südweststaates 1945–1952, Düsseldorf 1991

**Wolfrum 2007**
Edgar Wolfrum: Die geglückte Demokratie. Geschichte der Bundesrepublik Deutschland von ihren Anfängen bis zur Gegenwart, Bonn 2007

**Wolkogonow 2015**
Dimitri Wolkogonow: Stalin. Triumph und Tragödie. Ein politisches Porträt, Berlin 2015

**Woyke 1987**
Wichard Woyke: Frankreichs Außenpolitik von de Gaulle bis Mitterrand, Wiesbaden 1987

**Yang Tianshi 2015**
Yang Tianshi: Chiang Kai-shek and Jawaharlal Nehru, in: Hans van de Ven, Diana Lary und Stephen R. Mackinnon (Hg.): Negotiating China's Destiny in World War II, Stanford/CA 2015, S. 127–140

**Yekelchyk 2015**
Serhy Yekelchyk: The Western Republics: Ukraine, Belarus, Moldova and the Baltics, in: Ronald Grigor Suny (Hg.): The Cambridge History of Russia (Vol. III. The Twentieth Century), Cambridge, New York, Melbourne u. a. 2015

**Yellen 2013**
Jeremy A. Yellen: The Specter of Revolution. Reconsidering Japan's Decision to Surrender, in: The International History Review, 35 (2013), Nr. 1

**Ying Mei Su shounao Bocitan huiyi baogao 1946**
Ying Mei Su shounao Bocitan huiyi baogao (fu Yingwen yuanben) [Report of the Potsdam Conference Between the Heads of the Governments of U.S.A., United Kingdom and U.S.S.R.], Shanghai 1946

**Yoneyama 1999**
Lisa Yoneyama: Hiroshima Traces: Time, Space, and the Dialectics of Memory, Berkeley 1999

**Young 1998.**
Louise Young: Japans Total Empire. Manchuria and the Culture of Wartime Imperialism, Berkeley 1998

**Yoshiaki 1987**
Yoshimi Yoshiaki: Kusa no ne no fashizumu, Tokio 1987

**Yoshiaki 2000**
Yoshimi Yoshiaki: Comfort Women. Sexual Slavery in the Japanese Military during World War II, New York 2000

**Zaremba 2016**
Marcin Zaremba: Die große Angst. Polen 1944–1947: Leben im Ausnahmezustand, Paderborn 2016

**Zhang Shenfa 2010**
Zhang Shenfa: The Main Causes for the Return of the Changchun Railway to China and Its Impact on Sino-Soviet Relations, in: Thomas P. Bernstein and Hua-yu Li (Hg.): China Learns From the Soviet Union, 1949 – Present, Lanham/MD u. a. 2010, S. 61–78

Zhang Xianwen und Chen Qianping 2017
Zhang Xianwen und Chen Qianping: Zhongguo kang Ri zhanzheng shi 1931–1945 [Geschichte des chinesischen antijapanischen Widerstandskrieges 1931–1945], Bd. 4, Beijing 2017

Zionist Congress 1946
Twenty-second Zionist Congress, Basle, London 1946, ND Frankfurt am Main 2001

Zöllner 2006
Reinhard Zöllner: Japans Aggression in China (1931–1945), in: Thoralf Klein und Frank Schumacher (Hg.): Kolonialkriege. Militärische Gewalt im Zeichen des Imperialismus, Hamburg 2006, S. 291–328

Zweig 2009
Ronald W. Zweig: »Reparations Made Me«: Nahum Goldmann, German Reparations, and the Jewish World, in: Mark A. Raider (Hg.): Nahum Goldmann. Statesman Without a State, New York 2009, S. 233–254

강만길 외, 「한국사 17. 분단구조의 정착-1」, 한길사, 1994

강만길 외, 「우리민족 해방운동사」, 역사비평사, 2000

정동귀, 「제2차 세계대전중에 있어서의 미국의 대 한국정책 구상」, 「사회과학 논총」 Vol. 6 (1988)

박노순, 「2차 대전 중 연합국의 대 반도정책」, 「통일로」 292호, (2012)

와다 하루키, 「카이로 선언과 일본의 영토문제」, 「영토해양연구」 Vol. 5 (2013)

# Personenregister

## A

Adams, Henry (1838–1918)  S. 87
Adenauer, Konrad (1876–1967)  S. 143
Aitken, Max, 1. Baron Beaverbrook (1879–1964)  S. 85
Aly, Götz (*1947)  S. 133
Antipenko, Nikolai A. (1901–1988)  S. 31
Antonow, Alexei I. (1896–1962)  S. 13
Arnold, Henry H. (1886–1950)  S. 13
Atatürk, Mustafa Kemal (1881–1938)  S. 212
Attlee, Clement (1883–1967)  S. 13, 52, 58, 59, 85, 87, 89, 92, 93, 94, 105, 133, 151, 154
Auden, Wystan H. (1907–1973)  S. 46

## B

Balfour, Arthur J. (1848–1930)  S. 151
Bartoszewski, Władysław (1922–2015)  S. 125
Beer, Mathias (*1957)  S. 133
Ben-Gurion, David (1886–1973)  S. 153
Berija, Lawrenti (1899–1953)  S. 26
Bevin, Ernest (1881–1951)  S. 13, 14, 89, 92, 94, 151, 237
Bidault, Georges (1899–1983)  S. 227, 237, 238
Biella, Friedrich (1874–1948)  S. 130, 132
Bierut, Bolesław (1892–1956)  S. 121
Bismarck, Otto von (1815–1898)  S. 234
Bohlen, Charles E. (1904–1974)  S. 38
Bolewski, Andrzej (1906–2002)  S. 122
Borodziej, Włodzimierz (*1956)  S. 117
Borowski, Tadeusz (1922–1951)  S. 124
Bright Astley, Joan (1910–2008)  S. 32
Brooke, Alan F. (1883–1963)  S. 13
Bulwer-Lytton, Victor (1876–1947)  S. 177
Byrnes, James F. (1882–1872)  S. 13, 14, 38, 41, 46, 48, 51, 54, 79, 197, 200, 201, 203, 204, 222, 237, 238

## C

Cadogan, Alexander (1884–1968)
S. 85, 88, 91, 92

Cadogan, Theodosia (1882–1977)
S. 85, 91

Caffery, Jefferson (1886–1974)
S. 237, 238

Chamberlain, Neville (1869–1940)
S. 68, 88

Chennault, Claire L. (1890–1958)
S. 180

Churchill, Winston (1874–1965)
S. 13, 21, 22, 23, 24, 26, 28, 29, 31, 32, 38, 42, 48, 49, 50, 51, 52, 53, 54, 56, 58, 59, 68, 71, 77, 85, 87, 88, 89, 90, 91, 92, 93, 94, 105, 120, 129, 133, 139, 143, 144, 146, 147, 150, 151, 154, 159, 175, 184, 188, 193, 194, 201, 202, 203, 209, 216, 217, 218, 219, 220, 223, 228, 229, 235, 236, 237, 238, 240

Clay, Lucius, D. (1898–1978)
S. 23, 29

Clifford, Clark M. (1906–1998)
S. 93

Cunningham, Andrew (1883–1963)
S. 13

## D

de Gaulle, Charles (1890–1970)
S. 56, 105, 106, 227, 228, 229, 230, 231, 234, 235, 236, 237, 238, 240, 241

Demmel, Norbert (* 1905 – unbekannt) S. 28

DeVoto, Bernard (1897–1955) S. 42

Douglas, Raymond M. (* 1963)
S. 134

Draesner, Ulrike (* 1962) S. 136

## E

Eden, Anthony (1897–1977)
S. 13, 14, 69, 73, 94

Eisenhower, Dwight D. (1890–1969)
S. 23, 32

Elliger, Katharina (1929–2019)
S. 134, 135

Erpenbeck, Jenny (* 1967) S. 129

## F

Fahrenkamp, Emil (1886–1966)
S. 28

Frei, Norbert (* 1955) S. 104

## G

Gascoyne-Cecil, Robert, 5. Marquess of Salisbury (1893–1972)
S. 197

Giles, Ronald C. (1916–1995)
S. 198

Giraud, Henri (1879–1949) S. 229

Gleß, Karlheinz S. 130

Göring, Hermann (1893–1946)
S. 28

Goldmann, Nahum (1895–1982)
S. 149, 150

Gongos, Robert M., Ssgt. S. 168

Grass, Günter (1927–2015)
S. 138, 139

Grenander, Alfred (1863–1931)
S. 26

Gröber, Conrad (1872–1948)
S. 102

Gromyko, Andrei A. (1909–1989)
S. 13, 38

## H

Harriman, Averell (1891–1986)
S. 13

Heczko, Alma (* 1921) S. 136

Himmler, Heinrich (1900–1945)
S. 28

Hirohito, Kaiser (1901–1989)
S. 54, 159, 160, 162, 163, 166, 188, 201, 202

Hitler, Adolf (1889–1945)
S. 24, 29, 38, 42, 80, 88, 102, 104, 129, 135, 144, 234, 240

Hodge, John R. (1893–1963)
S. 193

Holzer, Jerzy (1930–2015) S. 125

Hopkins, Harry L. (1890–1946)
S. 48, 203

Horikiri, Zenjirō (1884–1979)
S. 165

Hull, Cordel (1871–1955) S. 217

Hurley, Patrick J. (1883–1963)
S. 202

Huxley, Aldous (1894–1963) S. 46

## J

Jirgl, Reinhard (* 1953) S. 138

Jodl, Alfred (1890–1946) S. 100

Joseph, Bernard, später Yosef, Dov (1899–1980) S. 149

## K

Kai-shek, Chiang (1887–1975)
S. 85, 170, 175, 176, 177, 178, 181, 183, 184, 188, 189, 193, 194, 201, 203

Kantarō, Suzuki (1868–1948)
S. 159, 203

Kappius, Jupp / Josef (1907–1967)
S. 102

Kennan, George F. (1904–2005)
S. 106

Keynes, John Maynard (1883–1946) S. 89

Kinkaid, Thomas C. (1888–1972)
S. 193

Klukowski, Zygmunt (1885–1959)
S. 115

Koch-Thalmann, Dorothea (* 1932)
S. 134

Konew, Iwan S. (1897–1973) S. 24

Kruglow, Sergei N. (1907–1977)
S. 27

Kühne, Thomas, (* 1958) S. 109

Kurowski, Julian und Janina
S. 136, 137

Kusnezow, Nikolai G. (1904–1974)
S. 13

## L

Landwehr, Achim (* 1968) S. 94

Laval, Pierre (1883–1945) S. 238

Leahy, William D. (1875–1959)
S. 13, 41

Lippmann, Walter (1889–1974)
S. 54

Lubin, Isador (1896–1978) S. 148, 149

Ludschuweit, Jewgeni F. (1899–1966) S. 24

## M

Macmillan, Harold (1894–1986)
S. 90

Maiski, Iwan M. (1884–1975)
S. 13

Mao, Zedong, (1893–1976)
S. 77, 170, 189

Marshall, George C. (1880–1959)
S. 13, 54

Massigli, René (1888–1988)
S. 234

Mikołajczyk, Stanisław (1901–1966) S. 121, 122

Molotow, Wjatscheslaw M. (1890–1886) S. 13, 14, 26, 28, 38, 79, 194, 197, 203, 204

Morgenthau Jr., Henry (1891–1967) S. 47

Mossadegh, Mohammad (1882–1967)  S. 219
Müller-Grote, Carl (1833–1904)  S. 26
Murray, Wallace S. (1887–1965)  S. 220
Myrdal, Gunnar (1898–1987)  S. 45

**N**
Nałkowska, Zofia (1885–1954)  S. 116
Neiberg, Michael S. (* 1969)  S. 16, 58, 202

**O**
O'Hare McCormick, Anne (1880–1954)  S. 38, 53
Orwell, George (1903–1950)  S. 133

**P**
Padover, Saul (1905–1982)  S. 104
Pahlavi, Mohammad Reza Shah (1919–1980)  S. 211, 212, 214, 215, 217, 220, 222
Pahlavi, Reza Shah (1878–1944)  S. 209, 211, 212
Parks, Floyd L. (1896–1959)  S. 32
Paschmann, Theo (1887–1955)  S. 100
Pétain, Philippe (1856–1951)  S. 238, 239
Pollock, James K. (1898–1968)  S. 29
Portal, Charles (1883–1971)  S. 13
Preußen, Cecilie Kronprinzessin von (1886–1954)  S. 28, 31
Preußen, Wilhelm Kronprinz von (1882–1951)  S. 28, 29, 31
Puyi, Aisin Gioro, Kaiser des Marionettenstaates Mandschukuo (1906–1967)  S. 78

**R**
Robinson, Nehemiah (1898–1964)  S. 148, 149, 150, 152, 154
Rohe, Ludwig Mies van der (1886–1969)  S. 26
Röhm, Ernst (1887–1934)  S. 28
Roosevelt, Franklin D. (1882–1945)  S. 24, 37, 41, 44, 46. 47, 48, 57, 88, 91, 105, 120, 145, 146, 183, 184, 185, 187, 188, 203, 212, 214, 216, 217, 218, 219, 228, 229
Ross, Charles (Charlie) G. (1885–1950)  S. 38

**S**
Schlögel, Karl (* 1948)  S. 133
Schukow, Georgi K. (1896–1974)  S. 24, 26, 28, 32
Schultze-Naumburg, Paul (1869–1949)  S. 28
Serow, Iwan A. (1905–1990)  S. 26
Shigemitsu, Mamoru (1887–1957)  S. 56, 193
Song, Meiling (1897–2003)  S. 184
Stalin, Josef Wissarionowitsch (1878–1953)  S. 13, 21, 22, 26, 28, 29, 31, 32, 38, 42, 46, 48, 49, 50, 52, 53, 54, 56, 58, 59, 65, 67, 68, 69, 71, 72, 75, 77, 79, 85, 87, 88, 90, 91, 92, 93, 94, 105, 119, 120, 122, 129, 133, 135, 136, 139, 143, 144, 146, 159, 175, 184, 185, 187, 188, 194, 201, 203, 209, 216, 217, 218, 219, 220, 222, 223, 228, 236, 237, 238, 240
Stettinius Jr., Edward Reilly (1900–1949)  S. 146
Stilwell, Joseph (1883–1946)  S. 181, 183
Stimson, Henry L. (1867–1950)  S. 42, 93, 200, 201, 202
Synnott, Hilary (1945–2011)  S. 94

**T**
Tankielun, Mieczysław (* 1930)  S. 135
Tokarczuk, Olga (* 1962)  S. 139
Troost, Paul Ludwig (1878–1934)  S. 28
Truman, Harry S. (1884–1972)  S. 13, 16, 21, 26, 29, 31, 32, 37, 38, 41, 42, 45, 46, 47, 48, 49, 50, 51, 52, 53, 54, 56, 57, 58, 59, 77, 85, 87, 88, 90, 91, 92, 93, 94, 105, 120, 129, 133, 139, 143, 144, 145, 146, 147, 149, 150, 151, 152, 154, 159, 175, 188, 193, 194, 200, 201, 202, 203, 209, 220, 223, 228, 235, 236, 237, 238, 240

**U**
Umezu, Yoshijirō (1882–1949)  S. 56, 160
Urbig, Franz (1864–1944)  S. 26
Utrillo, Maurice (1883–1955)  S. 116

**V**
Vardaman Jr., James K. (1894–1972)  S. 38
Vaughan, Harry H. (1893–1981)  S. 38

**W**
Waller, Willard (1899–1945)  S. 45
Wang, Jingwei (1883–1944)  S. 183
Wedemeyer, Albert C. (1897–1989)  S. 183
Weizmann, Chaim (1874–1952)  S. 146, 153
Weltsch, Robert (1891–1982)  S. 154
Wilhelm II., Deutscher Kaiser (1859–1941)  S. 234
Wilson, Woodrow (1856–1924)  S. 37, 46, 49
Wise, Stephen S. (1874–1949)  S. 145, 147, 151
Wlassik, Nikolai (1896–1967)  S. 27, 32
Wolf, Christa (1929–2011)  S. 130, 132

**X**
Xueliang, Zhang (1901–2001)  S. 177

**Z**
Zaremba, Marcin (* 1966)  S. 124

## Leihgeber und Dank

**Wir danken folgenden Leihgebern**

Berlin, Stiftung Jüdisches Museum Berlin
Dresden, Militärhistorisches Museum der Bundeswehr
Hiroshima, The Hiroshima Peace Memorial Museum
Swindon, The National Trust for Places of Historic Interest or Natural Beauty

Walter Frankenstein
Joy Hunter
Thoralf Klein
Kornelia Kurowska
Nicolas Perruchot
Stefan Riemer
und unseren anderen Privatleihgebern, die nicht namentlich genannt werden wollen.

**Dank**

Harald Berndt
Jeanette Birk
Vadim Danilin
Anne Fritsche
Joy Hunter
Eldar Ianibekov
Sven Kerschek
Anne-Kathrin Kretschmann
Svetlana Liubenkova
Jens-Christian Lüdeke
Matthias Marr
Verena Mühlegger
Bernd Nogli
Mario Prien
Thomas Rabe
Olaf Saphörster
Ute Weickardt
Franziska Windt

Unser besonderer Dank gilt allen Mitarbeiterinnen und Mitarbeitern der Stiftung Preußische Schlösser und Gärten Berlin-Brandenburg und der Fridericus Servicegesellschaft der Preußischen Schlösser und Gärten sowie der Vielzahl externer Kolleginnen und Kollegen!

**Unterstützt durch**

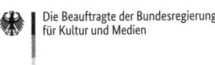

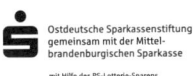

**Medienpartner**

tipBerlin

*ZITTY*

## Bildnachweis

S. 10–11: Bundesarchiv, Bild-Nr. 170-373, Foto: Max Baur

S. 15: U.S. National Archives and Records Administration, NAID: 198799, Foto: Harry S. Truman Library & Museum, public domain

S. 18–19: U.S National Archives and Records Administration, NAID: 198943, Foto: Harry S. Truman Library & Museum, public domain via Wikimedia Commons

S. 22: U.S. Central Intelligence Agency, Foto: public domain via Wikimedia Commons

S. 23: U.S. National Archives and Records Administration, NAID: 198840, Foto: Harry S. Truman Library & Museum, public domain via Wikimedia Commons

S. 25: United Kingdom Government, public domain via Wikimedia Commons

S. 26–27: U.S. National Archives and Records Administration, NAID: 198936, Foto: Harry S. Truman Library & Museum, public domain via Wikimedia Commons

S. 30: Naval History and Heritage Command, Bild-Nr. 80-G-K-14539, Foto: public domain

S. 34–35: Naval History and Heritage Command, Bild-Nr. 26-G-2340, Foto: public domain

S. 38–39: U.S. National Archives and Records Administration, NAID: 7865578, Foto: Harry S. Truman Library & Museum, public domain

S. 40: U.S. National Archives and Records Administration, NAID: 198768, Foto: public domain via Wikimedia Commons

S. 43: U.S. National Archives and Records Administration, NAID: 516217, Foto: public domain via Wikimedia Commons

S. 44: U.S. National Archives and Records Administration, NAID: 535840, Foto: public domain via Wikimedia Commons

S. 50–51: U.S. National Archives and Records Administration, NAID: 66395398, Foto: public domain

S. 54–55: Naval History and Heritage Command, Bild-Nr. NH 65820, Foto: public domain

S. 56: Naval History and Heritage Command, Bild-Nr. USA-C-2719, Foto: public domain

S. 62–63: RIA Novosti archive, image #602161 / Zelma / CC-BY-SA 3.0 via Wikimedia Commons

S. 66: U.S. National Archives and Records Administration, NAID: 44268285, Foto: public domain

S. 70: Zentralmuseum des Großen Vaterländischen Krieges Moskau

S. 72: U.S. National Archives and Records Administration, NAID: 7788604, Foto: public domain

S. 74: U.S. National Archives and Records Administration, NAID: 44266070, Foto: public domain

S. 75: U.S. National Archives and Records Administration, NAID: 7788604, Foto: public domain

S. 76: U.S. National Archives and Records Administration, NAID: 7387483, Foto: public domain

S. 78: Zentralmuseum des Großen Vaterländischen Krieges Moskau, Bild-Nr. NVF 1694–7

S. 82–83: National Archives and Records Administration, NAID: 198863, Foto: Harry S. Truman Library & Museum, public domain via Wikimedia Commons

S. 86 oben: akg-images, Bild-Nr. AKG1574827

S. 86 unten: U.S. National Archives and Records Administration, NAID: 198704, Foto: Harry S. Truman Library & Museum, public domain via Wikimedia Commons

S. 89: U.S. National Archives and Records Administratin, NAID: 198919, Foto: Harry S. Truman Library & Museum, public domain

S. 96–97: bpk/Kunstbibliothek/SMB, Fotothek Willy Römer, Bild-Nr. 70124345

S. 100: U.S. National Archives and Records Administration, NAID: 195338, Foto: public domain via Wikimedia Commons

S. 101: U.S. National Archives and Records Administration, NAID: 531287, Foto: public domain via Wikimedia Commons

S. 103: U.S. National Archives and Records Administration, NAID: 541597, Foto: public domain via Wikimedia Commons

S. 106–107: Bundesarchiv, Bild-Nr. 183-B0527-0001-753, Foto: Heinz-Ulrich Röhnert, Berlin

S. 108: U.S. National Archives and Records Administration, NAID: 292593, Foto: public domain Wikimedia Commons

S. 112–113: Stanisław Grodyński, Foto: CC-BY-SA 4.0 via Wikimedia Commons

S. 116: Ewa Faryaszewska, Foto: public domain via Wikimedia Commons

S. 118–119: bpk, Bild-Nr. 70145429

S. 120: Jerzy Tomaszewski, Foto: public domain via Wikimedia Commons

S. 122–123: Imperial War Museums, Bild-Nr. H 42790, Foto: public domain via Wikimedia Commons

S. 126–127: bpk, Bild-Nr. 00012110, Foto: Vinzenz Engel

S. 131: Peter Palm, Berlin

S. 132: privat

S. 137: privat

S. 140–141: bpk, Bild-Nr. 30027631, Foto: Frank Scherschel

S. 147: Library of Congress Prints and Photographs Division, Foto: Underwood & Underwood, public domain via Wikimedia Commons

S. 153: Israel Government Press Office, Foto: public domain via Wikimedia Commons

S. 156–157: Naval History and Heritage Command, Bild-Nr. USA C-1189, Foto: public domain

S. 160: privat, Foto: ZMSBw

S. 161 (o.): Naval History and Heritage Command, Bild-Nr. NH 50930, Foto: public domain via Wikimedia Commons

S. 161 (u.): U.S. National Archives and Records Administration, NAID: 519394, Foto: public domain via Wikimedia Commons

S. 164–165: bpk, Bild-Nr. 00009532

S. 167: U.S. National Archives and Records Administration, NAID: 66395362, Foto: public domain

S. 168: U.S. National Archives and Records Administration, NAID: 100311029, Foto: public domain

S. 172–173: U.S. National Archives and Records Administration, NAID: 535531, Foto: public domain via Wikimedia Commons

S. 176: unbekannt, Foto: public domain via Wikimedia Commons

S. 178–179: privat, Foto: ZMSBw

S. 180: Bayerische Staatsbibliothek, Archiv Heinrich Hoffmann, Foto: bpk, Bild-Nr. 50076958

S. 182: adoc-photos, Foto: bpk, Bild-Nr. 2.00061760

S. 185: U.S. National Archives and Records Administration, NAID: 196609, Foto: public domain via Wikimedia Commons

S. 186–187: privat, Foto: ZMSBw

S. 190–191: Naval History and Heritage Command, Bild-Nr. 80-G-490506, Foto: public domain

S. 195: Naval History and Heritage Command, Bild-Nr. 80-G-391464, Foto: public domain

S. 196: Naval History and Heritage Command, Bild-Nr. 80-G-391465, Foto: public domain

S. 198–199: British Cartoon Archive, Bild-Nr. GAPC0429

S. 206–207: Imperial War Museums, Bild-Nr. E5330, Foto: Geoffrey Keating (Major)

S. 210: U.S. Army Railway Units of the Past, Foto: Nancy Cunningham

S. 211: bpk, Bild-Nr. 50134868

S. 213: U.S. National Archives and Records Administration, NAID: 44266188, Foto: public domain

S. 214–215: privat, Foto: ZMSBw

S. 216–217: U.S. Library of Congress, Prints and Photographs Division, Foto: U.S. Army 12th Air Force, public domain via Wikimedia Commons

S. 219: United States Air Force, Foto: public domain via Wikimedia Commons

S. 224–225: U.S. Library of Congress, Prints and Photographs Division, Foto: Jack Downey, public domain via Wikimedia Commons

S. 229 (o.): U.S. Army, Foto: public domain via Wikimedia Commons

S. 229 (u.): U.S. National Archives and Records Administration, Foto: Franklin D. Roosevelt, public domain via Wikimedia Commons

S. 230: Jebulon, Foto: CC-BY-SA 3.0 via Wikimedia Commons

S. 232–233: U.S. National Archives and Records Administration, NAID: 17370299, Foto: public domain

S. 239: adoc-photos, Foto: Maurice Zalewski, bpk, Bild-Nr. 2.00074161

## Impressum

**Potsdamer Konferenz 1945
Die Neuordnung der Welt**
im Schloss Cecilienhof, Potsdam
1. Mai bis 1. November 2020

Eine Ausstellung der Stiftung
Preußische Schlösser und Gärten
Berlin-Brandenburg
Generaldirektor: Prof. Dr.
Christoph Martin Vogtherr

## Ausstellung

**Konzept**
Dr. Jürgen Luh,
Matthias Simmich

**Wissenschaftliche Leitung**
Dr. Jürgen Luh

**Wissenschaftlicher Kurator**
Matthias Simmich

**Projektmanagement und
kaufmännische Leitung**
Heike Borggreve

**Registratur, Leihverkehr**
Sylvia Möwes

**Wissenschaftliche Mitarbeit**
Jessica Korschanowski,
Sylvia Möwes, Jacob Riemer,
Truc Vu Minh

**Wissenschaftliche Beratung**
Dr. Thoralf Klein,
Dr. Andreas Kossert

**Wissenschaftliche Volontärin**
Carolin Alff

**Projektgruppe
Potsdamer Konferenz**
Harald Berndt
Heike Borggreve
Esther Bulgis
Julius Burchard
Matthias Gärtner
Stefan Gehlen
Dr. Ulrich Henze
Silke Hollender
Bärbel Jackisch
Jessica Korschanowski
Kerstin Lauterbach
Dr. Jürgen Luh
Sylvia Möwes
Wilma Otte
Matthias Simmich
Tina Schümann
Truc Vu Minh

**Marketing, Veranstaltungs-
organisation**
Heike Borggreve unter Mitarbeit
der Abteilung Marketing der SPSG
unter Leitung von Dr. Heinz Buri

**Fundraising**
Sarah Kimmerle, Tina Schümann

**Presse- und Öffentlichkeitsarbeit**
Anne Biernath, Dr. Ulrich Henze,
Frank Kallensee, Elvira Kühn

**Plakatgestaltung**
Julius Burchard

**Vorbereitung der Ausstellungs-
räume und technische Umsetzung**
Kerstin Lauterbach und die
Meisterbereiche des Schirrhofs
der SPSG unter Leitung von Heiko
Neubecker

**Restauratorische Betreuung**
Wulf Eckermann, Bärbel Jackisch,
Undine Köhler unter Mitarbeit der
Abteilung Restaurierung der SPSG
unter Leitung von Kathrin Lange

**Ausstellungsgestaltung und
-planung**
beier+wellach projekte, Berlin
Florian Mittelbach, Josefine-Emilia
Müller, Margaret Schlenkrich,
Birte Schramm, Peter Wellach

**Medieninstallation Hiroshima**
Michele Pedrazzi

**Mediengestaltung**
id3d-berlin gmbh, Berlin

**Ausstellungsbau**
Tischlerei Schuster, Bautzen

**Grafikproduktion**
Pigmentpol Sachsen GmbH,
Dresden

## Katalog

**Exponateinrichtung**
Zehnpfennig und Weber GbR,
Berlin

**Audioguide**
Orpheo Deutschland GmbH,
Weimar

**Multimediaguide**
KULDIG, DroidSolutions GmbH,
Leipzig

**Gebärdensprache Mediaguide**
Zentrum für Kultur und visuelle
Kommunikation der Gehörlosen
Berlin/Brandenburg e.V.

**Übersetzungen**
Ekatarina Logashina,
Elizabeth Volk

**Aufsichten, Service, Reinigung**
Fridericus Servicegesellschaft
der Preußischen Schlösser und
Gärten mbH

Mit Unterstützung des
Gruppenservice und sämtlicher
Mitarbeiterinnen und Mitarbeiter
der Stiftung Preußische Schlösser
und Gärten Berlin-Brandenburg.

**Herausgegeben**
für die Generaldirektion
der Stiftung Preußische Schlösser
und Gärten Berlin-Brandenburg
von Jürgen Luh
unter Mitarbeit von Truc Vu Minh
und Jessica Korschanowski

**Redaktion und Vorlektorat**
Truc Vu Minh, Jürgen Luh,
Jessica Korschanowski

**Bildredaktion**
Truc Vu Minh

**Lektorat**
Helge Pfannenschmidt, Dresden

**Gestaltung**
Joachim Steuerer, Jana Felbrich,
Simone Antonia Deutsch,
Sandstein Verlag

**Satz und Reprografie**
Gudrun Diesel, Jana Neumann,
Sandstein Verlag

**Druck und Verarbeitung**
FINIDR s.r.o., Český Těšín

**Schriften**
Akkurat, Diamante

**Papier**
Acroprint Milk, 100 g/m²

Herausgeber und Verlag haben
sich bis Produktionsschluss
intensiv bemüht, alle Inhaber von
Abbildungsrechten ausfindig zu
machen. Personen und Institutionen, die möglicherweise nicht
erreicht wurden und Rechte an
verwendeten Abbildungen beanspruchen, werden gebeten, sich
nachträglich mit den Herausgebern
in Verbindung zu setzen.

Die Deutsche Nationalbibliothek
verzeichnet diese Publikation
in der Deutschen Nationalbibliografie; detaillierte bibliografische Daten sind im Internet über
http://dnb.dnb.de abrufbar.

Dieses Werk einschließlich seiner
Teile ist urheberrechtlich geschützt.
Jede Verwertung außerhalb der
engen Grenzen des Urheberrechtsgesetzes ist ohne Zustimmung des
Verlages unzulässig und strafbar.
Das gilt insbesondere für die
Vervielfältigung, Übersetzungen,
Mikroverfilmungen und die
Einspeicherung und Verarbeitung
in elektronischen Systemen.

ISBN 978-3-95498-546-3

**Abbildungen**
Titelgestaltung: Joachim Steuerer
auf Motivgrundlage von Julius
Burchard, Foto: U.S. Army Signal
Corps, Courtesy of Harry S. Truman
Library, public domain via U.S.
National Archives and Records
Administration, NAID: 198958

Frontispiz: Schloss Cecilienhof,
Konferenzsaal, Foto: SPSG,
Foto-Nr. F0017533

Seite 242/243: Unterzeichnung der
Charta der Vereinten Nationen
in San Francisco am 26. Juni 1945,
Copyright: bpk, Bild-Nr. 30018640

Seite 264: UN-Konvoi in Sarajevo/
Bosnien, Französische Fremdenlegion im Winter 1993, Foto: st-art,
Alamy Stock Photo, Bild-Nr. B91JR8